Educação para a democracia no Brasil

Fundamentação filosófica a partir de John Dewey e Jürgen Habermas

CONSELHO EDITORIAL
Ana Paula Torres Megiani
Eunice Ostrensky
Haroldo Ceravolo Sereza
Joana Monteleone
Maria Luiza Ferreira de Oliveira
Ruy Braga

Educação para a democracia no Brasil

Fundamentação filosófica a partir de John Dewey e Jürgen Habermas

Guilherme Perez Cabral

Copyright © 2017 Guilherme Perez Cabral.

Grafia atualizada segundo o Acordo Ortográfico da Língua Portuguesa de 1990, que entrou em vigor no Brasil em 2009.

Edição: Haroldo Ceravolo Sereza
Editor assistente: Jean Ricardo de Freitas
Assistente acadêmica: Bruna Marques
Projeto gráfico, diagramação e capa: Jean Ricardo de Freitas
Assistente de produção: Luara Ruegenberg
Revisão: Alexandra Collontini
Imagem de capa: *<www.pixabay.com>*

CIP-BRASIL. CATALOGAÇÃO NA PUBLICAÇÃO
SINDICATO NACIONAL DOS EDITORES DE LIVROS, RJ
S579F

Cabral, Guilerme Perez
EDUCAÇÃO PARA A DEMOCRACIA NO BRASIL : FUNDA-
MENTAÇÃO FILOSÓFICA A PARTIR DE JOHN DEWEY E
JÜRGEN HABERMAS / GUILHERME PEREZ CABRAL.
Guilherme Perez Cabral. - 1. ed.
São Paulo: Alameda, 2017.
350 P. : IL. ; 21 CM.

Inclui bibliografia
ISBN 978-85-7939-497-3

1. Educação - Filosofia. 2. Educação - Filosofia - História.

I. Título.

17-43653   CDD: 370.1
                        CDU: 37.01

ALAMEDA CASA EDITORIAL
Rua Treze de Maio, 353 – Bela Vista
CEP 01327-000 – São Paulo – SP
Tel. (11) 3012-2403
www.alamedaeditorial.com.br

Obrigado, pai.

Aos meus filhos, Joãozinho e Dipe Lipe,
Infinito e completude que a linguagem não apreende, sorrisos que tornam a metafísica irrelevante.

Sumário

Prefácio 9
Eduardo Carlos Bianca Bittar

Introdução 13

I. Educação, democracia e modernidade: o contexto brasileiro 49
Democracia, direitos humanos e educação no ordenamento 53
jurídico-constitucional brasileiro
A experiência histórico-constitucional da democracia no Brasil 74
Democracia, direitos humanos e educação no presente brasileiro 84
Experiência, educação e democracia 103

II. Educação e democracia na filosofia social de John Dewey 109
A modernidade e a crítica na filosofia social de John Dewey 120
A experiência, o pensar reflexivo e o crescimento 138
O modelo deweyano de democracia 156
O modelo deweyano de educação 170

III. Educação e democracia na filosofia social de Jürgen Habermas 187
A modernidade e a crítica na filosofia social de Jürgen Habermas 194
O modelo habermasiano de democracia 233
Uma concepção de educação a partir de Habermas 253

IV. Educação para a democracia no Brasil: aproximações entre   267
John Dewey e Jürgen Habermas

Considerações finais   327

Bibliografia   333

Prefácio

Este livro corresponde à publicação da Tese de Doutorado, desenvolvida e defendida, na Faculdade de Direito da USP, por Guilherme Perez Cabral, sob o título *Educação para a democracia no Brasil: fundamentação filosófica a partir de John Dewey e Jürgen Habermas*. Enquanto trabalho recente, com defesa realizada em 2014, a obra corresponde a uma *thésis*, em seu sentido genuíno, que orientei com muito prazer, e poucas dificuldades, pela atitude de 'cientista' com a qual Guilherme se postava diante da sua pesquisa e seu compromisso de investigação. Tanto na redação da Tese, como em sua versão na forma de livro, nota-se uma escrita com precisão conceitual ímpar. Aliás, ao longo de sua produção, seu texto me surpreendia, na medida em que brotava, pela maturidade com que as digressões vinham se expressando, a cada etapa dos relatórios de pesquisa, e, ao reler a obra, seus resultados continuam me impressionando vivamente. Trata-se de um texto entusiasmante de ser lido.

A Tese é cuidadosa com os aspectos teóricos, mas a vantagem é que não estaciona nos conceitos, mas mobiliza-os para o enfrentamento da situação atual do Brasil e, com isso para a tarefa de superação de problemas concretos, morais, sociais e políticos, que tem muito a ver com nossos déficits históricos, de um passado de *inacabamentos* e *incompletudes*, antirrepublicano e antidemocrático. Guilherme trabalha com dois autores de peso na Filosofia Social, John Dewey e Jürgen Habermas, que lhe fornecem os conceitos e as categorias necessárias para desenvolver as duas ideias nucleares de sua pesquisa, quais sejam: a *educação* e a *democracia*.

Para o termo *educação*, valerá a sua construção como *experiência*, no nível das práticas, e não dos conceitos, apontando rumos para a construção de uma cultura comum, pública e socialmente engajada em torno da *autonomia*, da *cidadania ativa* e do *diálogo*. Para o termo *democracia*, irá trabalhar com condições exigentes, sem rebuscá-la ou idealizá-la, e sem mantê-la enquadrada na regelada estrutura de análise tradicional do Direito Constitucional, como 'forma de governo'. Busca seus pressupostos de realização efetiva e radical, e, sem banalizá-la, evoca-a a partir do apoio na ordem constitucional, sem paralisar sua análise nos quadros das leis escritas, fortalecendo os seus princípios, no recurso adequado a *práticas de cidadania* numa *esfera pública ativa e participativa*. E é aí que as duas ideias nucleares se cruzam, se juntam e se anelam, pois o caminho para o *Estado Democrático de Direito*, em seu sentido mais genuíno, passa pela consciência em torno dos valores dos direitos humanos, pelas práticas democráticas e pela vivência do espaço público como espaço por si mesmo educativo e transformador.

Assim é que o eixo das preocupações do Autor, que atravessa todos os capítulos, leva-o a reagir, diante da crise da modernidade, com a revitalização da modernidade. Por isso, a principal característica da abordagem proporcionada pelo texto é a crítica aos fenômenos que *infantilizam* a maturidade brasileira, simbolizada pela cultura de democracia e respeito aos direitos humanos, e estes fenômenos são, entre outros, o patrimonialismo, o clientelismo, o favoritismo e o populismo. Se queremos enfrentar os desafios do presente, temos de considerar as deficiências estruturais do Estado brasileiro, e, também, o fato de que a democracia no Brasil remonta a apenas 60 anos de construção, e, ainda assim, interrompida e castrada por assaltos autoritários do poder.

A Tese traz consigo um sentido de urgência, pois é exatamente por isso, útil, aplicável, concreta, transformadora, devendo ser seu objeto, a *Educação para a Democracia*, leitura obrigatória para a cidadania. E é nesse quadro que a obra cobre uma importante lacuna: para a formação de uma cultura dos direitos e da democracia, é necessária a educação, sendo esta um vasto campo aberto, voltado para a realização dos eixos da Constituição de 1988 e de toda a legislação de Direitos Humanos que lhe foi subsequente, incluindo o 3º. Programa Nacional de Direitos Humanos, e, sobretudo, o texto seminal do Plano Nacional de Educação em Direitos Humanos, que lhe serve de apoio na tarefa da disseminação da Educação em Direitos Humanos. A obra, por isso, não deve parar na área no Direito, tendo tudo para se tornar obra séria e de referência na *Filosofia da Educação*, na *Educação em Direitos Humanos*, nos estudos de *Ensino do Direito*.

Ainda que a obra chegue em momento histórico trágico, em que a democracia brasileira, tímida e neonata, passa por um período de crise em precedentes, ativando a vontade popular de colocar fim à corrupção, mas ativando também a opinião pública autoritária e saudosista da ditadura civil-militar, ela chega para preencher o vazio qualitativo no debate público que é de suma importância destacar. Por isso, chega com todos os elementos, para com ela se poder pensar os desafios do presente, a partir dos legados do passado, sempre considerados os rumos do futuro. É nesta medida que chega como água no deserto, e espero que seu destino seja a sua rápida absorção, debate e incorporação, satisfazendo-nos da *sede de democracia* que a todos abate.

São Paulo, 01 de janeiro de 2016.

Eduardo C. B. Bittar
Professor Associado do Departamento de Filosofia e Teoria Geral do Direito da Faculdade de Direito da Universidade de São Paulo

Introdução

Educação para a democracia: o resgate do projeto moderno emancipatório

Na medida em que o pai é o arquétipo da autoridade, pois que a experiência original de toda a autoridade, a democracia é, de acordo com a concepção que nela predomina, uma sociedade sem pai. Tem por objetivo constituir uma comunidade de iguais. O seu princípio é o ajustamento harmônico; em sua forma mais primitiva, é uma organização matriarcal onde os homens que vivem juntos são irmãos, filhos da mesma mãe (Hans Kelsen, A democracia, 2000, p. 189).

Se pensarmos agora a fase da adolescência, numa experiência imaginária, como condensada num único momento crítico, no qual o adolescente adotaria como que pela primeira vez e de uma ao mesmo tempo inexorável e totalizante, uma atitude hipotética em face dos contextos normativos de seu mundo da vida, ficará clara então a natureza do problema que todos têm de enfrentar quando da passagem do plano convencional para o plano pós-convencional do juízo moral. De um só golpe, o mundo social (...) se vê desenraizado e despido de sua validade nativa. Se agora, o adolescente não pode e não quer voltar ao tradicionalismo e à identidade inquestionada do mundo de que provém, ele tem que reconstruir

> *em seus conceitos fundamentais (sob pena de total desorientação) as ordenações da esfera normativa que se desintegraram diante da força desveladora de seu olhar hipotético* (Jürgen Habermas, *Consciência Moral e Agir Comunicativo*, 2003, p. 155-156).

1. Em 2014, completaram-se cinquenta anos do Golpe Militar de 1º de abril de 1964. Nada a comemorar. E, a fim de que não se repita, nada, também, a esquecer.

Institucionalizou, mais uma vez, relações autoritárias entre o Estado e a sociedade civil brasileira, e, assim, afastou o país, novamente em sua breve história, da experiência democrática. Usurpando para si o discurso em defesa da democracia e dos direitos humanos,[1] renovou, por vinte anos, sob a superfície da aparente normalidade das práticas e dos contratempos da vida cotidiana, padrões de interação social pautados no não-diálogo, na repressão, no emprego imediato da violência, sem rebuço.

É sobre o chão do profundo desrespeito aos direitos humanos e da histórica inexperiência da democracia, legado do passado autoritário e enraizado no pano de fundo das relações sociais, que se edifica o Estado Democrático de Direito promulgado pela Constituição Federal de 1988.

Não só ingênuo, seria temerário ignorar o peso desse passado do qual somos herdeiros: uma tradição do golpe em que o uso da palavra democracia traz consigo "além de certa preferência pela ambiguidade, o gosto por doses maciças de cinismo".[2]

Passados mais de vinte e cinco anos, a despeito dos progressos significativos que o país vivenciou no campo econômico, acompanhado de avanços na área social e de considerável grau de institucionalização e es-

---

1   VIOLA, Sólon Eduardo Annes. "Direitos humanos no Brasil: abrindo portas sob neblina". In: SILVEIRA, Rosa Maria Godoy e outros (org.). *Educação em direitos humanos: Fundamentos teórico-metodológicos*. João Pessoa: Editora Universitária, 2007, p. 126.

2   WEFFORT, Francisco C. *Por que democracia?* 2ª ed. São Paulo: Brasiliense, 1984, p. 25 e 33.

Educação para a democracia no Brasil 15

tabilização dos procedimentos político-eleitorais, a democracia brasileira permanece sobrecarregada pelo ingente desafio de sua consolidação.

De um lado, o reconhecimento do amplo rol de direitos fundamentais no texto constitucional, incorporando os resultados de sua afirmação histórica, na Modernidade, convive, ainda, com a facticidade de sua ineficácia.

O mesmo Brasil que está entre as maiores economias do mundo, quando analisado sob a ótica do índice de desenvolvimento humano (IDH) – indicador utilizado pela Organização das Nações Unidas que considera, além da dimensão econômica da renda, aspectos da saúde (expectativa de vida) e da educação –, despenca para a 79ª colocação na classificação mundial.[3]

O retrato revela-se mais alarmante ante a consideração de que, compondo-se como medida média, o índice mencionado não considera o fato de que, não obstante a redução significativa, nos últimos trinta anos, da população em situação de extrema pobreza – vivendo com menos de um dólar por dia –, aproximadamente 8% dos brasileiros ainda sobrevivem nesta indigna condição.[4] Mantém-se o país, desse modo, entre as mais agudas desigualdades sociais do mundo.[5]

Em relação à *educação*, pautando-se em dados quantitativos, segundo os quais o Brasil está próximo de atingir a universalização do ensino fundamental, o IDH não prescinde da complementação por aná-

---

3   PROGRAMA DAS NAÇÕES UNIDAS PARA O DESENVOLVIMENTO (PNUD). *Human Development Report 2014. Sustaining Human Progress: Reducing Vulnerabilities and Building Resilience.* Nova York, 2014, p. 161.

4   BRASIL. PRESIDÊNCIA DA REPÚBLICA. SECRETARIA DE DIREITOS HUMANOS (SDH/PR). *Segundo Relatório Nacional do Estado Brasileiro apresentado no Mecanismo de Revisão Periódica Universal do Conselho de Direitos Humanos das Nações Unidas – 2012.* Brasília, 2012, p. 02.

5   NÚCLEO DE ESTUDOS DA VIOLÊNCIA (NEV/USP). *4o Relatório nacional sobre os direitos humanos no Brasil.* São Paulo: Universidade de São Paulo/Núcleo de Estudos da Violência, 2010, p. 16.

lises qualitativas. Nesse ponto, vale a menção aos resultados do exame aplicado, em 2012, no âmbito *Programa Internacional de Avaliação de Alunos* (sigla, em inglês, PISA). Revelam que quase a metade (49,2%) dos estudantes brasileiros com 15 anos de idade – faixa etária em que, em princípio, já haveriam de ter concluído o referido nível de ensino – apresentava graves dificuldades no campo da leitura. Permanecia abaixo do *nível 02* de proficiência, considerado, conforme critérios do Programa, um nível básico, em que os estudantes conseguem, no máximo, reconhecer o tema central de um texto sobre um assunto familiar, relacionando-o, de forma simples, com o conhecimento do dia a dia. Um nível, enfim, no qual "*começam* a demonstrar habilidades de leitura que os habilitarão a participar da vida de forma efetiva e produtiva".[6]

Trata-se de diagnóstico de precariedade que pode ser estendido a todo o extenso rol de direitos individuais, sociais e políticos, reconhecidos na Constituição Federal: promessas legais que, projetando a dignidade da pessoa,[7] remetem às condições básicas de participação racional no debate público e, com isso, de exercício da cidadania.

De outro lado, efeito de continuidade experiencial, dentro da nova situação política,[8] revivem instituições, práticas e hábitos marcados pelo não-diálogo, pela verticalidade e pelo autoritarismo, combinados com traços do patrimonialismo, do paternalismo, do mandonismo e do clientelismo, dentro de uma tradição política que antecede a Ditadura Militar e ampara sua antipatia pela democracia.

---

6   ORGANIZAÇÃO PARA A COOPERAÇÃO E DESENVOLVIMENTO ECONÔMICO (OCDE). *Country note. Brazil. Programme for International Student Assessment. Results from PISA 2012*, 2012, p. 03; *Idem, PISA 2009. Results: Executive summary*, 2010, p. 06.

7   SARLET, Ingo W. *Dignidade da pessoa humana e direitos fundamentais na Constituição Federal de 1988*. Porto Alegre: Livraria do advogado, 2011, p. 101.

8   MOISÉS, José Álvaro. *Os brasileiros e a democracia. Bases sociopolíticas da legitimidade democrática*. São Paulo: Ática, 1995, p. 27.

Educação para a democracia no Brasil 17

Reproduz-se uma ambiência em que a atuação governamental, como "polo condutor da sociedade",[9] pode, em grande medida, alhear-se do engajamento comunicativo da sociedade civil, na esfera pública[10] e, diante da desarticulação do público,[11] manter um fluxo de comunicação unilateralizado que segue a "direção centrífuga, que vai do centro para fora, contrariando a direção espontânea que se origina na periferia social".[12]

Pois convive com uma sociedade civil que, em processo de aprendizagem da cidadania, na própria (in)experiência da democracia, revela, ainda, tímido envolvimento e participação nos processos decisórios político-institucionais; é mais consumidora do que ator social nas relações com o Estado. Enquanto "súdito democrático",[13] o cidadão quer a proteção e a prestação do Estado, desobrigando-se, todavia, à participação na formação de sua vontade.[14]

Desse modo, a sociedade brasileira experiencia um processo perverso. A precariedade dos direitos humanos, intimamente ligada à inexperiência democrática, prejudica o enriquecimento da democracia: experiência fundamental para o reconhecimento e concretização dos direitos humanos, em que se alicerça.[15]

---

9   FAORO, Raymundo. *Os donos do poder. Formação do patronato político brasileiro*. Volume 02. 11ª Ed. São Paulo: Globo, 1995, p. 740.

10 BITTAR, Eduardo C. B. A discussão do conceito de direito: uma reavaliação a partir do pensamento habermasiano. *Boletim da Faculdade de Direito*. Universidade de Coimbra, Coimbra, Vol. LXXXI, 2005, p. 808.

11 DEWEY, John. *The public and its problems*. Swallow Press/Ohio University Press/Athens, 1991, p. 131.

12 HABERMAS, Jürgen. *Direito e democracia: entre factibilidade e validade*. Volume 02. Trad. Flávio B. Siebeneichler. Rio de Janeiro: Tempo Brasileiro, 2011, p. 115.

13 BECK, Ulrich. *La sociedad del riesgo. Hacia una nueva modernidad*. Trad. Jorge Navarro e outros. Barcelona: Paidós Surcos, 2006, p. 315.

14 FAORO, *Os donos do poder*, 1995, p. 740 e 744.

15 COMITÊ NACIONAL DE EDUCAÇÃO EM DIREITOS HUMANOS. *Plano Nacional de Educação em Direitos Humanos*. Brasília: Secretaria Espe-

Com isso, não podia ser diferente, o país tem dificuldade de fazer avançar o seu afirmado Estado Democrático de Direito (Art. 1º da Constituição Federal), para além do sentido meramente político-formal da democracia representativa. Sofre para superar as conquistas eleitorais modernas da pluralidade partidária, da renovação periódica dos mandatos de cargos executivos e legislativos e, da parte do cidadão comum, da prática isolada do direito de votar: o "exercício meramente eleitoral da cidadania".[16]

Num quadro em que a brasilidade ainda está "mais para a sub-serviência do que para a autonomia",[17] vive menos a horizontalidade da metafórica "sociedade sem pai", referida por Kelsen com base na teoria freudiana:[18] o sentido autêntico em que a democracia pode ser pensada, na tradição do Iluminismo, de "uma sociedade de quem é emancipado"[19]; mais a forma democrática coabitando, ainda com Freud, com a *horda* – acrescenta-se, de "cidadãos menores"[20] que mal sabem ler – "conduzida por um chefe".[21]

---

cial dos Direitos Humanos/Ministério da Educação/Ministério da Justiça/ UNESCO, 2007, p. 24.

16   RANIERI, Nina Beatriz Stocco. *O estado democrático de direito e o sentido da exigência de preparo para o exercício da cidadania, pela via da educação.* Tese (Livre-docência) – Faculdade de Direito – Universidade de São Paulo. São Paulo, 2009, p. 385.

17   BITTAR, Eduardo C. B. *Estudos sobre ensino jurídico: pesquisa, metodologia, diálogo e cidadania.* 2ª Ed. São Paulo. Atlas, 2006, p. 43.

18   KELSEN, Hans. *A democracia.* Trad. Ivone Castilho Benedetti e outros. São Paulo: Martins Fontes, 2000, p. 189.

19   ADORNO, Theodor, W. *Educação e Emancipação.* São Paulo: Paz e Terra, 2004, p. 142.

20   DEMO, Pedro. *Cidadania menor. Algumas indicações quantitativas de nossa pobreza política.* Petrópolis: Vozes, 1992, p. 108.

21   FREUD, Sigmund. "Psicologia das massas e análise do eu". In: *Obras completas. Psicologia das massas e análise do eu e outros textos (1920-1923).* Volume 15. Trad. Paulo César de Souza. São Paulo: Cia das Letras, 2011, p. 83.

2. Nesse cenário *contraditório*, a democracia brasileira pode ser inserida no quadro da *revisão* histórica do projeto de *modernidade*.

Seguindo o sentido etimológico do termo, *modernus*, a modernidade expressa a consciência de uma época que se posiciona como o novo em oposição ao passado.[22] Começa, para nós, com o Renascimento. E se consolida, com a filosofia Iluminista, como um projeto otimista de futuro que alimentou grandes esperanças no aprimoramento infinito, material e moral, da humanidade, por meio da razão. A atividade racional proporcionaria à humanidade emancipada não "apenas o controle das forças naturais, mas também a interpretação de si mesmo e do mundo, o progresso moral, a justiça das instituições sociais e mesmo a felicidade dos homens".[23] Assim, "O progresso técnico-científico parecia levar consigo um progresso da civilização, moral e político".[24]

Mas "no século XX, muito pouco restou desse otimismo".[25] A profecia iluminista de Victor Hugo, de que "o século XIX é grande, mas o século XX será feliz",[26] não se concretizou. Nos descaminhos da modernidade, o progresso material, técnico-científico restou desacoplado do processo de desenvolvimento moral e social.[27]

A razão, identificada originariamente como fator de emancipação, acabou reduzida ao seu aspecto cognitivo-instrumental, de enfren-

---

22   BITTAR, Eduardo C. B. *O direito na pós-modernidade (e reflexões frankfurtianas)*. 2ª ed. Rio de Janeiro: Forense Universitária, 2009, p. 33.

23   HABERMAS, *Modernidade – um projeto inacabado*, 1992, p. 110 e 111.

24   HABERMAS, Jürgen. *Teoría y praxis: estudios de filosofía social*. Trad. Salvador Más Torres e Carlos Moya Espí. 2ª ed. Madrid: Tecnos, 1990, p. 314.

25   HABERMAS, Jürgen. Modernidade – um projeto inacabado. In: ARANTES, Otília B. Fiori e ARANTES, Paulo Eduardo. *Um ponto cego no projeto moderno de Jurgen Habermas*: arquitetura e dimensão estética depois das vanguardas. São Paulo: Brasiliense, 1992, p. 110.

26   HUGO, Victor. *Os Miseráveis*. Tomo 02. Trad. Francisco O. Barros. São Paulo: Cosac & Naify, 2002, p. 545.

27   BITTAR, Eduardo C. B. Justiça e liberdade na filosofia do direito de Jürgen Habermas. *Revista dos Tribunais*, São Paulo, ano 101, vol. 918, abril/2012, p. 236.

tamento, manipulação e autoafirmação com êxito no mundo objetivo (natureza).[28] Numa realização deformada na história,[29] foi expandida, sob tal perspectiva, a todos os âmbitos da vida e, dentro de uma postura tecnicista e cientificista, virou-se contra o próprio homem. Afinal, no mundo em que tudo se torna um "dado técnico", priva-se "o outro de sua condição idiossincrática como 'tu', convertendo-o em mero 'isso'": "tudo é meio para alcançar um outro meio. Inclusive o próprio sujeito, degradado a mera função, renovável e substituível".[30]

Tal racionalidade justificou e forneceu instrumental técnico-científico para que o Século XX fosse cenário do abismo moral dos campos de concentração, cujo paradigma do terror foi Auschwitz; das guerras civis, entre conterrâneos, e das guerras mundiais; dos genocídios de judeus, curdos, tutsis entre outros povos; das torturas e assassinatos praticados pelas ditaduras militares na América do Sul; do Apartheid, reconhecido legalmente na África do Sul e praticado mundialmente contra a população negra; da morte por inanição, principalmente nos países africanos; das desigualdades sociais e regionais; enfim, de todas as formas de violências, contra o outro diferente, a quem, não obstante todo o progresso econômico, técnico e científico experimentado, não se reconheceu humanidade.[31]

Na experiência social, em que forças produtivas se perverteram em destrutivas, emancipação degenerou-se em opressão, racionalidade

---

28   HABERMAS, Jürgen. *Teoria do agir comunicativo. Racionalidade da ação e racionalização social.* Tomo 01. Trad. Paulo Astor Soethe. Revisão Técnica Flávio Beno Siebeneichler. São Paulo: Editora WMF Martins Fontes, 2012, p. 35.

29   HABERMAS, Jürgen. *O discurso filosófico da modernidade.* Trad. Luiz Sérgio Repa e Rodnei Nascimento. São Paulo: Martins Fontes, 2002, p. 439.

30   FERRAZ JUNIOR. Tércio Sampaio. Responsabilidade sem culpa, culpa sem responsabilidade na sociedade tecnológica. In: FABIANI, Emerson Ribeiro (org.). *Impasses e aporias do direito contemporâneo.* Estudos em homenagem a José Eduardo Faria. São Paulo: Saraiva, 2011, p. 140 e 141.

31   BITTAR, *Justiça e liberdade na filosofia do direito de Jürgen Habermas,* 2012, p. 236; BITTAR, *O direito na pós-modernidade,* 2009, p. 86 a 99.

Educação para a democracia no Brasil 21

em irracionalidade,[32] viu-se o avanço da barbárie ao ponto de fazer do século XX o "mais assassino de que temos registro, tanto na escala, frequência e extensão da guerra que o preencheu (...) como também pelo volume único de catástrofes humanas que produziu, desde as maiores fomes da história até o genocídio sistemático".[33] O pior é que "Passamos a nos habituar ao morticínio", "passamos a nos habituar ao desumano. Aprendemos a tolerar o intolerável".[34]

O último século concretizou, enfim, a profecia da *Dialética do esclarecimento*, segundo a qual "A maldição do progresso irrefreável é a irrefreável regressão".[35] Faz pensar a importância de, ao olhar para o futuro, não repetir tantos erros históricos diagnosticados.

3. Aludidas deficiências, contradições e regressos que fulminam o ingênuo otimismo iluminista não devem, entretanto, conduzir ao abandono do projeto moderno, renegando os potenciais emancipatórios da razão e os progressos experimentados pela humanidade nos últimos dois séculos.

O conjunto de valores herdados do Iluminismo, como afirma Hobsbawn, corresponde a "uma das poucas coisas que nos separam de uma queda acentuada nas trevas". E se, de fato, em sua concepção original, tinha muito de "superficial e intelectualmente ingênuo", servindo de "fundamento intelectual ao imperialismo ocidental", também é certo que o progresso da cultura ocidental, a partir do Século XVIII,

---

32   HABERMAS, Jürgen. A nova opacidade: a crise do Estado-providência e o esgotamento das energias utópicas. *Revista de Comunicação e Linguagem*, Lisboa, n° 02, 1985, p. 116 e 117.

33   HOBSBAWN, Eric. *Era dos extremos. O breve século XX: 1914-1991*. 2ª ed. Trad. Marcos Santarrita. Rev. Téc. Maria Célia Paoli. São Paulo: Cia das Letras, 2000, p. 22.

34   HOBSBAWN, Eric. *Sobre história. Ensaios*. Trad. Cid K. Moreira. São Paulo: Cia das Letras, 2013, p. 351 e 362.

35   ADORNO, Theodor W. & HORKHEIMER, Max. *Dialética do Esclarecimento. Fragmentos Filosóficos*. Trad. Guido Antonio de Almeida. Rio de Janeiro: Zahar, 1985, p. 41.

(...) foi obtido preponderantemente ou em sua totalidade sob a influência do Iluminismo, por governos que ainda são chamados, em benefício dos estudantes de história, "absolutistas esclarecidos", por revolucionários e reformadores, liberais, socialistas e comunistas, todos pertencentes à mesma família intelectual. Não foi obtido por seus críticos.[36]

É fundamental, nesse sentido, conforme preocupação constante na filosofia social de John Dewey, afastar-se do costume de pensar a partir de opostos extremos e, assim, formular crenças "em termos de *ou isso ou aquilo*, entre os quais não há possibilidades intermediárias".[37]

Com efeito, abandonar o "velho" – no caso, o moderno –, a partir da prática tipicamente moderna, obsessiva, contínua e irrefreável, de negar o lugar do que veio antes, "limpando o terreno" para, em nome de um novo projeto, recomeçar sempre do zero[38], não resolve o problema. A filosofia que atua com base em simples rejeição e oposição acaba por negligenciar todo um conjunto de problemas que emergem da crítica e da busca pela superação do que lhe antecedeu.[39]

Tal é o enfoque a partir do qual Dewey debruça-se sobre a modernidade, em sua reconstrução pragmatista da filosofia.[40] A crítica à modernidade faz-se com seu amparo, isto é, sem perder de vista as experiências por ela proporcionadas.

Esse é também o enfoque proposto por Habermas. Afastando-se tanto da crença moderna ingênua de progresso contínuo, por meio da razão e da ciência, como das críticas arrasadoras do discurso da modernidade – citando, aqui, dentre outros, a partir de Nietzsche, M. Heideg-

---

36   HOBSBAWN, *Sobre história*, 2013, p. 349.

37   DEWEY, John. *Experiência e educação*. Trad. Renata Gaspar. Petrópolis/RJ: Vozes, 2010, p. 19.

38   BAUMAN, Zygmunt. *A modernidade líquida*. Trad. Plínio Dentzien. Rio de Janeiro: Jorge Zahar, 2001, p. 36.

39   DEWEY, *Experiência e educação*, 2010, p. 23.

40   DEWEY, John. *Reconstruction in philosophy*. Mineola/New York: Dover Publications, 2004.

Educação para a democracia no Brasil   23

ger, G. Bataille, J. Derrida e M. Foucault[41] – "retoma esta tradição procurando, ao mesmo tempo, superá-la criticamente".[42] Acredita que, diante do "projeto inacabado" de modernidade, a humanidade deveria aprender com os desacertos de seus ambiciosos programas e não tomá-lo, definitivamente, por fracassado.[43]

Em suma, para os dois filósofos, a revisão crítica da modernidade, apontando os regressos e a barbárie existentes e reconhecendo, também, seus avanços, importa não abandoná-la. Mantêm dela, acima de tudo e apesar dos descaminhos históricos, a aposta moral Iluminista: a "crença inabalável na capacidade de autodeterminação do sujeito, arraigada na faculdade da razão, e a recusa radical de qualquer forma de heteronomia".[44]

4. Eis o quadro dentro do qual este livro se desenvolve, *A educação para a democracia no Brasil: fundamentação filosófica a partir de John Dewey e Jürgen Habermas.*

Adota, como linha de reflexão, a referida abordagem crítica revisora do projeto moderno inacabado. Fugindo ao raciocínio de extremos, assume um olhar que não abre mão das experiências e dos aprendizados proporcionados pela modernidade.

Nesse sentido, aposta na experiência democrática como *locus* para a realização desse projeto emancipatório da humanidade, identificando, ainda, como caminho para sua consolidação, o lugar fundamental do esclarecimento, eleito pelo Iluminismo: a educação.

Sob tal perspectiva, pretende fundamentar filosoficamente a educação para a democracia no Brasil, de maneira a contribuir com a cons-

---

41   HABERMAS, *O discurso filosófico da modernidade*, 2002, p. 141.

42   SIEBENEICHLER, Flávio Beno. *Jürgen Habermas: razão comunicativa e emancipação.* 3ª ed. Rio de Janeiro: Tempo Brasileiro, 1989, p. 25.

43   HABERMAS, *Modernidade – um projeto inacabado*, 1992, p. 118.

44   FREITAG, Bárbara. A questão da moralidade: da razão prática de Kant à ética discursiva de Habermas. *Tempo social,* São Paulo, Volume 01, nº 02, São Paulo, 2º semestre/1989, p. 16.

trução hermenêutica de um sentido enriquecido e ampliado desses dois institutos que alicerçam o ordenamento jurídico nacional: a democracia, que, logo no Art. 1º da Constituição, adjetiva a República Federativa do Brasil, constituindo-a como um Estado Democrático de Direito; e a educação, incumbida tanto do desenvolvimento pleno da pessoa como do "preparo para o exercício da cidadania" (Art. 205) e, desse modo, voltada "à promoção e conservação do próprio Estado Democrático de Direito".[45]

Isso, a partir de dois referenciais teóricos em diálogo. No âmbito do pragmatismo norte-americano, a filosofia social "reconstruída" de John Dewey (1859-1952), destacando as teorias da *experiência*, do *pensar* e da constituição social e crescimento do sujeito, assim como, intimamente ligadas a elas, as propostas de democracia e educação *progressiva*. No âmbito da teoria crítica da sociedade, a filosofia de Jürgen Habermas (1929), expressão da "2ª geração" da Escola de Frankfurt, em especial as contribuições da *teoria da ação comunicativa*, da *ética do Discurso*, da revisitação ao modelo de desenvolvimento moral cognitivista de Lawrence Kohlberg e, referida a todas elas, sua concepção da democracia.

A despeito das escolas filosóficas distintas a que pertencem e das peculiaridades e diferenças que marcam suas linhas de reflexão, são notáveis as confluências entre as teorias dos dois autores. O pensamento pragmatista não só de Dewey mas também o de Charles S. Peirce, George H. Mead e Lawrence Kohlberg, constituem importante componente interno da teoria social habermasiana[46] – dado que, aliás, mitiga a crítica de Hans Joas acerca da "negligência" da filosofia alemã em relação ao pragmatismo e, em especial, à obra deweyana.[47] O próprio Habermas, exaltando o

---

45   RANIERI, *O estado democrático de direito e o sentido da exigência de preparo para o exercício da cidadania, pela via da educação*, 2009, p. 380.

46   PINZANI, Alessandro. *Habermas*. Porto Alegre: Artmed, 2009, p. 21; COMETTI, Jean-Pierre. "Jürgen Habermas e o pragmatismo". ROCHLITZ, Rainer (coord.). *Habermas e o uso público da razão*. Trad. Léa Novaes. Rio de Janeiro: Tempo brasileiro, 2005, p. 58.

47   JOAS, Hans. *Pragmatism and social theory*. Chicago: University of Chicago Press, 1993, p. 94 e 116.

Educação para a democracia no Brasil   25

teor radicalmente democrático dessa "variante americana da filosofia da práxis", destaca nela se apoiar "quando surge o problema de compensar a debilidade do marxismo com relação à teoria democrática".[48] A convergência, nesse sentido, revela-se bastante nítida e frutífera na orientação dos autores por uma práxis social emancipatória, que se perfaz, dentro de uma abordagem filosófica comunicativa, na experiência da democracia.

Em ambos, o abandono da filosofia da consciência e de sua crença numa razão pura e monológica, aprioristicamente competente para uma "comunhão solitária" com a verdade e a justiça, dá lugar à compreensão da linguagem como *medium* social da formação da individualidade e, como lugar da realização da racionalidade, o critério último da construção do conhecimento e definição da moralidade.[49]

A verdade e a moral são referidas ao discurso, a práxis da argumentação orientada ao entendimento em relação a um problema, um desacordo sobre o objeto da comunicação. Tornam-se pretensões de validade cuja racionalidade é condicionada à comunicação e, no contexto comunicativo, à sua "disposição de sofrer crítica" e "capacidade de se fundamentar".[50] Observa-se, assim, que, com Dewey e Habermas, é atribuído um conteúdo cognitivo também aos juízos morais: porque podem ser fundamentados, no discurso, pressupõe-se a possibilidade de se distinguir, nessa matéria, tal como ocorre com as questões de verdade, os juízos válidos dos inválidos.[51]

---

48   HABERMAS, Jürgen. Um perfil sociológico-político: entrevista com Jürgen Habermas. Trad. Wolfgang Leo Maar. *Novos estudos*. CEBRAP, Setembro/1987, p. 78 e 79.

49   DEWEY, *Reconstruction in philosophy*, 2004, p. 21; HABERMAS, *O discurso filosófico da modernidade*, 2002, p. 447.

50   HABERMAS, *Teoria do agir comunicativo*, Tomo 01, 2012, p. 34, 35, 45 e 48.

51   HABERMAS, Jürgen. *Consciência Moral e Agir Comunicativo*. Trad. Guido A. de Almeida. Rio de Janeiro: Tempo Brasileiro, 2003, p. 147 e 155.

Os autores, desse modo, podem aproveitar todo o sentido *cognitivo* e *prático*[52] – Dewey diz *instrumental* e *consumatório*[53] – inerente à interação comunicativa.

Cognitivo porque, no diálogo, a suscetibilidade de crítica e a exigência de fundamentação tornam o conteúdo do pensar exteriorizado passível de correção.[54] Todos os eventos e conceitos "tornam-se sujeitos a reconsideração e a revisão; são readaptados para que enfrentem as exigências da conversação".[55] A linguagem possibilita, dessa forma, a construção e reconstrução cooperativa das verdades e a fundamentação moral das normas de ação, superando os equívocos a que estão todos sujeitos no solilóquio da razão e os particularismos semânticos do contexto em que se está imerso. Afinal, "No discurso, uma visão de mundo deve ser trabalhada pela contradição dos outros de tal modo que os horizontes de sentido de todos os participantes ampliem – e se imbriquem cada vez mais – graças à progressiva descentração da perspectiva de cada um deles".[56]

Prático, pois a qualidade racional do resultado exige condições dialógicas, orientadas ao entendimento e isentas de violência, em que o "comum acordo que se pretende alcançar por via comunicativa precisa, *ao fim e ao cabo*, sustentar-se sobre razões".[57]

---

52   HABERMAS, Jürgen. *Direito e democracia: entre factibilidade e validade.* Volume 01. 2ª Ed. Trad. Flávio Beno Siebeneichler. Rio de Janeiro: Tempo Brasileiro, 2012, p. 190 e 191.

53   DEWEY, John. *Experiência e natureza.* Trad. Murilo Paes Leme, Anísio S. Teixeira e Leônidas G. de Carvalho. Coleção Os Pensadores. São Paulo: Abril Cultural, 1980, p. 39.

54   HABERMAS, *Teoria do agir comunicativo*, Tomo 01, 2012, p. 49.

55   DEWEY, *Experiência e natureza*, 1980, p. 29.

56   HABERMAS, Jürgen. *Verdade e justificação.* Ensaios filosóficos. Trad. Milton Camargo Mota. 2ª ed. São Paulo: Loyola, 2009, p. 71, 93 e 94.

57   HABERMAS, *Teoria do agir comunicativo*, Tomo 01, 2012, p. 47; HABERMAS, *Direito e democracia*, Vol. 01, 2012, p. 191.

Forma-se, assim, o pressuposto racional-comunicativo fundamental, através do qual se vislumbra a realização do projeto moderno emancipatório revisitado e a partir do qual pode ser desenvolvida a reflexão sobre democracia e a educação para a experiência democrática, pautada nos referenciais teóricos adotados.

5. Sob tais bases, a democracia, dentro de uma perspectiva comum a Dewey e Habermas, significa, em primeiro lugar, um modelo de experiência social que se efetiva como uma práxis coletiva de autodeterminação, de autolegislação. Isso, no sentido de que, nela, os cidadãos, sujeitos de direito, devem se entender, também, ativa e comunicativamente, na condição de seus autores, protagonistas do processo de convivência,[58] ou ainda, valendo-se da expressão de Paul Ricoeur, narradores das histórias que, no âmbito de uma história plural, contam sobre si mesmos.[59]

Para tanto, a experiência democrática, ao mesmo tempo, é compreendida como um processo de formação racional-discursiva da opinião e da vontade, de tomada de decisões coletivas, e de encaminhamento e solução de problemas comuns.[60]

Trata-se de um processo, contudo, que, enriquecido e ampliado de significação, envolve mas não pode, apenas, ser expresso em termos de instituições políticas.[61] Não se restringe à institucionalização de regras procedimentais mínimas próprias ao jogo democrático, como o sufrágio universal, a pluralidade partidária, a periodicidade eleitoral e a regra da

---

58   HABERMAS, *Direito e democracia*, Vol. 01, 2012, p. 157.
59   RICOEUR, Paul. *O Justo. A justiça como regra moral e como instituição.* Tomo 01. Trad. Ivone C. Benedetti. São Paulo: Martins Fontes, 2008, p. 25 e 28.
60   HABERMAS, *Direito e democracia*, Vol. 02, 2011, p. 19, 24 e 45; HONNETH, Axel. Democracy as reflexive cooperation: John Dewey and the theory of democracy today. *Political Theory*, vol. 26, n° 06, Dez/1998, p. 774 e 775.
61   DEWEY, John. *Freedom and culture*. Nova York: Prometheus Books, 1989, p. 97.

maioria – dado, aliás, que não deixa de ser observado, apesar das deficiências destacadas, no Brasil.

Pois, radicada, com Habermas, no princípio do discurso, a validez da decisão remete ao assentimento de todos os afetados, enquanto participantes da argumentação.[62] Assim, a democracia é concebida como uma experiência comunicativa maior, na qual o sistema político se insere como um momento apenas, um "segmento estreito da vida pública".[63] Destaca-se, nela, a importância do momento de "debate, discussão e persuasão",[64] cuja arena é a esfera pública e os protagonistas os atores da sociedade civil. Em suma, o nível discursivo do debate público, estruturado dentro do Estado de Direito, passa a representar "a variável mais importante" da democracia.[65]

O modelo democrático refere-se, assim, à ideia fundamental de um fluxo comunicacional, numa direção centrípeta, de fora para dentro do "centro" político. Nele, a atuação governamental é precedida e vinculada à da sociedade civil, na esfera pública, que se destaca como o espaço comunicativo fundamental, enraizado no *mundo da vida*, de identificação, debate, tratamento e encaminhamento de problemas comuns; de luta por reconhecimento e convencimento de pretensões; de tomada de posições, articulação de demandas e construção de opiniões públicas e de soluções compartilhadas. Nesse cenário, onde fracassam os "padrões de coordenação que se apoiam em valores, normas e rotinas de entendimento convencionais", a estrutura político-governamental aparece como mecanismo regulador, de forma vinculante – isto é, "acima do limiar da consciência" –, de temas e problemas de integração social identificados, elaborados e debatidos pela sociedade civil.[66]

---

62   HABERMAS, *Consciência moral e agir comunicativo*, 2003, p. 116.

63   HABERMAS, *Direito e democracia*, Vol. 02, 2011, p. 220.

64   DEWEY, *The public and its problems*, 1991, p. 208.

65   HABERMAS, *Direito e democracia*, Vol. 02, 2011, p. 28.

66   HABERMAS, *Direito e democracia*, Vol. 02, 2011, p. 25, 46, 115 e 121; HABERMAS, Jürgen. *A inclusão do outro. Estudos de teoria política*. Trad. Ge-

Educação para a democracia no Brasil   29

Pensada nesse formato, a experiência da democracia assume a
configuração de um sistema *semidireto*, valorizando a complementaridade entre a representação e os canais de participação direta nas atividades
governamentais e na definição de políticas públicas.[67] Tudo isso, de qualquer forma, referido às demandas, aos debates, às propostas e às opiniões
públicas oriundas da atuação da sociedade civil.

A relevância conferida à esfera pública, percebida como complexa rede comunicativa intermediária entre as biografias individuais e a
formação da vontade institucional, vai de par, assim, com uma visão de
sociedade democrática que não se restringe, na perspectiva *liberal*, a um
amontoado de indivíduos concorrentes entre si, para os quais o fim coletivo não significa mais que uma negociação entre interesses opostos.
Tampouco se harmoniza, na outra ponta, na linha do *republicanismo*,
como um corpo social quase que orgânico, cuja auto-organização política poderia se renovar, apenas, com respaldo no consenso ético entre
seus membros.[68]

Abrem-se perspectivas para a consolidação e o fortalecimento
da democracia a partir de uma concepção normativa que traz ao centro do debate a indispensabilidade da participação discursiva dos atores
da sociedade civil. Destaca os imensos potenciais cognitivos e práticos
do procedimento argumentativo, em vista da solução compartilhada de
problemas comuns.

Num cenário pós-metafísico pluralista, em que a justiça de uma
decisão e a verdade de seus pressupostos não podem mais ser impostas,
tampouco afirmadas de antemão e de uma vez por todas, o arranjo comunicativo no espaço público aparece como o critério da legitimidade

---

orge Sperber, Paulo Astor Soethe e Milton Camargo Mota. 3ª ed. São Paulo:
Loyola, 2007, p. 291.

67   BENEVIDES, Maria Victoria de Mesquita. *A cidadania ativa. Referendo,*
plebiscito e iniciativa popular. 3ª ed. São Paulo: Ática, 2003, p. 15.

68   HABERMAS, *Direito e democracia*, Vol. 02, 2011, p. 19; HABERMAS, *A*
inclusão do outro, 2007, p. 284.

das decisões do Estado e da ordem jurídica. Uma legitimidade, em última análise, referida à expectativa da qualidade racional dos resultados obtidos conforme o processo e medida, racionalmente, pela resgatabilidade discursiva da pretensão de validade da política e do direito.[69]

6. A centralidade do diálogo para a definição ampliada da democracia, submete-o, contudo, a exigentes condições de possibilidade.[70]

Com efeito, exige uma ambiência dialógica, no espaço público, que se aproxime, tanto quanto possível, de uma *situação ideal de fala*, imunizada contra violência e desigualdade: um contexto comunicativo de tomada da decisão, orientado ao entendimento, que possibilite o acesso dos concernidos ao discurso, em igualdade de condições, excluindo toda forma de coerção, "com exceção da coerção do argumento melhor". Trata-se, enfim, daquelas condições de simetria que todo aquele que ingressa na argumentação tem que pressupor como suficientemente preenchidas.[71]

Em Robert Dahl, isso aparece na forma de critérios *ideais* a serem atendidos pelo processo democrático, envolvendo oportunidades iguais e adequadas de participação efetiva, a igualdade de voto e o controle da agenda. Dahl fala, ainda, da compreensão esclarecida sobre as matérias a serem reguladas, critério que remete ao "processo de formação de um *demos* informado e esclarecido, por exemplo através da educação e da discussão pública".[72]

---

69   HABERMAS, *Consciência moral e agir comunicativo*, 2003, 149; HABER-MAS, *Direito e democracia*, Vol. 01, 2012, p. 50; HABERMAS, *Direito e democracia*, Vol. 02, 2011, p. 27 e 28.

70   FREITAG, *A questão da moralidade*, 1989, p. 37; HABERMAS, *Direito e democracia*, Vol. 02, 2011, p. 09;

71   HABERMAS, *Consciência moral e agir comunicativo*, 2003, p. 111 e 112; HABERMAS, *Teoria do agir comunicativo*, Tomo 01, 2012, p. 60, 61 e 63

72   HABERMAS, *Direito e democracia*, Vol. 02, 2011, p. 42; DAHL, Robert A. *A democracia e seus críticos*. Trad. Patrícia de Freitas Ribeiro. Revisão da tradução: Aníbel Mari. São Paulo: Editora WMF Martins Fontes, 2012, p. 176.

Nesse sentido, combinadas com referida ambiência, numa relação direta de favorecimento recíproco, a democracia demanda, também, a *competência* e a *disposição comunicativa* dos cidadãos. Isto é, diante dos problemas cotidianos e com vistas à sua solução, o cidadão deve não só estar apto mas também motivado à participação racional no debate público, justificando, com razões, suas pretensões de validade.[73]

A presença de tais elementos conduz, em Dewey, à aliança bem sucedida entre o uso adequado dos métodos científicos e as práticas democráticas.[74] Corresponde à pesquisa cooperativa de soluções aos problemas, enfrentados pela sociedade,[75] que remete não ao descaminho moderno da "cultura de especialistas",[76] mas ao ambiente comunicativo em que prevaleça a "liberdade de pesquisa, a tolerância em relação a visões diferentes, a liberdade de comunicação, a distribuição do que for descoberto a cada indivíduo, como consumidor intelectual final". Tudo isso, para o autor, está envolvido "no método democrático tanto quanto no método científico".[77]

A democracia, desse modo, pode se atualizar como fator de racionalidade da solução de problemas sociais, partindo-se da premissa de que "as chances de se encontrar respostas inteligentes aos problemas aumentam com a qualidade da cooperação dos pesquisadores envolvidos". Isto é, na medida em que mais envolvidos possam, sem constrangimentos e com iguais direitos, introduzir críticas, argumentos e reflexões.[78]

---

73   HABERMAS, *Teoria do agir comunicativo*, Tomo 01, 2012, p. 48; HABERMAS, *Direito e democracia*, Vol. 01, 2012, p. 155 e 156.

74   DEWEY, *Freedom and culture*, 1989, p. 81.

75   DEWEY, *The public and its problems*, 1991, p. 167 e 184; BERNSTEIN, Richard J. "The resurgence of pragmatism". *Social research*, vol. 59, n° 4, 1992, p. 814.

76   HABERMAS, *Modernidade – um projeto inacabado*, 1992, p. 110.

77   DEWEY, *Freedom and culture*, 1989, p. 81.

78   HONNETH, *Democracy as reflexive cooperation*, 1998, p. 772, 773 e 775.

7. Tais padrões, de qualquer forma, expressam somente possibilidades de interação comunicativa e exercício da cidadania, incorporadas a uma hermenêutica jurídico-constitucional alinhada criticamente com a modernidade, a partir da filosofia de Dewey e de Habermas. Não estão, certamente, dados como ponto de partida, contrastando mesmo com o cenário brasileiro de inexperiência democrática e déficits de direitos humanos, herdado do passado autoritário.

Por outro lado, à luz da teoria deweyana da experiência, parece certo que a cultura democrática e, dentro dela, a prevalência de hábitos de pensar, agir e conviver democraticamente não podem emergir senão da própria experiência da vida democrática. A lenta e gradual reforma do modo de pensar e agir caminha junto com a reconstrução da experiência em que se atualiza. No caso, com o "longo, difícil e, por vezes, bastante penoso" processo de democratização.[79]

A experiência é apresentada, por Dewey, como a interação contínua entre os sujeitos e o ambiente, em que todos se modificam reciprocamente.[80] Desse modo, se, por um lado, desautoriza a atribuição de qualquer caráter inevitável, determinado à constituição do indivíduo e ao curso de sua história; por outro, induz uma continuidade experiencial do processo de vida: as experiências de hoje partem daquilo que o sujeito já experienciou e influenciarão o modo como o sujeito, doravante, com um olhar modificado, experienciará.

Nesse sentido, o pensar e o experimentar democraticamente a vida não são como *dados* do sujeito. Não se pode admitir a crença numa natureza humana democrática que "quando deixada a si mesma, liberta

---

79   MOISÉS, *Os brasileiros e a democracia*, 1995, p. 36 e 84.

80   TEIXEIRA, Anísio. A pedagogia de Dewey (Esboço da teoria de educação de John Dewey). In: DEWEY, John, *Experiência e natureza*; *Lógica: a teoria da investigação*; *A arte como experiência*; *Vida e educação*; *Teoria da vida moral*. Trad. Murilo Otávio Rodrigues Paes Leme, Anísio S. Teixeira e Leônidas Gontijo de Carvalho. Coleção *Os Pensadores*. São Paulo: Abril Cultural, 1980, p. 113.

Educação para a democracia no Brasil   33

de restrições externas arbitrárias, tenderá a produzir instituições democráticas que funcionam de modo bem sucedido".[81]

A constituição da individualidade se efetiva como um contínuo processo experiencial *em relação com*: um processo eminentemente social, conforme a psicologia social de George H. Mead, pensamento que influencia de modo marcante a filosofia de Habermas e a de Dewey, constituindo, por isso, ponte fundamental entre ambos. Segundo Mead, o *eu* é um reflexo individual, particular e único, da interação social comunicativa. Surge dela, com a característica de ser um objeto para si, uma autoconsciência, uma experiência de si que pressupõe o outro, pois não pode ocorrer senão de forma indireta, por meio da assunção da atitude dos outros em relação ao si mesmo.[82]

Assim, no âmbito das experiências sociais que atualizam as tradições culturais, as instituições e as expectativas de comportamento, delineiam-se nossas abordagens da realidade, descortinam-se nossos horizontes de possibilidades. É nele que se constrói e se reconstrói a (in) experiência democrática.

Dependendo mas não se reduzindo à dimensão política institucional e expressando, também, uma forma de conduta dos atores sociais, a democracia não prescinde de um processo de aprendizagem.[83]

8. Nesse contexto, aclara-se a tarefa e a significância da educação como mecanismo fundamental para a consolidação da democracia. A educação, aqui, entendida num sentido ampliado, para além da instituição escolar. Não se separa da experiência de vida, abrangendo, na linha do

---

81   DEWEY, *Freedom and culture*, 1989, p. 97.

82   MEAD, George Herbert. *Mind, self and society: from the standpoint of a social behaviorist*. Edited and with a introduction by Charles W. Morris. Chicago/London: The University of Chicago Press, 1992, p. 136, 139, 164, 201 e 226.

83   DEWEY, *Freedom and culture*, 1989, p. 97 e 101; MOISÉS, *Os brasileiros e a democracia*, 1995, p. 77.

Artigo 1º da Lei de Diretrizes e Bases (n° 9.394/1996), todos "os processos formativos que se desenvolvem na vida familiar, na convivência humana, no trabalho, nas instituições de ensino e pesquisa, nos movimentos sociais e organizações da sociedade civil e nas manifestações culturais". Para sua fundamentação, a proposta pedagógica *progressiva* de Dewey e a filosofia social habermasiana oferecem importantes contribuições. É bem verdade que Habermas não possui uma teoria acabada sobre o assunto. No entanto, a teoria do agir comunicativo e a releitura do modelo de desenvolvimento da consciência moral de Lawrence Kohlberg, à luz da ética do Discurso, permitem a referência, sem nenhum desconforto, a uma *pedagogia da ação comunicativa*, na expressão utilizada por José Pedro Boufleuer.[84] E aludidos elementos justificadores de uma proposta educacional habermasiana, não afirmada diretamente pelo filósofo frankfurtiano, possibilitam, também nessa matéria, significativas aproximações com o pensamento deweyano, onde se encontram mais profundas e diretas reflexões sobre o tema.

Pensar a educação para a democracia, a partir de Dewey e Habermas, pressupõe reconhecer estar-se diante de tarefa extremamente complexa e delicada, num cenário de inexperiência democrática e continuidades históricas desfavoráveis, arraigadas nas instituições e práticas sociais, dentre as quais as educacionais. Pois é a partir dele que os hábitos de pensar, agir e conviver democráticos são formados.

Tudo isso, porém, sem fazer da *exigência excessiva* uma "forma sublime de sabotagem".[85] Sem se alquebrar frente a uma realidade "que não mais reconhece qualquer alternativa para si mesma".[86]

Implica, nesse sentido, uma filosofia da ação, pela educação, que não negligencia o peso das condições objetivas que conformam o proces-

---

84   BOUFLEUER, José Pedro. *Pedagogia da ação comunicativa. Uma leitura de Habermas.* 3ª ed. Ijuí: Unijuí, 2001.

85   ADORNO, Theodor, W. *Escritos sociológicos I.* Obra completa 08. Trad. Agustín González Ruiz. Madrid, España: Akal, 2004, p. 132.

86   BAUMAN, *A modernidade líquida*, 2001, p. 30.

Educação para a democracia no Brasil   35

so educacional e, por conseguinte, as contradições que ele deve assimilar[87]. Reconhece que a educação tem limitações, mas, ao mesmo tempo, como destaca Flávia Schilling, ao responder a indagação *O que cabe à educação fazer em direitos humanos?*, que se, sozinha, ela não resolve o problema – dos direitos humanos e, soma-se aqui, de democracia – é certo, também, que, sem ela, não pode haver solução.[88]

A perspectiva construída na aproximação dos referenciais teóricos induz a compreensão da educação para democracia como caminho em que vale a pena apostar para realização do projeto moderno de emancipação. Faz-se emancipatória na medida em que vislumbra uma experiência educativa que habilita, habitua, dispõe os sujeitos a experiências humanas coletivas gradual e processualmente mais democráticas e, portanto, melhores, em termos racionais, cognitivos e morais.[89]

O livro fundamenta filosoficamente essa experiência educativa, a partir das contribuições de Dewey e de Habermas, nas seguintes diretrizes:

I) Educação dialógica Em Dewey e em Habermas, a abordagem socialcomunicativa da formação da individualidade remete à centralidade do *diálogo*, do uso da linguagem orientada pelo entendimento, como dado indispensável da experiência educativa.

A competência e a disposição comunicativa do sujeito dificilmente poderiam emergir de uma experiência antitética ao diálogo, com o

---

87   ADORNO, Theodor W. Teoria da semicultura. Trad. Newton Ramos de Oliveira, Bruno Pucci e Cláudia B. M. de Abreu. *Educação & Sociedade* nº 56, ano XVII, dez/1996.

88   SCHILLING, Flávia. "O que cabe à educação fazer em direitos humanos?". *VI Encontro Anual da Associação Nacional de Direito Humanos – Pesquisa e Pós-graduação – ANDHEP*, Brasília/DF, 17/09/2010. No mesmo sentido, diz Moacir Gadotti: "se ela (a educação) não pode fazer sozinha a transformação, essa transformação não se efetivará, não se consolidará, sem ela" (GADDOTI, Moacir. *Educação e poder. Introdução à pedagogia do conflito*. 12ª ed. São Paulo: Cortez, 2001, p. 63).

89   DEWEY, *Reconstruction in philosophy*, 2004, p. 70; DEWEY, *Experiência e educação*, 2010, p. 34 e 35.

emprego empobrecido, viciado, da fala, como ocorre, no paradigma *tradicional* de ensino – a que Dewey se opõe [90] –, com a prática docente da transmissão unilateral de um saber, imunizado contra o discurso. Elas se constroem na interação dialógica, sinônimo de inesgotável processo de aprendizagem, em que a comunicação, orientada pelo entendimento, manifesta todo o sentido cognitivo e prático.

Assim, a educação passa a ser compreendida como "espaço privilegiado do agir comunicativo"[91], cuja experiência pode propiciar, ao lado do desenvolvimento das capacidades cognitivas do educando, sua habilitação ao diálogo para a solução de problemas, de modo sempre mais racional, "esparramando" tal competência e disposição aos demais âmbitos da ação social.

A mente individual e sua conversa internalizada consigo mesma – isto é, o pensar – são reflexos da conversa com os outros.[92] A partir do diálogo, portanto, podem se desenvolver dentro de um paradigma racional-comunicativo, em que a verdade e a justiça são percebidas não como resultado da prática solitária de uma razão monológica, mas como fruto do exercício da interlocução.[93]

ii) Desenvolvimento da capacidade cognitiva do educando, a ser atualizado mediante o *aprendizado baseado em problemas*. Afinal, é a solução de dificuldades experienciadas que define, na lição de Dewey, o *pensar*, em seu melhor sentido: o *inteligente, reflexivo*.[94]

O pensar é compreendido, pragmaticamente, como um processo em relação indissociável com a conduta de vida ou, mais especificamente, com uma dificuldade no curso da ação. Origina-se da perplexidade

---

90   DEWEY, *Experiência e educação*, 2010, p. 46 e 47.

91   BOUFLEUER, *Pedagogia da ação comunicativa*, 2001, p. 17.

92   DEWEY, *Experiência e natureza*, 1980, p. 31; MEAD, *Mind, self and society*, 1992, p. 47 e 50.

93   BITTAR, *A discussão do conceito de direito*, 2005, p. 808.

94   DEWEY, John. *How we think*. Mineola, New York: Dover Publications, 1997, p. 02.

diante de um conflito na experiência, que exige do sujeito, a partir do "estoque" de experiências anteriores, a inferência de uma solução[95]: uma ideia cuja validade não é determinada apenas por sua erudição ou plausibilidade teórica, mas, precipuamente, por sua "funcionalidade para a solução de problemas enfrentados pelos sujeitos no curso de sua conduta".[96]

Por isso, a educação deve ser direcionada não ao depósito de informações na mente do educando, apelando a um despropositado pensar sem qualquer referência a "alguma dificuldade que o incomode e perturbe seu equilíbrio".[97] O desenvolvimento da capacidade de pensar somente pode se efetivar a partir da práxis que o define: o esforço de solução de problemas com que se defronta. Exige, dessa forma, do sujeito em crescimento, a reorganização das próprias estruturas e recursos cognitivos para a colmatagem das lacunas identificadas na experiência, apreendendo-a de modo cada vez mais denso e completo.[98]

É desse modo que a experiência educativa confere ao educando, gradualmente, a aptidão de sempre mais educação, com cada vez mais autonomia intelectual. Pois, num *continuum* experiencial positivo, habilita-o, cognitivamente, diante de um universo que se revela cada vez mais complexo, a responder, de modo adequado, aos novos problemas que nele se apresentam.[99]

O pensar, nesse seu melhor sentido, supera o modo menos cuidadoso de aceitar ideias acriticamente, maculado por tendências irracionais que assediam a mente e por hábitos irrefletidos que se acumulam na personalidade.[100] É-lhe inerente um aspecto positivo da *cientificida-*

---

95   DEWEY, *How we think*, 1997, p. 12 e 72.

96   JOAS, *Pragmatism and social theory*, 1993, p. 20.

97   DEWEY, *How we think*, 1997, p. 12.

98   DEWEY, *How we think*, 1997, p. 80; DEWEY, *Experiência e educação*, 2010, p. 48.

99   DEWEY, *Reconstruction in philosophy*, 2004, p. 106; DEWEY, *Experiência e educação*, 2010, p. 48 e 50.

100 DEWEY, *How we think*, 1997, p. 01, 02 e 26.

de, herdada da modernidade, qual seja, a atitude científica: o hábito da mente marcado pela curiosidade intelectual, pela disposição investigativa e experimental, pelo rigor metodológico, pela postura falibilista e pelo emprego comunicativo das ideias como possibilidades de respostas – na linguagem habermasiana, pretensões de validade[101] –, aceitas porque confirmadas experimentalmente, mas, ainda assim, sempre abertas à crítica e à revisão.[102]

Desenvolvido dentro de uma perspectiva comunicativa, numa busca cooperativa pela verdade[103] (e, também, pelo justo), e espraiado aos conflitos morais e sociais cotidianos que angustiam a humanidade, o pensar reflexivo favorece a solução compartilhada e racional de problemas comuns, no âmbito do espaço público democrático.

III) Desenvolvimento da consciência moral. O desenvolvimento cognitivo e a competência e disposição comunicativa, a partir do diálogo para solução de problemas, harmonizam-se com o desenvolvimento da capacidade de juízo moral. Possibilitam ao sujeito alcançar o estágio de *autonomia* (*pós-convencional*), no qual a moralidade – descolada das normas sociais convencionais, internalizadas pela criança – somente pode ser fundamentada, procedimentalmente, no *Discurso*.[104]

Lawrence Kohlberg, nesse ponto, faz a ponte entre os referenciais teóricos. Seu modelo, revisitado por Habermas, fundamenta-se no pensamento deweyano para atribuir ao percurso do desenvolvimento moral o caráter de um desenvolvimento cognitivo.[105] É identificado, assim,

---

101 HABERMAS, *Teoria do agir comunicativo*, Tomo 01, 2012, 45.

102 BERNSTEIN, *The resurgence of pragmatism*, 1992, p. 814; DEWEY, *Freedom and culture*, 1989, p. 111.

103 JOAS, *Pragmatism and social theory*, 1993, p. 19.

104 HABERMAS, *Consciência moral e agir comunicativo*, 2003, p. 199.

105 KOHLBERG, Lawrence. *La Democracia en la escuela secundaria: educando para una sociedad mas justa*. Trad. Maria Mercedes Oraison. Chaco: Universidad Nacional del Nordeste, 1992, p. 03 e 04.

Educação para a democracia no Brasil   39

como um processo de aprendizagem, no qual, diante de conflitos de ação moralmente relevantes, o sujeito constrói e reconstrói as estruturas e instrumentos de pensamento que subjazem sua faculdade de resolvê-los.

A moral como um crescimento[106] pode, então, ser concebida dentro de modelo composto por três níveis de interação social – *pré-convencional, convencional* e *pós-convencional*, este último representado pelo *Discurso*.[107] Indicam a introdução do sujeito no mundo social, das "relações interpessoais legitimamente reguladas",[108] e sua caminhada, após a "adolescência moral", da heteronomia para a autonomia.[109]

A educação, nesse sentido, forma hábitos democráticos de pensar, agir e conviver na medida em que conduz o sujeito à autonomia, intersubjetivamente compreendida e referida à consciência moral pós--convencional, hábil e disposta ao Discurso, onde radica o critério último da moralidade.[110]

IV) Pedagogia diretiva e o papel docente. A experiência educativa assume, ademais, um caráter *diretivo*: a direção da democracia. Ao se afastar da filosofia de extremos, reconhece que a oposição ao passado autoritário não precisa postular a liberdade sem limites.

Afinal, a liberdade fundamental na democracia é intersubjetiva, comunicativa, referida a um agir que se orienta pelo entendimento.[111] Envolve responsabilidade. Pressupõe a atitude reflexiva da pessoa com

---

106 DEWEY, John. *Ethics. The Later Works 1925-1953.* Volume 07 (1932). Edited by Jo Ann Boydston. Southern Illinois University, 2008, p. 12.

107 HABERMAS, *Consciência moral e agir comunicativo*, 2003, p. 193.

108 HABERMAS, *Teoria do agir comunicativo*, Tomo 01, 2012, p. 193.

109 HABERMAS, *Consciência moral e agir comunicativo*, 2003, p. 154 e 155; FREITAG, *A questão da moralidade*, 1989, p. 16; DEWEY, *Ethics*, 2008, p. 12 e 13.

110 FREITAG, *A questão da moralidade*, 1989, p. 36.

111 DEWEY, *The public and its problems*, 1991, p. 150; HABERMAS, *Direito e democracia*, Vol. 01, 2012, p. 155.

o que pensa, faz e diz.[112] Por isso, a liberdade não é oposta à disciplina. Com Dewey, a disciplina e, mais propriamente, a disciplina da mente, possibilitando o exercício racional do pensar, é sinônimo de liberdade. É emancipadora das tradições e dos hábitos irrefletidos e também da ilusão de liberdade da ação comandada por forças libidinais e impulsivas[113].

Sendo assim, o processo educacional, pensado a partir dos referenciais teóricos, não supõe, absolutamente, a possibilidade da formação quase que *mágica* da criança deixada por si mesma.[114] O pensar e agir democraticamente não são *dádivas* da personalidade humana que se atualizam espontaneamente, como também não o são as posturas autoritárias. São hábitos construídos experiencialmente e, assim, consolidados em espaços e instituições sociais.[115]

Por isso, não prescinde da *atuação docente*. Não, porém, a da experiência deseducativa, em termos de democracia, do ensino unilateralizado, em que o docente não se comunica, faz comunicados,[116] impondo respostas a perguntas nem sequer formuladas na experiência do educando.[117] A atuação docente de que não se prescinde é diretiva, mas no sentido de que estabelece as condições ambientais e apresenta o caminho do crescimento, da autonomia e da experiência democrática.

Não dispensa, por isso, a tarefa de transmissão, exposição de conteúdos, inversamente proporcionais ao desenvolvimento e maturidade do educando, em termos de autonomia de reflexão e pesquisa. Ao docente, enfim, cumpre trazer a criança às tradições, consensos e padrões de interação social que possibilitarão sua integração no universo da linguagem e no *mundo da vida* comum, do qual se fala.

---

112   HABERMAS, *Verdade e justificação*, 2009, p. 103.
113   DEWEY, *Experiência e educação*, 2010, p. 66, 68 e 73.
114   DEWEY, *How we think*, 1997, p. 43.
115   DEWEY, *Freedom and culture*, 1989, p. 88.
116   FREIRE, Paulo. *Pedagogia do Oprimido*. 50ª ed. rev. e atual. Rio de Janeiro: Paz e Terra, 2011, p. 80.
117   DEWEY, *Experiência e educação*, 2010, p. 21.

Educação para a democracia no Brasil   41

Nessa direção, o educando – compreendido que tudo, no final das contas, não passa de pretensões de validade – pode, então, concordar ou discordar de uma oferta de fala, no âmbito do discurso, habilitando-se e dispondo-se à crítica e à fundamentação daquelas pretensões que fizer suas.[118]

V) O diálogo interdisciplinar aparece como contraponto à degeneração pela singularização,[119] fruto da fragmentação cartesiana do saber e da autorreferencialidade das especialidades científicas, linguística e racionalmente fechadas em si. O conhecimento afunilado em grades de disciplinas nulifica o potencial da razão.[120] O Século XX é testemunha da barbárie a que conduz a progresso técnico-científico que, encapsulado em culturas de especialistas, perde a referência de outros pontos de vista e dos aspectos sociais e morais envolvidos. Permitiu que o homem tomasse em suas mãos "ferramentas de poder incalculável",[121] desresponsabilizando-se quanto aos resultados brutais de sua aplicação contra o próprio homem.

A cooperação interdisciplinar remete ao diálogo entre as áreas do conhecimento. Ampliando o universo do discurso, possibilita o contato permanente de cada especialidade com o todo e com outras perspectivas e, dessa forma, a permanente crítica e autocrítica do saber produzido.

Tal trânsito interdisciplinar, recuperador da unidade renegada pela especialização científica moderna, favorece, assim, um hábito de pensar que, diante dos problemas com se defronta na experiência, não prescinde da consideração e interpenetração das diversas valorações e

---

118   BOUFLEUER, Pedagogia da ação comunicativa, 2001, p. 78.

119   HABERMAS, Verdade e justificação, 2009, p. 96.

120   BITTAR, Eduardo C. B. Justiça e emancipação: reflexões jusfilosóficas a partir do pensamento de Jürgen Habermas. Tese (Concurso de Professor Titular) – Faculdade de Direito – Universidade de São Paulo, São Paulo, 2011, p. 77.

121   DEWEY, The public and its problems, 1991, p. 175.

expressões culturais, interpretações e perspectivas científicas e expectativas morais.[122]

Promove, enfim, na leitura deweyana, o crescimento em geral que, ao se especializar numa dada direção, não prejudica o crescimento em outras direções.[123] Pelo contrário, amplia-as sempre mais, num mundo *experiencial* cujos horizontes e possibilidades existenciais só podem aumentar.

VI) A participação da sociedade na educação. Pressuposto que a experiência educativa demanda a comunicação orientada ao entendimento para se realizar, é patente o risco de fracasso ante o processo de "colonização" da educação pelos sistemas político e econômico (mercado capitalista). Afinal, coordenados pelos meios (e fins) *poder* e *dinheiro*, dispensam o entendimento como mecanismo de integração social.[124]

Submetidos às coações sistêmicas, regidas pela racionalidade instrumental, os espaços educacionais e os processos pedagógicos, de um lado, acabam corrompidos em meio empresarial para obtenção de *lucro*, configurados conforme as práticas de mercado. De outro, são submetidos às pressões, demandas e pretensões do poder político.[125]

Contra isso, a sociedade civil assume uma participação central. Afinal, pode se distinguir do aparelho governamental sem se confundir com a sociedade empresária. Abrangendo o conjunto de atores sociais que compõem o momento comunicativo precedente ao político-institu-

---

122   HABERMAS, Jürgen. *Teoria do agir comunicativo. Sobre a crítica da razão funcionalista.* Tomo 02. Trad. Flávio Beno Siebeneichler. São Paulo: Editora WMF Martins Fontes, 2012, p. 590 e 591.

123   DEWEY, *Experiência e educação*, 2010, p. 36 e 37.

124   HABERMAS, *Teoria do agir comunicativo*, Tomo 02, 2012, p. 354, 556, 597 e 667.

125   BOUFLEUER, *Pedagogia da ação comunicativa*, 2001, p. 90; HABERMAS, *Teoria do agir comunicativo*, Tomo 02, 2012, p. 566 e 587.

Educação para a democracia no Brasil 43

cional, abre-se a uma forma de interação cooperativa, pautada no diálogo, sem ser "tragada pelo Estado e assimilada pela estrutura do mercado".[126] Pode, assim, atuar ativamente não só na prestação educacional, de modo direto, por meio de suas associações e organizações, mas, também, na formulação e na implantação de políticas públicas em favor da educação – e, portanto, contra a *colonização* dos processos pedagógicos e sociais, em geral, pela racionalidade sistêmico-instrumental.[127]

Apoiada em tais diretrizes filosóficas, o livro, resultado de pesquisa em nível de Doutorado, pela Universidade de São Paulo (Departamento de Filosofia e Teoria Geral do Direito), sob a orientação do Prof. Eduardo C. B. Bittar, descortina a educação para a democracia na coerência do processo de ensino-aprendizagem com a experiência democrática: a educação que, discursivamente, autentica os princípios, os conteúdos, as práticas e os procedimentos democráticos, aplicando-os a si.[128]

Faz-se progressiva e gradualmente na democracia, enquanto práxis dialógica do encontro com o outro, para a solução compartilhada e racional de problemas comuns. Um processo educacional, portanto, em que os sujeitos, desenvolvendo-se cognitiva e moralmente em comunicação, internalizam hábitos de pensar, agir e conviver democráticos, tornando-se capazes de experienciar e enriquecer seu conteúdo em todos os âmbitos da vida social.

Com Dewey e Habermas, o reconhecimento do sentido e do valor racional-comunicativo e moral cognitivista da democracia permite identificar que a experiência que desenvolve plenamente a pessoa é a mesma que a prepara para o exercício da cidadania. Falar em educação para a democracia remete, enfim, ao atendimento conjungido dos objetivos constitucionalmente atribuídos à educação.

---

126   HABERMAS, *A inclusão do outro*, 2007, p. 278 e 289; HABERMAS, *Direito e democracia*, Vol. 02, 2011, p. 22.

127   BOUFLEUER, *Pedagogia da ação comunicativa*, 2001, p. 96.

128   KOHLBERG, *La Democracia en la escuela secundaria* 1992, p. 29.

9. Em relação à *metodologia* de trabalho e em conformidade com as perspectivas crítica e pragmatista dos referenciais teóricos, a livro vincula, diante do quadro jurídico vigente, a reflexão teórica ao contexto político e educacional brasileiro. E isso, orientando-se ao objetivo prático emancipatório da consolidação da democracia no Brasil, pela via da educação.

Reconhecendo os descaminhos da razão e regressos que acompanharam a história moderna, mas sem renegar a tradição iluminista, recusa a si a condição de teoria sem prática, não se reduzindo, por conseguinte, à postura puramente negativa, antimodernista, que desabilita à ação. Comensurando a medida de nossa *impotência*, parte do pressuposto de que "a existência não esgota as possibilidades da existência e que, portanto, há alternativas susceptíveis de superar o que é criticável no que existe".[129]

A pretensão de fundamentar filosoficamente a práxis social implica a assunção do envolvimento e do compromisso *ético* do pesquisador com a realidade estudada e com o escopo emancipatório que dirige o estudo. Afinal, na pesquisa social, o sujeito do conhecimento, imerso no seu *mundo da vida*, dentro do qual se movimenta e se comunica, não pode atuar como *observador* absolutamente *neutro* e *distanciado* do objeto estudado. É-lhe inafastável, em suma, a tomada de posições – sujeitas à crítica, à fundamentação e à revisão – como participante do discurso, voltado ao entendimento racional.

Isso, contudo, não frustra a preocupação com *método*. É pressuposto que interesse e rigor metodológico não constituem atitudes antitéticas e inconciliáveis. E, para tal conciliação, de modo a assegurar racionalidade e cientificidade ao trabalho, são tomados certos *cuidados*.

A perspectiva pragmatista e o comprometimento com a práxis não são confundidos com a adoção de práticas comuns na ciência jurídica, das quais, metodologicamente, buscou-se, todo o tempo, afastar-se. São elas:

---

129 SOUSA SANTOS, Boaventura de. *Crítica da razão indolente*: contra o desperdício da experiência. 7ª Ed. São Paulo: Cortez, 2009, p. 23.

Educação para a democracia no Brasil   45

I) *Enfoque dogmático da experiência do direito.* É reconhecida a insuficiência da abordagem *a posteriori* inerente à dogmática jurídica que, tomando o direito como um dado e procurando condições de aplicação,[130] forja uma sistematicidade e coerência, no âmbito de uma abstração lógico-formal.

Desconfia-se, nesse sentido, do distanciamento e da "indiferença controlada" que a ciência dogmática assume em relação ao contexto histórico-social do qual as normas emergem e que determina sua configuração. Pois isso conduz à teorização do direito a partir de uma *ilusão funcional* da realidade, "imunizando seu próprio saber contra os fatos, em termos de, até certo ponto, poder atuar de modo indiferente em relação a eles".[131]

Ao mesmo tempo, é rechaçado o isolamento da ciência, assim operado, dentro da esfera de seu objeto abstrato e "purificado", perdendo de vista, porque supostamente *exteriores* a ela, "a gênese social dos problemas, as situações reais nas quais a ciência é empregada e os fins perseguidos em sua aplicação".[132]

II) *Enfoque "parecer" de pesquisa jurídica.* A perspectiva metodológica adotada recusa, ademais, a deturpação de resultados do objeto pesquisado, em vista de interesses e fins velados, que mantém uma relação parasitária e contingente com o contexto comunicativo no qual se desenvolve. Isto é, opõe-se ao uso da linguagem, estrategicamente, como mero instrumento para a obtenção de efeitos *perlocucionários.*[133]

---

130 FERRAZ JUNIOR, Tércio Sampaio. *Introdução ao estudo do direito. Técnica, decisão, dominação.* 6ª ed. rev. e amp. São Paulo: Atlas, 2011, p. 57.

131 *Ibidem*, p. 88.

132 HORKHEIMER, Max. *Teoria tradicional e Teoria Crítica*. In: HORKHEIMER, Max, BENJAMIN, Walter; ADORNO, Theodor; HABERMAS, Jürgen. *Textos Escolhidos.* Coleção "Os Pensadores". Trad. José Lino Grunnewald e outros. 2ª ed. São Paulo: Abril cultural, 1983, p. 125.

133 HABERMAS, *Verdade e justificação*, 2009, p. 123; HABERMAS, *Teoria do agir comunicativo*, Tomo 01, 2012, p. 502 e 503; HABERMAS, *Direito e de-*

Rejeita, dessa maneira, a *forma-padrão* de pesquisa em Direito no Brasil, alcunhada de *modelo parecer*. Marcada pela confusão entre teoria e prática profissional, segue a lógica da peça e da estratégia advocatícia, selecionando a legislação e o material jurisprudencial e "doutrinário" unicamente em função da tese defendida, "posta previamente à investigação".[134]

A fim de superar as desvantagens e vícios das referidas práticas, o livro traz a aposta no *diálogo interdisciplinar* e na racionalidade comunicativa, a ele inerente, como caminho metodológico privilegiado para se chegar ao esclarecimento em relação ao seu objeto.

Para isso, rejeitando o isolamento, o distanciamento da experiência social e o desvirtuamento da pesquisa jurídica, assume a filosofia como forma de conhecimento que pode fazer a mediação não só entre as conclusões das especialidades científicas, mas também entre estas e as experiências, os conflitos, as perspectivas e as possibilidades existenciais, no horizonte do mundo da vida.

Desse modo, a análise filosófica dos institutos da democracia e da educação, fundamentada no pensamento de Dewey e de Habermas, pretende profundidade e consistência a partir do constante diálogo – crítico e autocrítico do saber produzido – dos autores entre si e com as perspectivas teóricas e empíricas de outros estudiosos e de outras áreas do saber. Não só o direito, mas também as ciências sociais, a educação, a história e a psicologia.

Dentro da perspectiva racional comunicativa, ocupa-se, ademais, da apresentação, somente, de relações e conclusões na condição de *pretensões de validade*, cuja racionalidade remete à aceitabilidade fundamentada do conteúdo que encerra: válido porque, suscetível a crítica, é capaz de fundamentação, com base em *razões*.[135]

---

mocracia, Vol. 01, 2012, p. 208.

134   NOBRE, Marcos. Apontamentos sobre a Pesquisa em Direito no Brasil. *Novos Estudos. CEBRAP*, São Paulo, v. 66, 2003, p. 150.

135   HABERMAS, *Teoria do agir comunicativo*, Tomo 01, 2012, p. 45.

Educação para a democracia no Brasil 47

A reflexão preserva, assim, conforme propugnado por Habermas, uma pretensão cautelosa de unidade e universalidade da razão, cujo lugar é a *comunicação* orientada ao entendimento. Ao mesmo tempo, voltando a atenção à situação do Brasil atual, adota, com Dewey, o esforço de utilizar a reflexão filosófica e seu instrumental para a compreensão do significado do "curso atual dos acontecimentos", do "detalhe cotidiano", e para a superação dos problemas sociais e morais concretos e específicos experienciados: um esforço comunicativo, portanto, no sentido de nosso crescimento contínuo e da reconstrução positiva de nossas experiências sociais.[136]

10. A livro é composto por quatro partes.

No *Capítulo I – Educação, democracia e modernidade: o contexto brasileiro*, é contextualizado o *lugar* do qual se fala, sob a perspectiva do projeto inacabado da modernidade. A configuração jurídico-constitucional da democracia e dos direitos fundamentais no Brasil – com destaque à educação –, é contraposta ao cenário fático sobre o qual incide, reconstruído *historicamente* e com o recurso a dados *empíricos* sobre a realidade nacional. Desse modo, chega-se ao *presente* de inexperiência democrática e de ineficácia do sistema de direitos. Sobrecarregado pelo passado autoritário, tem, diante de si, o desafio da consolidação da democracia no país.

No *Capítulo II – Educação e democracia na filosofia social de John Dewey*, são apontadas, primeiro, a partir do diagnóstico de modernidade, feito pelo autor, as linhas principais de sua filosofia social pragmatista "reconstruída", apreendendo, então, o caráter moderno e crítico de seu pensamento. Na sequência, é dado destaque às teorias deweyanas da *experiência*, do *pensar* e do *crescimento cognitivo e moral* do indivíduo, no processo social contínuo de experiência e reconstrução das experiências. A partir disso, o trabalho pode se debruçar sobre o modelo de democra-

---

136 DEWEY, *Reconstruction in philosophy*, 2004, p. iii e 123.

cia do autor, e sobre sua proposta de educação *progressiva*, ambientada e, ao mesmo tempo, promotora da comunidade democrática.

O *Capítulo III – Educação e democracia na filosofia social de Jürgen Habermas* segue formato similar ao anterior, dedicando-se, agora, ao pensamento habermasiano. Chega-se ao debate fundamentado sobre a democracia e sobre uma *pedagogia da ação comunicativa*, abordando-se, previamente, reflexões centrais de sua perspectiva filosófica crítico-revisora do projeto inacabado de modernidade, passando pelas teorias do *agir comunicativo*, da *ética discursiva* e do *desenvolvimento da consciência moral*.

Por fim, o *Capítulo IV – Educação para a democracia no Brasil: aproximações entre John Dewey e Jürgen Habermas*. Considerando o contexto social contraposto ao quadro jurídico brasileiro, e, assim, ante o desafio da consolidação democrática, são apresentadas as concepções de democracia e de educação para a democracia, configuradas a partir do diálogo entre a filosofia social dos dois autores.

I.
Educação, democracia e modernidade: o contexto brasileiro

A reflexão crítica revisora do projeto inacabado de modernidade, em torno da educação para a consolidação da democracia, pressupõe a contextualização prévia do lugar a partir do qual se fala. Afinal, vem do inconformismo, da indignação diante da realidade brasileira, a qual não anula possibilidades alternativas de existência para si, o impulso crítico para teorizar a sua superação.[1]

Tendo em vista o cumprimento dessa tarefa inicial, o presente capítulo é dedicado à exposição da (in)experiência, no Brasil, da democracia e, em correlação íntima com ela, da cultura de direitos humanos, destacando, nesse ponto, a educação.

Para tanto, começa analisando a configuração jurídico-formal de referidas *instituições*, na Constituição Federal de 1988, documento que, corporificando a *ruptura* com o regime militar autoritário (1964 a 1985), apresenta um *duplo valor simbólico*: "é o marco jurídico da transição democrática, bem como da institucionalização dos direitos humanos no país".[2]

O texto constitucional integra linhas mestras do projeto de modernidade, em sua perspectiva de *emancipação* da humanidade, por meio do saber, da razão – o *esclarecimento* –, de modo a livrá-la da *me-*

---

1 BAUMAN, Zygmunt. *A modernidade líquida*. Trad. Plínio Dentzien. Rio de Janeiro: Jorge Zahar, 2001, p. 30; SOUSA SANTOS, Boaventura de. *Crítica da razão indolente*: contra o desperdício da experiência. 7ª Ed. São Paulo: Cortez, 2009, p. 23.

2 PIOVESAN, Flávia. *Temas de direitos humanos*. 2ª ed. rev. ampl. e atual. São Paulo: Max Limonad, 2003, p. 328.

noridade[3] manifestada na subserviência à natureza e aos outros homens; e possibilitar-lhe, no âmbito do Estado de Direito, a participação em pé de igualdade na formação do acordo racional, em que pode se apoiar a legitimidade da comunidade jurídica.[4]

Na sequência, o contexto sobre o qual se afirma, no plano jurídico do dever ser, a ordem constitucional, é reconstruído, primeiro, sob uma perspectiva histórica. Retomam-se os períodos constitucionais pelos quais o Brasil passou até chegar na sua configuração atual, para demonstrar como o país "nasceu e cresceu dentro de condições negativas à experiência democrática".[5] Conformou uma tradição política autoritária, com fortes traços patrimonialistas e paternalistas, habituada muito mais à usurpação do poder pelo golpe e à manipulação instrumental do conceito de democracia do que ao convencimento e entendimento por meio do diálogo.[6] Uma história, em suma,

> (...) em que política tem sido, quase sempre, o privilégio de uns quantos oligarcas e assemelhados. Uma história que, até aqui, mal conseguiu constituir um espaço público onde a atividade política, quase sempre limitada às classes dominantes, pudesse se diferenciar das atividades privadas dessas mesmas classes.[7]

Pressuposto que a "realidade brasileira possui a sua própria demarcação histórica como causa determinante de suas clivagens", um

---

3   KANT, Emmanuel. "Resposta à pergunta: que é o iluminismo?". In: *A paz perpétua e outros opúsculos*. Trad. Artur Morão. Edições 70: Lisboa, 2004, p. 11.

4   HONNETH, Axel. *Luta por Reconhecimento. A gramática moral dos conflitos sociais*. 2ª ed. São Paulo: Editora 34, 2009, p. 188.

5   FREIRE, Paulo. *Educação como prática de liberdade*. 14ª Ed. Rio de Janeiro: Paz e Terra, 2011, p. 90.

6   WEFFORT, Francisco C. *Por que democracia?* 2ª Ed. São Paulo: Brasiliense, 1984, p. 34. 40 e 46.

7   WEFFORT, *Por que democracia?*, 1984, p. 25.

Educação para a democracia no Brasil 51

retrato pormenorizado desta mesma realidade passa, necessariamente, "pelo estudo e pela reconstituição dos traços históricos que demarcam a vivência política brasileira como uma experiência incipiente".[8]

A partir disso, chega-se, de modo mais adequado, ao *presente* de *inexperiência democrática* e de déficits de direitos humanos, em todas as suas dimensões. Legados do *passado antirrepublicano* e *antidemocrático*, não se dissipam só com a promulgação da nova ordem política[9]. Afinal, se a conquista do Estado de Direito, depois de vinte anos da "desgraça militar" é, por si só, um feito de inquestionável significação, é "evidente que o fim da ditadura não significou a consolidação da democracia nem a eliminação de violações dos direitos humanos da maioria dos brasileiros".[10]

Nesse ponto, o recurso aos dados empíricos e estatísticos sobre a realidade nacional é utilizado como importante estratégia metodológica complementar.

Dessa forma, o capítulo pretende abordar a (falta de) qualidade da democracia brasileira, que justifica o empenho teórico crítico para sua superação. Uma experiência ante a qual não chegou inesperada, na esfera pública, a provocadora indagação *Por que o Brasil não tem indignados?*, que dá título a artigo publicado pelo jornal espanhol *El Pais*, tratando de uma afirmada apatia nacional frente a escândalos de corrupção, divulgados pela imprensa brasileira em 2011.[11] E mais, uma vivência em que é razoável, nos preparativos das eleições municipais ocorridas um ano

---

8   BITTAR, Eduardo C. B. *O direito na pós-modernidade (e reflexões frankfurtianas)*. 2ª ed. rev., atual. e amp. Rio de Janeiro: Forense Universitária, 2009, p. 215 e 216.

9   MOISÉS, José Álvaro. *Os brasileiros e a democracia. Bases sócio-políticas da legitimidade democrática*. São Paulo: Ática, 1995, p. 27.

10   BENEVIDES, Maria Victoria de Mesquita. "Em defesa da república e da democracia". In: BENEVIDES, Maria Victoria de Mesquita; BERCOVICI, Gilberto; MELO, Claudinei de. *Direitos humanos, democracia e república*: homenagem a Fábio Konder Comparato. São Paulo: Quartier Latin, 2009, p. 727.

11   ARIAS, Juan. ¿Por qué Brasil no tiene indignados?. *El Pais*. Madrid, 07/07/2011.

mais tarde, a campanha promovida pelo Tribunal Superior Eleitoral, para que o eleitorado votasse "limpo". Valia-se da imagem de um mecânico que, enquanto limpava a mão de graxa, refletia: "Tem gente que pensa que todo político é igual, que todos são sujos. Eu penso diferente. Tem muito candidato bem intencionado".[12]

Nessa abordagem, a experiência da democracia, em que pese imperfeita, é compreendida como um processo de aprendizagem e de consolidação e fortalecimento de seus mecanismos e procedimentos, com todas as contradições, avanços e retrocessos que implica. Não se pretende, portanto, identificar, como dado antropológico do brasileiro, feito uma segunda natureza irreversível, a apatia e a pobreza política. Afinal, isso contrariaria o enfoque experiencial e social de constituição do indivíduo, a que se filiam John Dewey e Jürgen Habermas. Mas não só. Exigiria, também, negar a "feia verdade" da história do país, apresentada por Darcy Ribeiro, que afasta a caracterização do povo brasileiro como essencialmente cordial, "por excelência gentil e pacífico". Tratou-se, de fato, de uma caminhada altamente conflituosa, dilacerada por conflitos de toda ordem (étnicos, sociais, econômicos, religiosos, raciais, etc.), podendo-se "afirmar, mesmo, que vivemos praticamente um estado de guerra latente, que, por vezes, e com frequência, se torna cruento, sangrento".[13]

Eis o ponto de partida do livro: o presente de inexperiência democrática sobrecarregado, pelo passado, de tarefas democratizantes. Um contexto que resulta de um percurso histórico – tal como a própria modernidade – drasticamente inacabado[14] e, nesse sentido, marcado pela "sensação desconfortável de incompletude", em relação à construção da

---

12   BRASIL. TRIBUNAL SUPERIOR ELEITORAL. *Campanha Eleições 2012. Pesquise o passado do candidato*. 2012.

13   RIBEIRO, Darcy. *O povo brasileiro*. São Paulo: Cia das Letras, 2006, p. 152 e 153.

14   MOTA, Carlos Guilherme. *Viagem incompleta. A experiência brasileira. Formação: histórias*. 3ª ed. São Paulo: Editora SENAC, 2009, p. 23.

cidadania no país.[15] É diante dele que se coloca o desafio da consolidação da democracia, a partir da educação para (e na) sua experiência.

Democracia, direitos humanos e educação no ordenamento jurídico-constitucional brasileiro

1. A Constituição Federal de 1988, como referido, representa o marco fundamental da afirmação, no Brasil, após duas décadas de ditadura, da democracia e, ao mesmo tempo, dos direitos humanos.

Incorpora e institucionaliza, no nível constitucional, a assunção pela *sociedade civil* do discurso de defesa dos direitos humanos e da democracia, usurpado contraditória e cinicamente pelo regime militar e feito fonte justificadora do golpe de Estado de 1964.[16]

Nesse sentido, logo no Art. 1º, constitui a República Federativa do Brasil como um Estado Democrático de Direito apresentando, como fundamentos em que é alicerçado, a soberania, a cidadania, a dignidade da pessoa humana, os valores sociais do trabalho e da livre iniciativa e o pluralismo político.

Detalhado ao longo do texto constitucional e amparado em robusto sistema de direitos fundamentais, o dispositivo inaugural projeta um Estado de Direito que protege o indivíduo em suas facetas de pessoa humana, com autonomia individual, de cidadão na esfera política, e, na esfera econômica, de trabalhador. Além disso, consagra a economia capitalista; e resguarda a pluralidade do jogo político.

O Estado Democrático de Direito, configurado pela Constituição, à luz das conquistas históricas da modernidade, incorpora tanto elemen-

---

15   CARVALHO, José Murilo. *Cidadania no Brasil: o longo caminho.* 13ª Ed. Rio de Janeiro: Civilização brasileira, 2010, p. 219.

16   WEFFORT, *Por que democracia?*, 1984, p. 33; VIOLA, Sólon Eduardo Annes. "Direitos humanos no Brasil: abrindo portas sob neblina". In: SILVEIRA, Rosa Maria Godoy e outros (org.). *Educação em direitos humanos: Fundamentos teórico-metodológicos.* João Pessoa: Editora Universitária, 2007, p. 127.

tos do *Estado Liberal* burguês – submetido ao império da lei e garantidor dos direitos individuais ainda que num plano meramente formal – como, suplantando-o, do *Estado Social*. Traz, também, por conseguinte, extenso rol de direitos sociais, econômicos e culturais, de cunho prestacional, a serviço da igualdade e liberdade material.[17] E tudo isso, na *democracia*. Para além da mera junção dos dois citados modelos históricos de Estado de Direito, supera-os, atribuindo à organização estatal, como adjetivação principal, nem o *abstencionismo liberal*, nem o *paternalismo social*, mas a forma democrática, a irradiar os valores, práticas e procedimentos, que lhe são próprios, sobre o sistema político-governamental e sobre os demais espaços e momentos sociais que o precedem e o envolvem.[18]

É com essa configuração que a Constituição resguarda, no plano jurídico-formal, um de seus pontos mais essenciais e positivos: a prioridade dada à pessoa humana.[19] Conforme a tradição do Iluminismo, recuperada pelo Direito Internacional dos Direitos Humanos, toma o homem como *valor-fonte*[20] de toda experiência jurídica. Na apresentação de Kant, a concepção do ser humano como um valor absoluto, um fim em si mesmo.[21]

---

17   SILVA, José Afonso da. *Curso de direito constitucional positivo*. 33ª ed. rev. e atual. São Paulo: Malheiros, 2010, p. 115 e 119; SARLET, Ingo W. *Dignidade da pessoa humana e direitos fundamentais na Constituição Federal de 1988*. Porto Alegre: Livraria do advogado, 2011, p. 110.

18   SILVA, *Curso de direito constitucional positivo*, 2010, p. 110; BONAVIDES, Paulo. *Do Estado Liberal ao Estado Social*. 10ª ed. São Paulo: Malheiros, 2011, p. 203 e 204.

19   DALLARI, Dalmo de Abreu. "Educação e preparação para a cidadania". In: BENEVIDES, Maria Victoria de Mesquita; BERCOVICI, Gilberto; MELO, Claudinei de. *Direitos humanos, democracia e república: homenagem a Fábio Konder Comparato*. São Paulo: Quartier Latin, 2009, p. 325.

20   LAFER, Celso. *A reconstrução dos direitos humanos: um diálogo com o pensamento de Hannah Arendt*. São Paulo: Cia das Letras, 1988, p. 15 e 19.

21   KANT, Emmanuel. *Fundamentação da metafísica dos costumes*. Lisboa: Edições 70, 2008, p. 71 a 73.

Nesse sentido, entre os fundamentos do Estado brasileiro, enumerados no Art. 1º, a dignidade humana sobressai como princípio basilar e estruturante que, juntamente com os direitos fundamentais – exigências e explicitações dessa mesma dignidade –, confere unidade de sentido a todo ordenamento jurídico-constitucional. Corresponde a critério hermenêutico fundamental, "ombreando em importância talvez apenas com a vida – e mesmo esta há de ser vivida com dignidade". Induzindo ao conceito da pessoa como "fundamento e fim da sociedade e do Estado", faz da Constituição de 1988 "pelo menos de acordo com seu texto (...) uma Constituição da pessoa humana, por excelência".[22]

Formata-se, enfim, um Estado que, a despeito da opção pelo capitalismo – e da *contradição* que isso implica diante da abertura à empresa cujo fim, sendo o lucro, não é a pessoa –, distingue-se pela dinâmica democrática. E se volta, dessa maneira, à garantia da dignidade humana, num cenário de justiça e bem-estar social. Exige, por isso, como pressuposto e resultado da experiência da democracia, o reconhecimento e a proteção dos direitos fundamentais de todas as dimensões.[23]

A democracia, em última análise, aparece como consequência organizatória e, ao mesmo tempo, garantia constitucional essencial de uma existência digna que se atualiza no respeito aos direitos fundamentais.[24]

2. Assim configurada, a ordem constitucional brasileira resguarda duas ideias fundamentais ao direito moderno, sob o enfoque de uma legitimidade que – como destaca Jürgen Habermas –, no cenário pós-metafísico, "destituído das certezas coletivas da religião e da metafísica", há de se

---

22 SARLET, *Dignidade da pessoa humana e direitos fundamentais na Constituição Federal de 1988*, 2011, p. 91, 92 e 99.

23 PIOVESAN, Flávia. *Temas de direitos humanos*. 2ª ed. rev. ampl. e atual. São Paulo: Max Limonad, 2003, p. 333.

24 HÄBERLE, Peter. *El estado constitucional*. Trad. Héctor Fix-Fierro. México: UNAM, 2003, p. 193.

configurar através da legalidade democrática. São elas: a *soberania popular e os direitos humanos*.[25]

Quanto ao princípio da soberania popular, referido à origem e ao exercício do poder soberano pelo povo,[26] é afirmado já no Art. 1º, parágrafo único, da Constituição de 1988. Prevê: "Todo o poder emana do povo, que o exerce por meio de representantes eleitos ou diretamente, nos termos desta Constituição".

O texto rompe, dessa maneira, com a tradição constitucional brasileira que, desde 1934, restringia a democracia ao modelo representativo, em que *Todo poder emana do povo e em seu nome é exercido*.

Estabelece, em seu lugar, o regime democrático *semidireto* que combina a representação – com a eleição periódica de representantes dos Poderes Executivo e Legislativo – e mecanismos de participação popular no governo, valorizando a complementaridade entre essas duas formas de experiência democrática.[27]

3. No *Título II*, a Constituição passa a tratar especificamente dos direitos fundamentais. Alargando significativamente a extensão desses direitos e incorporando os resultados de sua afirmação histórica, na modernidade,[28] a Carta de 1988 coloca-se entre as mais avançadas do mundo nessa matéria.[29]

---

25   HABERMAS, *Direito e democracia: entre factibilidade e validade*. Volume 01. 2ª Ed. Trad. Flávio Beno Siebeneichler. Rio de Janeiro: Tempo Brasileiro, 2012, p. 133; HABERMAS, Jürgen. *Direito e democracia: entre factibilidade e validade*. Volume 02. 1ª Ed. Trad. Flávio Beno Siebeneichler. Rio de Janeiro: Tempo Brasileiro, 2011, p. 214.

26   DALLARI, Dalmo de Abreu. *Elementos de teoria geral do estado*. 29ª ed. atual. São Paulo: Saraiva, 2010, p. 82.

27   BENEVIDES, Maria Victoria de Mesquita. *A cidadania ativa: referendo, plebiscito e iniciativa popular*. 3ª ed. São Paulo: Ática, 2003, p. 15.

28   COMPARATO, Fábio Konder. *A afirmação histórica dos direitos humanos*. 8ª ed. São Paulo: Saraiva, 2013, p. 64 a 67.

29   PIOVESAN, Flávia. *Direitos humanos e o direito constitucional internacional*. 13ª ed. rev. e atual. São Paulo: Saraiva, 2012, p. 81 e 82.

Educação para a democracia no Brasil 57

Inscreve, no ordenamento jurídico brasileiro, de forma *consistente*, todas as três *dimensões* dos direitos fundamentais: os *direitos civis e políticos*, de cunho liberal e fortemente individualista; os *direitos sociais, econômicos e culturais* próprio aos *Estados Sociais*; e os direitos, de titularidade transindividual, de *fraternidade e solidariedade*.[30] Abrange, nesse sentido, todas as cinco categorias de direito fundamentais, sugeridas por Habermas, à luz da *teoria do discurso*.[31]

Primeiro, no Art. 5º, estabelece extenso rol de direitos individuais, definidores do campo próprio, privado, de ação livre do indivíduo, assim reconhecido juridicamente pelo Estado e pelos demais membros da sociedade.[32]

O dispositivo começa com a afirmação dos invioláveis direitos à vida, à liberdade, à igualdade, à segurança e à propriedade, complementados e especificados, na sequência, em setenta e oito incisos, que preveem, dentre outras normas: o princípio da legalidade; a proibição de tortura e de tratamento desumano; a liberdade de consciência, de crença e de manifestação e expressão do pensamento e da atividade intelectual; o direito à vida privada, à intimidade, à imagem e à honra; a inviolabilidade do asilo da casa e do sigilo da comunicação; a liberdade de locomoção; a liberdade de exercício do trabalho; o respeito ao direito adquirido, ao ato jurídico perfeito e à coisa julgada; e princípios de direito penal como a irretroatividade da lei mais severa e a individualização da pena. Trata-se, na definição habermasiana, dos *direitos a iguais liberdades subjetivas*, isto é, "direitos fundamentais que resultam da configuração politicamen-

---

30 SARLET, Ingo Wolfgang e outros. *Curso de direito constitucional.* 2ª ed. rev., atual. e amp. São Paulo: RT, 2013, p. 272-274.

31 HABERMAS, *Direito e democracia*, vol. 01, 2012, p. 158 a 160.

32 HABERMAS, *Direito e democracia*, vol. 01, 2012, p. 121; FERRAZ JUNIOR. Tércio Sampaio. "Responsabilidade sem culpa, culpa sem responsabilidade na sociedade tecnológica". In FABIANI, Emerson Ribeiro (org.). *Impasses e aporias do direito contemporâneo. Estudos em homenagem a José Eduardo Faria.* São Paulo, Saraiva, 2011, p. 137.

te autônoma do *direito à maior medida possível de iguais liberdades subjetivas de ação*".[33]

Traz, também, vigoroso rol de prerrogativas processuais – incluindo o direito de ação, a ampla defesa e o devido processo legal – as quais, na classificação habermasiana, estão inseridas na categoria das *garantias do caminho do direito*: "direitos fundamentais que resultam imediatamente da *possibilidade de postulação judicial* de direitos e da configuração politicamente autônoma da proteção jurídica individual".[34]

No Art. 12, são previstos os direitos fundamentais de *nacionalidade*, intitulados, com Habermas, como *direitos à associação* e por ele definidos como "direitos fundamentais que resultam da configuração politicamente autônoma do *status de um membro* numa associação voluntária de parceiros do direito". Correspondem, em suma, aos direitos de *pertença* à comunidade organizada na forma do Estado.[35]

Como os direitos fundamentais processuais acima referidos, são, para o filósofo frankfurtiano, correlatos necessários dos *direitos a iguais liberdades subjetivas de ação*. Somadas, essas três categorias resguardam, no texto constitucional, *a base* que garante a autonomia privada dos sujeitos de direito, na medida em que se reconhecem intersubjetivamente no papel de *destinatários* da ordem jurídica. Instituem, destarte, "um *status* que lhes possibilita a pretensão de obter direitos e de fazê-los valer reciprocamente".[36]

É, contudo, com os direitos políticos que os sujeitos de direito dão um passo além e "assumem também o papel de *autores* de sua ordem jurídica". São os "direitos fundamentais à participação, em igualdade de

---

33   HABERMAS, *Direito e democracia*, vol. 01, 2012, p. 159.
34   *Ibidem*, p. 159.
35   *Ibidem*, p. 159 e 161.
36   *Ibidem*, p. 159.

Educação para a democracia no Brasil 59

chances, em processos de formação de opinião e da vontade, nos quais os civis exercitam a sua autonomia política e através dos quais eles criam direito legítimo".[37] Estão previstos no Art. 14, o qual apresenta os "termos", por meio dos quais a *soberania popular* é exercida.

A primeira parte do *caput* prevê esse exercício "pelo sufrágio universal e pelo voto direto e secreto, com igual valor para todos". Dá o tom, assim, em primeiro lugar, da democracia representativa, retomado nos parágrafos, restritos ao tratamento de questões eleitorais como o alistamento e a elegibilidade, no âmbito das eleições para cargos nos Poderes Executivo e Legislativo.

Já a parte final estabelece, como instrumentos de participação direta, "nos termos da lei", o plebiscito, o referendo e a iniciativa popular.[38] Os dois primeiros institutos mencionados são definidos, no Art. 2º da Lei nº 9.709/1998, como "consultas formuladas ao povo para que delibere sobre matéria de acentuada relevância, de natureza constitucional, legislativa ou administrativa", sendo o plebiscito "convocado com anterioridade a ato legislativo ou administrativo, cabendo ao povo, pelo voto, aprovar ou denegar o que lhe tenha sido submetido" e o referendo "convocado com posterioridade a ato legislativo ou administrativo, cumprindo ao povo a respectiva ratificação ou rejeição". Quanto à *iniciativa popular* de projetos de lei, no âmbito federal, está definida no Art. 61, § 2º.[39]

Desse modo, ao tratar da participação política, no Art. 14, a Constituição limita-se à normatização básica do instituto do voto e dos di-

---

37   *Ibidem*, p. 159.

38   Dalmo de Abreu Dallari faz a ressalva de que tais instrumentos "não dão ao povo a possibilidade de ampla discussão antes da deliberação, sendo por isso classificados pela maioria como representativos da *democracia semidireta*" (DALLARI, *Elementos de teoria geral do estado*, 2010, p. 153).

39   "Art. 61. (...) § 2º A iniciativa popular pode ser exercida pela apresentação à Câmara dos Deputados de projeto de lei subscrito por, no mínimo, um por cento do eleitorado nacional, distribuído pelo menos por cinco Estados, com não menos de três décimos por cento dos eleitores de cada um deles".

reitos de votar e ser votado, referindo-se, ainda, aos três citados mecanismos institucionais de participação popular na atividade legislativa e político-governamental.

Isso não exclui, absolutamente, outras formas de experiência da democracia, nas esferas da sociedade civil, da estrutura governamental que compõe o sistema político e da relação entre ambas. Nesse sentido, o país deu passo importante ao elevar, conforme previsto no Decreto Federal n° 8.243/2014, a participação social ao nível de "método de governo" (Art. 4°, inciso I). Duramente criticado por forças conservadoras, contrárias à participação popular no governo, e por elas alcunhado de "Decreto bolivariano", o regulamento estabelece a Política Nacional de Participação Social, "com o objetivo de fortalecer e articular os mecanismos e as instâncias democráticas de diálogo e a atuação conjunta entre a administração pública federal e a sociedade civil" (Art. 1°). E reconhece como ambientes e instrumentos para sua efetivação, "sem prejuízo da criação e do reconhecimento de outras formas de diálogo", os conselhos e as comissões de políticas públicas, a ouvidoria pública, as audiências e consultas públicas; e o ambiente virtual de participação social (Art. 6°).

A democracia, afirmada no texto constitucional como adjetivo principal do Estado brasileiro, projeta – pelo menos, possibilita – uma cidadania que vai além dos procedimentos institucionalizados constitucionalmente. Permite fazer da *experiência* democrática um *processo criativo*, uma *caminhada*, em que são construídos e reconstruídos novos e múltiplos mecanismos e espaços de participação política, direta e indireta.[40]

Por fim, ainda no *Título II*, são relacionados os *direitos sociais*. O Art. 6° abrange, nessa categoria, "São direitos sociais a educação, a saúde, a alimentação, o trabalho, a moradia, o transporte, o lazer, a segurança, a previdência social, a proteção à maternidade e à infância, a assistência aos desamparados, na forma desta Constituição". Do Art. 7° ao Art. 11 é

---

40   BENEVIDES, *A cidadania ativa*, 2003, p. 18 e 19; BENEVIDES, *Em defesa da república e da democracia*, 2009, p. 727.

Educação para a democracia no Brasil   61

detalhada a proteção do trabalho e do trabalhador, em abrangendo rol de direitos e liberdades sociais,[41] como a fixação da jornada máxima de trabalho normal e a remuneração superior da jornada extraordinária; a garantia, a irredutibilidade e a proteção do salário, nunca inferior ao salário mínimo capaz de atender as necessidades vitais básicas do trabalhador e de sua família; a proteção contra despedida arbitrária; o repouso semanal remunerado; as férias; a liberdade de associação sindical; o direito de greve, dentre tantos outros.

Ademais, esparsos ao longo do texto constitucional, é de se observar outros direitos fundamentais da segunda e, também, da terceira dimensão. Dentre eles, o direito à cultura e à preservação, valorização e acesso às manifestações e ao patrimônio cultural brasileiro (Art. 215); o direito ao desporto (Art. 217), o direito ao desenvolvimento, à pesquisa e à capacitação científica e tecnológica (Art. 218) e o direito ao meio ambiente ecologicamente equilibrado (Art. 225).

Todos eles somados tornam presente, no ordenamento constitucional, a quinta categoria, referida por Habermas – implicação necessária das anteriores –, dos direitos fundamentais a *condições de vida garantidas social, técnica e ambientalmente*. E isso, na medida em que necessários para o aproveitamento, em igualdade de condições, dos direitos abrangidos nas outras quatro categorias.[42]

4. Reconhecida, no Art. 6º, como direito fundamental social, a *educação* é regulamentada, de modo detalhado, em *Seção* específica que inicia, no *Título VIII – Da Ordem Social* da Constituição, o *Capítulo III – Da Educação, Da Cultura e Do Desporto*.

Começa com o Art. 205, bastante ambicioso em relação à matéria: "A educação, direito de todos e dever do Estado e da família, será promovida e incentivada com a colaboração da sociedade, visando ao pleno

---

41   SARLET e outros, *Curso de direito constitucional*, 2013, p. 274.

42   HABERMAS, *Direito e democracia*, vol. 01, 2012, p. 160.

desenvolvimento da pessoa, seu preparo para o exercício da cidadania e sua qualificação para o trabalho".

A partir dele, complementado e detalhado nos dispositivos subsequentes e na legislação infraconstitucional que os regulamenta, é possível traçar um panorama geral, mas bastante adequado, da configuração jurídica da educação no Brasil.

Em primeiro lugar, é importante reconhecer o sentido ampliado conferido ao termo educação no dispositivo transcrito. Não se reduz, absolutamente, ao processo de ensino-aprendizagem nas instituições escolares.[43] Não podia ser diferente. A vida constitui um tecido inesgotável de experiências e reconstrução de experiências, em comunicação. A individualidade emerge, faz-se e se renova *em relação com* o outro, dentro de um *continuum* experiencial em que o sujeito modifica e é modificado pelo ambiente social. A vida social constitui, em si, aprendizagem. Vida, experiência, comunicação e educação não se separam.[44]

Esse conceito abrangente de educação, colado à experiência social, em seu mais amplo sentido, está previsto logo no Art. 1º da Lei de Diretrizes e Bases da Educação Nacional (nº 9.394/1996). Define-a como todos aqueles os processos formativos desenvolvidos na vida familiar, na convivência humana, no trabalho, nos movimentos sociais e organizações da sociedade civil, nas manifestações culturais e, também, nas ins-

---

43   SAVIANI, Dermeval. *A nova lei da educação: trajetória, limite e perspectivas*. 9ª ed. Campinas: Autores Associados, 2004, p. 03.

44   TEIXEIRA, Anísio S. "A pedagogia de Dewey (Esboço da teoria de educação de John Dewey)". In: DEWEY, John. *Experiência e natureza; Lógica: a teoria da investigação; A arte como experiência; Vida e educação; Teoria da vida moral*. Trad. Murilo Otávio Rodrigues Paes Leme, Anísio S. Teixeira e Leônidas Gontijo de Carvalho. Coleção Os Pensadores. São Paulo: Abril Cultural, 1980, p. 113, 115; MEAD, George Herbert. *Mind, self and society: from the standpoint of a social behaviorist*. Edited and with an introduction by Charles W. Morris. Chicago/London: University of Chicago Press, 1992, p. 164.

Educação para a democracia no Brasil   63

tituições de ensino e pesquisa. O ordenamento jurídico brasileiro reconhece, desse modo, que:

> A humanidade vive em permanente processo de reflexão e aprendizado. Esse processo ocorre em todas as dimensões da vida, pois a aquisição e produção de conhecimento não acontecem somente nas escolas e instituições de ensino superior, mas nas moradias e locais de trabalho, nas cidades e no campo, nas famílias, nos movimentos sociais, nas associações civis, nas organizações não-governamentais e em todas as áreas da convivência humana.[45]

O referido dispositivo inaugural, todavia, em seu §1º, restringe o escopo da lei à regulamentação, somente, da "educação escolar, que se desenvolve, predominantemente, por meio do ensino, em instituições próprias". E, nesse ponto, distingue, sem negar nenhuma delas, duas esferas específicas do gênero educação: a *escolar* ou *formal* e a *não-formal*.

A primeira tem lugar na escola, espaço institucional privilegiado e especialmente voltado à transmissão formal e sistematizada da tradição cultural do grupo social, de seus conhecimentos, valores, hábitos e atitudes.

De acordo com o Art. 21 da Lei de Diretrizes e Bases, é dividida em: i) *educação básica*, composta pela *educação infantil*, em *creches* para crianças até os três anos de idade, e em *pré-escolas*, para crianças de quatro e cinco anos (Art. 30); o *ensino fundamental*, com nove anos de duração, iniciando-se aos seis anos de idade (Art. 32); e o *ensino médio*, etapa final da educação básica, com duração de três anos (Art. 35); e ii) *educação superior*, em que se destacam os cursos de *graduação* e os cursos e programas de *pós-graduação* (Art. 44).

---

45   COMITÊ NACIONAL DE EDUCAÇÃO EM DIREITOS HUMANOS. *Plano Nacional de Educação em Direitos Humanos*. Brasília: Secretaria Especial dos Direitos Humanos/Ministério da Educação/Ministério da Justiça/ UNESCO, 2007, p. 43.

Integradas a tais níveis educacionais, a Lei de Diretrizes e Bases prevê, ainda, a *educação de jovens e adultos* "destinada àqueles que não tiveram acesso ou continuidade de estudos no ensino fundamental e médio na idade própria" (Art. 37); a *educação profissional e tecnológica*, orientada ao mundo do trabalho (Art. 39); e a *educação especial* "oferecida preferencialmente na rede regular de ensino, para educandos com deficiência, transtornos globais do desenvolvimento e altas habilidades ou superdotação" (Art. 58).

Mas, se é na educação formal que o "saber aparece sistematizado e codificado", isso não faz dela o ambiente exclusivo em que "se produz e reproduz o conhecimento".[46] Pois a educação apresenta, também, sua fundamental dimensão *não-formal*. E esta compreende processos formativos desenvolvidos em diferentes ambientes que extrapolam a escola (incluindo organizações sociais, culturais, econômicas e políticas) e que se destinam a diversas finalidades: qualificação para o trabalho; aprendizagem de conteúdos escolares em modalidades diversificadas; aprendizagem e prática dos direitos humanos e da democracia.[47]

Remete, desse modo, nos termos do 3º Plano Nacional de Direitos Humanos (Decreto Federal nº 7.037/2009), ao "vasto leque brasileiro de movimentos populares, sindicatos, igrejas, ONGs, clubes, entidades empresariais e toda sorte de agrupamentos da sociedade civil que desenvolvem atividades formativas em seu cotidiano".

Os objetivos da educação nacional, nesse seu sentido abrangente, estão previstos na parte final do Art. 205 do texto constitucional. Conferindo relevo a três facetas do ser humano,[48] visa ao *pleno desen-*

---

46 COMITÊ NACIONAL DE EDUCAÇÃO EM DIREITOS HUMANOS, *Plano Nacional de Educação em Direitos Humanos*, 2007, p. 31.

47 COMITÊ NACIONAL DE EDUCAÇÃO EM DIREITOS HUMANOS, *Plano Nacional de Educação em Direitos Humanos*, 2007, p. 43.

48 HORTA, José Luiz Borges. *Direito Constitucional da Educação*. Belo Horizonte: Decálogo, 2007, p. 127.

Educação para a democracia no Brasil 65

volvimento da pessoa, em sua individualidade e identidade; à sua qualificação como *trabalhador*; e, finalmente, à preparação para o exercício de seu papel de *cidadão*.

O dispositivo retoma, assim, em grande medida – como, aliás, a Constituição faz em relação aos direitos fundamentais em geral – o previsto nos Tratados e Pactos que compõem o Direito Internacional dos Direitos Humanos. Destaca-se, aqui, o Art. XXVI da *Declaração Universal dos Direitos Humanos* (adotada pela Resolução n° 217 A – III da Assembleia Geral das Nações Unidas, em 10 de dezembro de 1948) e o Art. 13 do *Pacto Internacional sobre os Direitos Econômicos, Sociais e Culturais* (adotado pela Assembleia Geral das Nações Unidas, em 16 de dezembro de 1966 e ratificado pelo Brasil em 24/01/1992).

Ambos, após afirmar o direito de toda pessoa à educação, ressaltando sua gratuidade e obrigatoriedade ao menos no nível fundamental, estabelecem, como objetivos da educação, o "pleno desenvolvimento da pessoa humana", prevendo o segundo deles, ainda, a capacitação de todas as pessoas para a *participação efetiva* numa sociedade livre.

A Constituição não cita, expressamente, outros três objetivos trazidos por esses documentos internacionais: o fortalecimento do "respeito pelos direitos humanos e pelas liberdades fundamentais"; a promoção da compreensão, da tolerância e da amizade entre todas as nações e entre todos os grupos raciais, étnicos ou religiosos; e a promoção das "atividades das Nações Unidas em prol da manutenção da paz".

Trata-se, contudo, de fins que não podem ser olvidados quando se analisa a educação, a partir de uma leitura sistemática da Constituição. Pois esta tem de considerar: a unidade de sentido conferida pela dignidade da pessoa humana, fundamento da República; o extenso rol de direitos fundamentais que projetam a dignidade; os objetivos fundamentais do Estado brasileiro de construção de uma sociedade livre, justa, solidária que consiga erradicar a pobreza e a marginalização, promovendo o bem de todos, sem discriminações (Art. 3°); e, por fim, os princípios, a regê-lo na esfera internacional, da defesa permanente da *paz*, com a prevalência dos direitos humanos (Art. 4°).

Essa conexão entre *educação* e *direitos humanos*, em conformidade com o Direito Internacional, é recuperada, ademais, de modo vigoroso, no Plano Nacional de Educação em Direitos Humanos (PNEDH), lançado, em 2003, pelo Comitê Nacional de Educação em Direitos Humanos e, com um sentido normativo mais *forte*, no 3° Plano Nacional de Direitos Humanos – PNDH 3, aprovado pelo Decreto Federal n° 7.037/2010.

Em seu *Eixo Orientador V*, a *educação em direitos humanos* é definida como processo multidimensional orientado à formação dos sujeitos de direitos, com uma nova mentalidade e consciência cidadã, nos níveis cognitivo, social, ético e político, para o exercício da solidariedade e do respeito às diversidades. Tem, assim, por escopo "combater o preconceito, a discriminação e a violência, promovendo a adoção de novos valores de liberdade, justiça e igualdade" e se constituindo como "canal estratégico capaz de produzir uma sociedade igualitária", que atualize, em todos os seus espaços e momentos, os valores, atitudes e práticas que expressem a cultura dos direitos humanos.

Configuram-se, dessa forma, os fins da educação no ordenamento jurídico-constitucional brasileiro. Iluminada pelos ideais e valores do projeto moderno emancipatório, a educação é concebida como o processo de pleno desenvolvimento das potencialidades da pessoa e, ao mesmo tempo, à participação efetiva em todas as esferas da vida social, como cidadão e trabalhador.

Remete, assim, à capacidade do sujeito histórico de conceber, projetar e conduzir a própria existência.[49] E isso, em *interação*, o que, de acordo com a caracterização, os fundamentos e os objetivos do Estado brasileiro, deve ocorrer numa ambiência democrática, e se pautar no respeito e na afirmação dos direitos humanos.

---

49   DEMO, *Cidadania menor*, 1992, p. 16.

Educação para a democracia no Brasil   67

Nesse contexto, falar em preparo para a cidadania adquire significação toda especial. Sobrepujando, e muito, o indispensável *esclarecimento* sobre os procedimentos político-eleitorais, abrange, também e fundamentalmente, a formação para uma convivência pautada no diálogo que *inclui o outro*, despertando a "consciência sobre o valor da pessoa humana, suas características essenciais, sua necessidade de convivência e a obrigação de respeitar a dignidade de todos os seres humanos, independentemente de sua condição social e de seus atributos pessoais".[50]

Destarte, a educação, que constitui o indivíduo na socialização, há de se atualizar *na* e *para* a democracia – o que se amalgama, em última análise, à noção de educação *em* e *para* os direitos humanos. Nela, os sujeitos, formados numa cultura democrática, imbuída dos valores da liberdade, igualdade, participação, respeito, solidariedade, podem *presentificá-la*, *esparramando* seus atributos e qualidades, em todos os campos de sua atuação social.

A educação orientada por esses objetivos efetiva-se em benefício da pessoa humana. E, por essa via, beneficia, também, como já destacava Marshall, a sociedade como um todo.[51]

Distingue-se, assim, a pretensão, socialmente reconhecida, do indivíduo, de *ser educado*. Sob tal perspectiva, configura-se o direito fundamental que, em relação à educação básica, dos quatro aos dezessete anos de idade, constitui um direito público subjetivo, oponível contra o Estado (Art. 208, inciso I e § 1º, da Constituição Federal).

E se distingue, também, a pretensão da sociedade, tendo em vista o seu próprio desenvolvimento, de que seus cidadãos – pelo menos numa *certa medida* – sejam educados. A formação do indivíduo, apto à participação na vida cultural, econômica e política, ao mesmo tempo em que atualiza suas próprias potencialidades, habilitando-o ao exercício de

---

50   DALLARI, *Educação e preparação para a cidadania*, 2009, p. 345.

51   MARSHALL, T. H. *Cidadania, classe social e status*. Trad. Meton Porto Gadelha. Rio de Janeiro: Zahar, 1967, p. 73.

outros direitos, promove o desenvolvimento do Estado e a consecução de seus objetivos fundamentais.

Nessa linha, porque incumbida da preparação dos sujeitos históricos para o exercício da cidadania, a educação volta-se à promoção, o fortalecimento e à consolidação do Estado Democrático de Direito.[52] Assim, prevista como um direito, a educação aparece, concomitantemente, como um "dever público de exercer o direito".[53] A *educação básica é obrigatória*. Trata-se de um direito e dever, pois, que se coloca dentro da perspectiva iluminista emancipatória e, nela, do reconhecimento da indispensabilidade da formação racional do sujeito para a afirmação de sua dignidade e para a participação na vida social. E se coloca, também, frente à constatação pragmática de que "o bom funcionamento de uma sociedade depende da educação de seus membros".[54]

Essa ambivalência essencial da educação, referida aos seus fins e destinatários, revela sua magnitude social. Torna inegável seu caráter eminentemente *público*. E pública em razão de seus fins, não importando quem a esteja prestando, o Poder Público ou o setor privado.[55] No sentido apresentado por Dewey, uma questão pública porque suas consequências projetam-se de modo tão significativo sobre o grupo social que demandam, sob a perspectiva do próprio grupo, tê-lo sistematicamente sob cuidado e controle.[56]

---

52   RANIERI, Nina Beatriz Stocco. *O estado democrático de direito e o sentido da exigência de preparo para o exercício da cidadania, pela via da educação.* Tese (Livre-docência) – Faculdade de Direito – Universidade de São Paulo. São Paulo, 2009, p. 380.

53   MARSHALL, *Cidadania, classe social e status*, 1967, p. 74.

54   *Ibidem*, p. 74.

55   GRAU, Eros. "Constituição e Reforma Universitária". *Jornal Folha de São Paulo.* São Paulo, 23/01/2005. RANIERI, Nina Beatriz Stocco. *Educação superior, direito e estado: na lei de diretrizes e bases (lei no 9.394/96).* São Paulo: Edusp/FAPESP, 2000, p. 42 e 78.

56   DEWEY, *The public and its problems*, 1991, p. 15 e 16.

Educação para a democracia no Brasil   69

A adjetivação da educação como uma matéria pública fica reconhecida na própria Constituição Federal, expressando-se no grande *desvelo* que lhe confere. Diante disso, pode se afirmar, mesmo, esse seu caráter *por determinação constitucional*.[57]

Nesse cenário jurídico-constitucional, vale a referência, finalmente, aos atores sociais que repartem a tarefa de educar, indicados na parte inicial do Art. 205: a *família*, o *Estado* e a *sociedade*.

Sem prejuízo do traço público que o tema assume constitucionalmente, é reconhecida a esfera privada da família como o primeiro momento de desenvolvimento e socialização da criança. Nela, tem "sua iniciação como integrante da sociedade humana"[58], de acordo com os valores, crenças e conceitos do núcleo familiar. Faz-se como a ambiência necessária de aprendizagem naquele círculo das relações afetivas primárias que, com Axel Honneth, definem a esfera de reconhecimento do *amor*.[59]

Ao lado do ambiente formativo familiar, coloca-se, de forma organizada e sistematizada, a educação *formal*. Obrigatória no seu nível básico, deve ser assegurada à criança, na instituição social própria, a escola.[60] Representa o momento em que o educando extrapola a esfera privada da família e se encontra, interage com o outro, ainda não abrangido em seu *nós*.

A educação *escolar*, somada a outros ambientes educativos *não formais*, funciona, assim, como espaço fundamental de preparação e entrada na esfera pública. Referida ao escopo de preparo para a cidadania, é o lugar de efetivação do *direito da criança ao espaço público*.[61]

---

57   MELLO, Celso Antônio Bandeira de. *Curso de Direito Administrativo.* 27ª ed. rev. e atual. São Paulo: Malheiros, 2010, p. 687.

58   DALLARI, *Educação e preparação para a cidadania*, 2009, p. 325.

59   HONNETH, *Luta por Reconhecimento*, 2009, p. 159.

60   De acordo com o Art. 6º da Lei de Diretrizes e Bases da Educação Nacional (nº 9.394/1996), "É dever dos pais ou responsáveis efetuar a matrícula das crianças na educação básica a partir dos 4 (quatro) anos de idade".

61   ALMEIDA, Guilherme de Assis. Aula ministrada na disciplina *Direitos humanos fundamentais* do Programa de Pós-Graduação *Stricto Sensu* em

Nesse espaço, distinguem-se, como instâncias que, com amparo constitucional, responsabilizam-se pela tarefa educativa – seja na rede regular de ensino, seja mediante práticas não formais –, o Estado e a sociedade civil.

Em relação ao Estado, importa destacar que a educação aparece como um *dever* que abrange um catálogo maior de competências legais. São elas:

Primeiro, a *organização e regulamentação dos sistemas de ensino*. Observando o disposto na Lei de Diretrizes e Bases e nas demais normas gerais da educação nacional, instituídas pela União (Artigos 22, inciso XXIV, e 24, inciso IX e §1º, da Constituição Federal), cada um dos entes da federação organiza, em regime de cooperação, seu próprio sistema de ensino (Art. 211 da Constituição Federal).

Nesse cenário, cabe à União a coordenação da política nacional de educação, articulando os diferentes níveis e sistemas e exercendo a função normativa, redistributiva e supletiva, visando a assegurar a "equalização de oportunidades educacionais e padrão mínimo de qualidade do ensino". Mas não é só. Cumpre-lhe, também, a organização do sistema federal de ensino, o qual compreende os órgãos federais de educação; as instituições de ensino mantidas pela União; e as instituições de educação superior mantidas pela iniciativa privada (Art. 211 da Constituição Federal; Artigos 8º e 16 da Lei de Diretrizes e Bases).

Os Estados e o Distrito Federal organizam o respectivo sistema estadual/distrital de ensino, que, atuando prioritariamente no ensino fundamental e médio (Art. 211, §3º, da Constituição Federal), compreende: as instituições de ensino por eles mantidas; as instituições de educação superior mantidas pelo Poder Público municipal; as instituições de ensino fundamental e médio mantidas pela iniciativa privada; e seus órgãos estaduais/distritais de educação (Art. 17 da Lei de Diretrizes e Bases).

Direito da Universidade de São Paulo. São Paulo, 29/04/2013.

Cada município organiza seu sistema municipal de ensino. Dedicado prioritariamente à educação fundamental e infantil (Art. 211, §2º, da Constituição Federal), abrange: as instituições do ensino fundamental, médio e de educação infantil mantidas pelo Poder Público municipal; as instituições de educação infantil mantidas pela iniciativa privada; e os órgãos municipais de educação (Art. 18 da Lei de Diretrizes e Bases).

É essa organização jurídico-constitucional que estrutura e viabiliza, então, outras atuações estatais no campo educacional.

Nesse sentido, menciona-se, em segundo lugar, a função de *regulação, avaliação e fiscalização* da prestação da educação pelas instituições e estabelecimentos escolares, públicos e privados.

Em terceiro lugar, o dever de *manter* escolas, prestando, diretamente, o ensino. Trata-se, assim, do "ensino público", no sentido de que seu prestador é o Poder Público e não a iniciativa privada. Nos termos do Art. 206, incisos IV e VI, da Constituição Federal, deve ser prestado gratuitamente e gerido de forma democrática. Ademais, conforme já mencionado, em relação à educação básica, cumpre ao Estado oferecê-la de forma obrigatória às crianças e adolescentes dos quatro aos dezessete anos (Art. 208, inciso I, da Constituição Federal).

Finalmente, importa lembrar a atuação do Poder Público, também, na *promoção* de práticas educacionais *não formais*. O 3º Plano Nacional de Direitos Humanos reconhece tal modalidade de educação como "espaço de defesa e promoção dos direitos humanos" (Diretriz nº 20) e relaciona importantes ações programáticas do Estado nesse campo: o fomento à inclusão da temática de direitos humanos em projetos e programas de qualificação profissional, de alfabetização de jovens e adultos, de extensão rural, de educação comunitária, de esporte, cultura e lazer, e de inclusão digital; o apoio a iniciativas de educação popular em direitos humanos desenvolvidas por organizações comunitárias e movimentos sociais, dentre outras.

Passando, agora, à *participação social* no desenvolvimento da educação, formal e informal, na sociedade democrática, destacam-se dois sentidos de atuação.

Primeiro como prestador educacional. Independentemente do resultado do debate acerca da preferência constitucional, ou não, pelo ensino prestado pelo Poder Público – e, assim, sobre o papel prioritário ou secundário concedido ao setor privado[62] – a presença de iniciativas educacionais de associações e organizações da sociedade civil não pode, absolutamente, ser negada.

A *liberdade de ensinar* da iniciativa privada está expressamente resguardada pelo Art. 209 da Constituição Federal, decorrendo, ainda, de princípios constitucionais, em matéria de educação, previstos no Art. 206, incisos II e III: a "liberdade de aprender, ensinar, pesquisar e divulgar o pensamento, a arte e o saber", a "pluralidade de ideias e concepções pedagógicas" e a "coexistência de estabelecimentos públicos e privados de ensino".

Por outro lado, tal liberdade não é, evidentemente, irrestrita. Recebe, ainda no texto constitucional, significativas e incontestáveis restrições, decorrências necessárias do sentido assumido pela educação na ordem constitucional. Trata-se, afinal, de uma atividade pública em razão de seus fins e de sua magnitude social, referida a um direito fundamental que radica na dignidade da pessoa humana, fundamento do Estado Democrático de Direito brasileiro.

A prática da educação, no Brasil, não pode perder, jamais, tais referências.

Nesse sentido, em conformidade com os dispositivos há pouco aludidos (Artigos 206 e 209, da Constituição Federal), o prestador educacional privado – como também o Poder Público – deve cumprir, com rigor, as normas gerais da educação nacional, assegurar o padrão de qua-

---

62   HORTA, *Direito constitucional da educação*, 2007, p. 126.

Educação para a democracia no Brasil 73

lidade e submeter-se aos processos avaliativos e regulatórios aplicados pelos órgãos públicos responsáveis. Mas não é só. A tarefa educacional, por quem quer que seja realizada, deve orientar-se aos objetivos constitucionalmente estabelecidos. E se não pode perverter-se em instrumento de pretensões internas ao poder político, também não pode, na esfera privada, ser corrompida em empreendimento econômico, com intuito *lucrativo*. Sob tal perspectiva, delineia-se, ademais, o outro sentido da participação da sociedade civil. Cumpre-lhe atuar, de modo decisivo, orientando e colaborando com o Estado na formulação, na organização e na implantação da legislação e das políticas públicas educacionais. Tem, dessa forma, papel fundamental na construção democrática de um sistema pedagogicamente estruturado: nem a educação *estatizada*, assimilada ao sistema político e sua lógica interna de *poder*; nem, no outro extremo, a educação *monetarizada*, absorvida e instrumentalizada pela atividade empresarial lucrativa.[63]

5. Constitui-se, nesse cenário jurídico, o Estado brasileiro. Fundamentado e orientado pelo valor intrínseco, único e insubstituível da pessoa humana[64] e organizado sob a forma da democracia, reconhece juridicamente extensas "propriedades que caracterizam o ser humano constitutivamente como pessoa".[65] E isso, no sentido de um sujeito histórico capaz de agir com autonomia e, consequentemente, de participação na vida social e, nela, na formação racional da vontade.

---

63   HABERMAS, Jürgen. *Teoria do agir comunicativo*. Sobre a crítica da razão funcionalista. Tomo 02. Trad. Flávio Beno Siebeneichler. São Paulo: Editora WMF Martins Fontes, 2012, p. 587, 588 e 667.

64   COMPARATO, *A afirmação histórica dos direitos humanos*, 2013, p. 43.

65   HONNETH, *Luta por reconhecimento*, 2009, p. 188.

Acolhe, pois, a concepção, bastante enriquecida, contemporânea e democrática de cidadania.[66] Congregando as cinco categorias de direitos fundamentais a que Habermas faz referência, conjuga ao reconhecimento da universalidade, a interdependência e indivisibilidade desses direitos, o processo de especificação do sujeito de direito, em sua identidade *irrepetível*.[67] Com isso, ele "deixa de ser visto em sua abstração e generalidade e passa a ser concebido em sua concretude, em suas especificidades e peculiaridades".[68]

Visto por esse ângulo, ainda que haja extenso espaço para reformas e o refinamento dos direitos, o ordenamento jurídico-constitucional assegura, no plano do *dever ser*, condições para a realização do inacabado projeto emancipatório de modernidade. E permite, em virtude disso, concomitantemente, uma *legitimidade* a partir da própria *legalidade* democrática.

Afinal, resguarda aos cidadãos o status de *sujeitos de direito* e, ao mesmo tempo, os instrumentos para que, superando o papel de "meros espectadores da jornada jurídico-política",[69] atuem como *autores* do próprio direito.

A experiência histórico-constitucional da democracia no Brasil

Tal configuração do Estado Democrático de Direito, fortemente alicerçado nos direitos humanos, é promulgada e, pode-se dizer, arremessada no curso de um processo histórico em que a população não o havia internalizado, nem poderia, como experiência própria.

---

66   PIOVESAN, *Direitos humanos e o direito constitucional internacional*, 2012, p. 69.

67   SARLET, *Dignidade da pessoa humana e direitos fundamentais na Constituição Federal de 1988*, 2011, p. 105.

68   PIOVESAN, *Temas de direitos humanos*, 2003, p. 338.

69   MOREIRA, Luiz. *Fundamentação do direito em Habermas*. 3ª ed. rev. atual. e amp. Belo Horizonte: Mandamentos, 2004, p. 126.

Educação para a democracia no Brasil 75

Sucedendo ao período ditatorial militar, erige-se sobre uma experiência que, contrastando visceralmente com valores iluministas afirmados pela modernidade, no bojo da qual fora gerada, tratou seres humanos, por mera divergência político-ideológica, como supérfluos e descartáveis e fez do direito positivo instrumento de gestão autoritária da sociedade.[70] A Constituição de 1988 acompanha, em alguma medida, a linha de *nosso jurismo*, descrito por Nestor Duarte: antecipa a vida social por meio de reformas legislativas,[71] esforçando-se "por construir com a lei, antes dos fatos, uma ordem política e uma vida pública que os costumes, a tradição e os antecedentes históricos não formaram, nem tiveram tempo de sedimentar e cristalizar".[72] Um trabalho, muitas vezes, sobre o terreno vazio,[73] edificando-se "nas nuvens, sem contar com a reação dos fatos, para que da lei ou plano saia o homem tal como no laboratório de Fausto".[74]

Contudo, olhando para o passado e diante dos caminhos que se abriam, naquele momento, não se pode questionar, nem olvidar, a significação fundamental do texto constitucional, como marco para a construção e consolidação da democracia no Brasil.

Um breve recuo à história das Constituições brasileiras, em grande medida outorgadas, outras vezes mera legalidade teórica, contraposta à continuidade experiencial predominantemente autoritária, dá um sinal bastante claro dessa situação.

---

70 LAFER, *A reconstrução dos direitos humanos*, 1988, p. 15, 19 e 78.

71 FAORO, Raymundo. *Os donos do poder. Formação do patronato político brasileiro*. Volume 02. 11ª Ed. São Paulo: Globo, 1995, p. 745.

72 DUARTE, Nestor. *A ordem privada e a organização política nacional*, São Paulo/Rio de Janeiro/Recife/Porto Alegre: Companhia Editora Nacional, 1939, p. 221.

73 DUARTE, *A ordem privada e a organização política nacional*, p. 222.

74 FAORO, *Os donos do poder*, 1995, p. 744 e 745.

76   Guilherme Perez Cabral

1. A primeira Constituição brasileira foi outorgada, em 1824, por Dom Pedro I, filho do monarca português. Segue à "independência" do país, datada de 1821, movimento que representou não a descolonização, mas, apenas, "o translado da regência política, encarnada por um rei português, sediado em Lisboa, para seu filho, assentado agora no Rio de Janeiro, de onde negociara a independência nacional com a potência hegemônica da época, que era a Inglaterra".[75]

O texto, assim, constituiu, no campo econômico, amparado por uma classe dominante que se "nacionaliza alegremente, preparando-se para lucrar com o regime autônomo, tal como lucrara com o colonial". E o fez sobre o que havia sido até então, e continuaria sendo, uma empreitada comercial, baseada na grande propriedade, na exportação de produtos agrícolas e no trabalho escravo.[76]

No campo político, instituiu um governo monárquico, cuja organização trazia, ao lado dos três poderes referidos pela teoria liberal da separação dos poderes – o Legislativo, o Judiciário e o Executivo –, e juntamente com este último, um quarto, o *Moderador*, nas mãos do Imperador. Nos termos da Constituição Imperial, tratava-se de um poder "neutro" por meio do qual o Chefe Supremo da Nação velaria, "sobre a manutenção da independência, equilíbrio e harmonia dos mais Poderes Políticos". Correspondia, assim, a um expediente com o qual o Imperador se colocava "acima" das "questões partidárias" e das "mesquinharias dos interesses de grupos" e zelaria, sem responsabilidade, pela Nação e pelo Estado.[77]

Manteve-se, assim, o cenário colonial marcado pela verticalidade das relações, do antidiálogo, do poder exacerbado dos "donos das terras

---

75   RIBEIRO, *O povo brasileiro*, 2006, p. 230.
76   RIBEIRO, *O povo brasileiro*, 2006, p. 230.
77   LIMA LOPES, José Reinaldo. *O direito na história. Lições introdutórias*. 2ª ed. revista. São Paulo: Max Limonad, 2002, p. 317.

Educação para a democracia no Brasil   77

e das gentes", sem a participação da população na constituição e organização da vida social.[78]

2. A Constituição imperial vigeria até 1889, quando cai a monarquia. Na linha do que constituiria uma tradição política contraditória, na qual república e democracia podem ser antecipadas e impostas, sem a participação do público, Aristides Lobos – ministro do interior do gabinete revolucionário de Deodoro da Fonseca – afirmou: "Eu quisera dar a esta data a seguinte denominação: 15 de novembro do primeiro ano da República; mas não posso infelizmente fazê-lo. O que se fez é um degrau, talvez nem tanto, para o advento da grande era".[79] E concluiu com o trecho tão repetido desde então:

> Por ora, a cor do governo é puramente militar e deverá ser assim. O fato foi deles, deles só. Porque a colaboração do elemento civil foi quase nula. O povo assistiu àquilo bestializado, atônito, surpreso, sem conhecer o que significava. Muitos acreditavam sinceramente estar vendo uma parada.[80]

Iniciava a primeira experiência republicana brasileira, inaugurando-se, então, a tentativa de um estado democrático sobre uma vasta e profunda inexperiência de autogoverno e vivência comunitária.

A República Velha perduraria até 1930, sob a égide da Constituição de 1891. No seu texto, uma Constituição promulgada "para organizar um regime livre e democrático". Na prática, o coronelismo e os expedientes a ele relacionados do paternalismo, do patrimonialismo, do mandonismo e do falseamento de voto.[81]

---

78   FREIRE, *Educação como prática de liberdade*, 2011, p. 93, 94, 99 e 100.

79   MARTINS, Luís. *O patriarca e o bacharel*. 2ª ed. São Paulo: Alameda, 2008, p. 119.

80   *Ibidem*, 2008, p. 119.

81   LEAL, Victor Nunes. *Coronelismo, enxada e voto. O município e o regime representativo no Brasil*. São Paulo: Alfa-omega, 1978, p. 20.

O *sistema coronelista*, conforme a lição de Victor Nunes Leal, é o "resultado da superposição de formas desenvolvidas do regime representativo a uma estrutura econômica e social inadequada". Compôs-se como um compromisso entre o poder privado dos senhores da terra locais (os coronéis) e o Poder Público,[82] num sistema de reciprocidade:

(...) de um lado, os chefes municipais e os "coronéis", que conduzem magotes de eleitores como quem toca tropa de burros; de outro lado, a situação política dominante no Estado, que dispõe de erário, dos empregos, dos favores e da força policial, que possui, em suma, o cofre das graças e o poder da desgraça.[83]

Com efeito, o coronelismo se realiza na continuidade da organização colonial agrária, que fornecia "a base de sustentação das manifestações de poder privado tão visíveis no interior do Brasil", num novo quadro de abolição formal da escravidão. Durante a República Velha, permaneceu, grosso modo, a estrutura formada pela grande propriedade e pela sujeição da gigantesca massa trabalhadora rural à pequena minoria de fazendeiros, "poderosa em relação aos seus dependentes, embora de posição cada vez mais precária no conjunto da economia nacional".[84]

Nesse contexto, parasitariamente, pode se aproveitar da extensão democrática do direito de sufrágio a um grande contingente de eleitores incapacitados para o consciente exercício do voto. No retrato de Leal, homens e mulheres analfabetos, desinformados, "não lendo jornais, nem revistas, nas quais se limita a ver figuras", alheios aos processos políticos, vivendo no "mais lamentável estado de pobreza, ignorância e abandono". Contavam, apenas, com o "auxílio" do coronel, o benfeitor responsável pelos "melhoramentos locais" (a estrada, o posto de saúde, etc.), ao qual se recorre nos "momentos de apertura" e de quem provêm os únicos favores que a "obscura existência conhece". Tudo a formar um cenário mi-

---

82   *Ibidem*, p. 20.
83   *Ibidem*, p. 43.
84   *Ibidem*, p. 20.

Educação para a democracia no Brasil 79

serável em que se revela perfeitamente compreensível a obediência do trabalhador rural às suas ordens, integrando-se, sem resistência, em seu "rebanho eleitoral".[85]

> Em sua situação, seria ilusório pretender que esse novo pária tivesse consciência do seu direito a uma vida melhor e lutasse por ele com independência cívica. O lógico é o que presenciamos: no plano político, ele luta com o "coronel" e pelo "coronel". Aí estão os votos de cabresto, que resultam, em grande parte, da nossa organização econômica rural.[86]

No fundo, a primeira experiência democrática brasileira correspondeu a um sistema assentado, basicamente, em *fraquezas*. A fraqueza do coronel, que "se ilude com o prestígio do poder, obtido à custa da submissão política" e, assim, uma fraqueza que só aparenta "fortaleza" em contraste com "pobreza sem remédio" do roceiro que "vive sob suas asas e enche as urnas eleitorais a seu mandado"; a fraqueza desamparada do trabalhador rural; e, finalmente, a fraqueza do poder político, que, diante da afirmada superposição do regime representativo a uma estrutura socioeconômica inadequada, foram levados a se compor com os coronéis.[87]

3. Em 1930, pela via do golpe de Estado, assume o poder Getúlio Vargas, que nele permanece até 1945. Nesse período, após quatro anos sem Constituição, é promulgado o texto de 1934, com vigência efêmera, até 1937, quando, então, é outorgada nova Constituição. Fortemente influenciada pelo contexto mundial totalitário, marca o início da Ditadura do *Estado Novo*.

Trata-se de texto cujo preâmbulo é revelador de seu autoritarismo e incompatibilidade com a experiência do diálogo e da participação so-

---

85   *Ibidem*, p. 24, 36 e 253.

86   *Ibidem*, p. 25.

87   LEAL, *Coronelismo, enxada e voto*, 1978, p. 56 e 253.

cial. É o "Presidente", o *pai do povo*, quem, com apoio das forças armadas, resolve decretá-lo. E, como condutor da sociedade, impõe-na visando a atender às "legitimas aspirações do povo brasileiro à paz política e social", "profundamente perturbadas" por fatores de desordem, e não atendidas pela organização institucional precedente.

Segue a concepção autoritária do principal jurista do *Estado Novo*, Francisco Campos, para quem "o regime político das massas é o da ditadura". A seu ver, somente a liderança carismática, num Estado autoritário, poderia eliminar os conflitos sociais desestabilizadores.[88]

Contudo, como destaca Gilberto Bercovici, "por mais paradoxal que isso possa parecer, a Carta de 1937 nunca foi aplicada". Dissolveu o Poder Legislativo em todas as esferas governamentais (Art. 178), prevendo, ainda, a convocação de eleições depois da realização de plebiscito para que a população se manifestasse sobre a adoção do texto constitucional (Art. 187). Enquanto não se reunisse o Parlamento, o Presidente teria o poder de expedir decretos-leis para legislar sobre as matérias de competência da União. Nesse contexto, "Como não foi realizado o plebiscito, não foram marcadas as eleições parlamentares previstas na própria Carta de 1937, que não foi cumprida. O que houve durante o Estado Novo foi ditadura pura e simples do Chefe do Poder Executivo".[89]

4. O regime político democrático é restaurado após a queda de Getúlio Vargas e a promulgação da Constituição de 1946.

Trata-se de período marcado por sucessivas crises políticas e o recurso frequente a expedientes *golpistas* – a começar com a derrubada do então ditador. Destacam-se, nesse sentido: a reação conservadora e mili-

---

88 BERCOVICI, Gilberto. "Tentativa de instituição da democracia de massas no Brasil: instabilidade constitucional e direitos sociais na Era Vargas (1930-1964)". In: FONSECA, Ricardo Marcelo e SEELAENDER, Airton Cerqueira Leite. *História do Brasil em perspectiva. Do Antigo Regime à Modernidade*. Curitiba: Juruá, 2009, p. 390.

89 *Ibidem*, p. 390.

Educação para a democracia no Brasil 81

tar ao programa econômico e social de Getúlio Vargas, eleito Presidente da República, em 1951, culminando com seu suicídio, em 1954; rebeliões golpistas contra Juscelino Kubitschek; e as tentativas conservadoras e militares de impedir que João Goulart assumisse a Presidência, após a renúncia de Jânio Quadros, em 1961.[90]

Por outro lado, tal período marca a transição do país para uma democracia de massas, com o aparecimento e multiplicação de movimentos e organizações sociais no Brasil – destacando-se, aqui, as *Ligas Camponesas* e as *Comunidades Eclesiais de Base* –, num contexto de urbanização e industrialização crescentes.

Tal movimentação encetada pela população assustou as classes médias, a elite econômica, as oligarquias e o setor empresarial, ameaçados nos seus privilégios, com a ascensão popular. Eis a base do golpe militar, ação que se esboçava desde 1945 e que impõe, em 1964, mais uma vez, a ditadura no Brasil[91]. Seu primeiro objetivo, resume Dalmo A. Dallari: "impedir a continuidade do processo democratizante".[92]

5. A atividade política dos militares adquire substância na era republicana.[93] Intervieram no arranjo institucional do país, ao lado dos "revolucionários", ou apenas "golpistas", nos processos de mudança do regime constitucional de 1889, 1930, 1937, 1945. Nesse momento, em 1964, assumem, diretamente, o governo de índole ditatorial.

E o fazem sob o discurso ambíguo e cínico em relação ao regime democrático e aos direitos fundamentais que, autoritariamente, afirmam defender, no âmbito uma legalidade que forjam preservar.

---

90   WEFFORT, *Por que democracia?*, 1984, p. 41; SILVA, *Curso de direito constitucional positivo*, 2010, p. 85 e 86.

91   DALLARI, *Educação e preparação para a cidadania*, 2009, p. 330 e 331; BERCOVICI, *Tentativa de instituição da democracia de massas no Brasil*, 2009, p. 390; FREIRE, *Educação como prática de liberdade*, 2011, p. 103 e 110.

92   DALLARI, *Educação e preparação para a cidadania*, 2009, p. 331.

93   FAORO, *Os donos do poder*, 1995, p. 746 e 747.

Convertido o primado da legalidade democrática em bandeira consensual do mundo ocidental – notadamente na segunda metade do século XX –, a retórica política não pode mais legitimar o exercício do poder (mesmo o despótico) sem mencionar suas raízes no *povo* ou na *cidadania*.[94] Nesse sentido, no plano jurídico, continuando a tradição política viciada pela "enorme distância entre o que as intenções proclamam e o que as ações fazem",[95] nova Constituição é outorgada em 1967, sendo, dois anos mais tarde, inteiramente emendada pela Emenda Constitucional nº 01/69.

No preâmbulo da Emenda, é notável o *véu de legalidade* que se pretende atribuir ao texto imposto: os Ministros da Marinha, do Exército e da Aeronáutica "promulgam" a Constituição, fazendo referência a atribuições "legalmente" conferidas por dispositivos de Atos Institucionais (nos 05 e 16). O fazem, ademais, considerando, entre outros pontos, o decreto de "recesso" do Congresso Nacional, diante do que, conforme o referido Ato Institucional nº 05, o "Poder Executivo fica autorizado a legislar sobre todas as matérias", inclusive elaborar emendas à Constituição, medida "compreendida no processo legislativo".

E, ao longo documento, sustenta-se a emanação do poder do povo e seu exercício em seu nome (Art. 1º, § 1º). Afirma-se o regime democrático e sua proteção, com o cuidado, porém, de adjetivá-lo, primeiro, de representativo (Artigos 1º; 151, inciso I; 152, inciso I; 154; e 174, § 2º). Relacionam-se também, direitos de nacionalidade, direitos individuais de liberdade e direitos políticos de participação (Artigos 145 a 154).

Contudo, abaixo da formalidade jurídica, instituiu-se o regime autoritário, com a prática cotidiana da repressão, da tortura – por meio de todo tipo de agressão física e psicológica, incluindo expedientes como "pau de arara", choque elétrico, afogamento, violência contra crianças e mulheres e abortamentos –, do sequestro, do assassinato e do "desapare-

---

94   CARVALHO, *Cidadania no Brasil*, 2010, p. 07.

95   WEFFORT, *Por que democracia?*, 1984, p. 53.

Educação para a democracia no Brasil   83

cimento", praticados pelo próprio Estado. Na realidade, constituía uma rotina o "desrespeito aos direitos constitucionais e às próprias leis criadas pelo Regime, quando se tratava de assegurar aos órgãos de repressão um domínio absoluto sobre os investigados".[96] Por vinte anos, o Brasil foi afastado da vivência da democracia, experienciando, frente ao Estado opressor, relações unilaterais de ordem e obediência, de não participação e não diálogo, de violência. Quanto à redemocratização que se seguiu, no nível jurídico-formal, deu-se em etapas. A campanha das *Diretas Já*, a partir do final de 1983 e durante o ano de 1984, se marcou, com grandes manifestações de massa, a passagem do discurso de defesa da democracia e dos direitos humanos às mãos da sociedade civil, não foi vitoriosa quanto ao objetivo ao restabelecimento das eleições diretas para a Presidência da República.[97] Somente em 1988, com a promulgação da Constituição, tem início o atual período democrático brasileiro. E, dois anos mais tarde, sob sua guarida, o Brasil pode eleger, pelo voto direto, o Presidente da República, o primeiro em quase trinta anos.

6. Esse passeio panorâmico sobre o passado constitucional brasileiro, embora bastante breve, permite que se vislumbre a medida da história democrática do país, até a promulgação do texto de 1988. Foram, ao todo, aproximadamente sessenta anos de democracia formal, vilipendiada e atacada na prática e entrecortada por golpes de Estado e regimes autoritários.

Eis um legado de inexperiência da democracia, marcado, mais, pela unilateralidade e opressão na relação do Estado com a sociedade,[98] pela conivência com expediente golpista para o exercício do poder, em

---

96   ARQUIDIOCESE DE SÃO PAULO. *Brasil: nunca mais.* 20ª ed. Petrópolis: Vozes, 1987, p. 88.

97   WEFFORT, *Por que democracia?*, 1984, p. 58; VIOLA, *Direitos humanos no Brasil: abrindo portas sob neblina*, 2007, p. 127 e 128.

98   RICUPERO, Bernardo. *Sete lições sobre as interpretações do Brasil.* 2ª ed. São Paulo: Alameda, 2008, p. 168.

detrimento do diálogo, e pelo hábito contraditório e cínico em relação à democracia. Tudo isso ao ponto de consentir com a autoproclamação, pelo "Presidente" militar imposto, o general João Baptista Figueiredo, como o caminho autoritário da democratização: "eu hei de fazer este país uma democracia".[99]

Deixando raízes profundas no *presente*, a inexperiência democrática – confundida com a inexperiência da cultura dos direitos humanos – sobrecarrega-o sobremaneira e descortina a questão do desafio da consolidação da democracia, arquitetada pelo ordenamento constitucional.

Democracia, direitos humanos e educação no presente brasileiro

Com sua promulgação, o Estado Democrático de Direito, fundado na pessoa humana e alicerçado nos direitos humanos, passou a integrar, *tecnicamente*, o ordenamento jurídico-constitucional. Contudo, apesar de sua importância fundamental, não significou, evidentemente, sua internalização em hábitos e atitudes: a cultura da democracia e dos direitos humanos, como experiência histórica, não surge de pronto, como "geração espontânea" de uma *intenção* normatizada.

O grande entusiasmo, em certa medida ingênuo, em relação à redemocratização e às perspectivas de iminente prosperidade e felicidade nacional a partir dela,[100] não afastou, em definitivo, nas continuidades que marcaram a história do Brasil, os hábitos e práticas conformados às experiências antirrepublicanas e antidemocráticas do não diálogo, do patrimonialismo, do paternalismo e do desrespeito aos direitos humanos, enraizados e naturalizados no pano de fundo das relações sociais.[101]

---

99   WEFFORT, *Por que democracia?*, 1984, p. 32 e 40.
100   CARVALHO, *Cidadania no Brasil*, 2010, p. 07.
101   BENEVIDES, *Em defesa da república e da democracia*, 2009, p. 727.

Quanto à tradição assim (de)formada, convivendo com a nova ordem jurídica, tem grande potencial limitador e corrosivo das transformações previstas no projeto constitucional.[102]

1. No cenário político, vislumbra-se, de um lado, uma elite que se apropriou do Poder Público e que persiste sobranceiramente autônoma e dissociada da sociedade civil: "Atua em nome próprio, servida de instrumentos políticos derivados de sua posse do aparelhamento estatal". Marcadamente fluída e amorfa, consegue preservar o poder e seus privilégios, resistindo e compatibilizando-se, na medida do possível, em mudanças de acomodação (jamais estruturais), com o avanço da modernidade e do capitalismo. Daí seu conservadorismo pré-moderno, adaptando-se, na modernidade, às circunstâncias para a manutenção do status patrimonialista de *donos do poder*.[103]

A isso se agregam, amalgamam-se e se confundem, ainda, tantos outros *vícios*.

Um deles é a "ética governista", na qual, ante o objetivo imediato de permanecer *ao lado do* e *no* poder, "os compromissos não são assumidos à base de princípios políticos, mas em torno de coisas concretas, (que) prevalecem para uma ou para poucas eleições próximas".[104] Marca do sistema coronelista da Velha República, aludida "ética" mostra-se, ainda, vigente, subjacente a lugares-comuns da política nacional, como as contraditórias alianças partidárias que se formam a cada Eleição; as incompatibilidades entre as alianças estabelecidas nas esferas local, regional e federal; as constantes recomposições de coligações partidárias; e as infindáveis trocas de partido pelos políticos.

Ao seu lado, verifica-se a sobrevivência do *paternalismo*, casado com o *populismo*, em que, sob o simulacro da proteção do cidadão me-

---

102   MOISÉS, *Os brasileiros e a democracia*, 1995, p. 27.
103   FAORO, *Os donos do poder*, 1995, p. 736, 737, 739 e 745.
104   LEAL, *Coronelismo, enxada e voto*, 1978, p. 41.

nor, desvalido,[105] dissimula-se a inaptidão à experiência horizontalizada e dialógica da democracia. O líder político aparece como alguém que, "por sua posição no sistema institucional de poder, tem a possibilidade de 'doar', seja uma lei favorável às massas, seja um aumento de salário ou, mesmo, uma esperança de dias melhores".[106]

Caminham, desse modo, de mãos dadas com o *filhotismo*, o *clientelismo* e o *mandonismo*, nas formas do *nepotismo* e outros expedientes de *favoritismo* aos aliados e de perseguições de adversários. Manifestou-se, na Velha República, de um lado, em favores de toda ordem aos aliados: desde o emprego público até os mínimos obséquios, passando por redigir cartas, emprestar dinheiro, contratar advogado, providenciar médico e hospitalização, "influenciar" jurados, "preparar" testemunhas e compor desavenças. Enfim, "Para favorecer os amigos, o chefe local resvala muitas vezes para a zona confusa que medeia entre o legal e o ilícito, ou penetra em cheio no domínio da delinquência, mas a solidariedade partidária passa sobre todos os pecados uma esponja regeneradora". De outro lado, a utilização contra os "inimigos políticos" dos instrumentos à disposição, se possível, a lei.[107]

Na colagem patrimonialista ao poder, o direito, sem a força da institucionalização, confunde-se com o privilégio, valendo como "reflexo direto e imediato dos interesses ou da força daqueles que se empenham em sua aplicação".[108]

Finalmente, importa destacar, a continuidade da mentalidade tipicamente autoritária e verticalizada, no exercício do poder. É notável, ainda, na atuação da elite política, o espanto inconformado diante da "insubordinação" do oprimido, sentimento de "surpresa" que remonta ao período colonial: "a grande perplexidade das classes dominantes atuais é

---

105   DEMO, *Cidadania menor*, 1992, p. 108.

106   WEFFORT, Francisco C. *O populismo na política brasileira*. 5ª ed. São Paulo: Paz e terra, 2003, p. 82.

107   LEAL, *Coronelismo, enxada e voto*, 1978, p. 38 e 39.

108   WEFFORT, *Por que democracia?*, 1984, p. 42.

Educação para a democracia no Brasil 87

que esses descendentes daqueles negros, índios e mestiços ousem pensar que este país é uma república que deve ser dirigida pela vontade deles como seu povo que são".[109]

Exemplificam esse sentimento, muitas vezes furioso, contra a "insubordinação", as reações "violentas e desinformadas", amplificadas pelos meios de comunicação, em relação ao 3º Plano Nacional de Direitos Humanos, aprovado pelo Decreto Federal nº 7.037/2010. São indicativas de um temor de que:

> (...) o apoio aberto à promoção e proteção dos direitos humanos possa significar enfraquecimento de suas posições conservadoras em campanhas eleitorais, ou ainda a extensão de direitos, muitas vezes considerados privilégios, a parcelas da população que, segundo eles, não se enquadrariam na categoria de "cidadãos de bem".[110]

Frente à tensão social que, com isso, manifesta-se no cotidiano, enfraquecem as perspectivas de solução que passam pela grande "mesa de negociação" composta de *hommes de bonne volonté*.[111] Pois ela tem passado, sim, pelo autoritarismo da imposição, pela violência policial, onde questões "ligadas a *deficits* de cidadania e igualdade, sendo cidadania aqui entendida como acesso a bens fundamentais da vida comum, são, normalmente, tratadas como questões de política de segurança pública".[112] Enviesam-se, também, na solução cooptadora cínica, quando, percebendo o impacto de novas forças:

---

109   RIBEIRO, *O povo brasileiro*, 2006, p. 226.

110   NÚCLEO DE ESTUDOS DA VIOLÊNCIA (NEV/USP). *4o Relatório nacional sobre os direitos humanos no Brasil*. São Paulo: Universidade de São Paulo/Núcleo de Estudos da Violência, 2010, p. 12.

111   ADORNO, Theodor W. *Escritos sociológicos I. Obras completas 8*. Trad. Agustín González Ruiz. Madrid/Espanha: Akal, 2004, p. 132 e 425.

112   BITTAR, *O direito na pós-modernidade*, 2009, p. 250.

(...) a categoria estamental as amacia, domestica, embotando-lhe a agressividade transformadora para incorporá-las a valores próprios, muitas vezes mediante a adoção de uma ideologia diversa, desde que compatível com o esquema de domínio. As respostas às exigências assumem o caráter transacional, de compromisso, até que o eventual antagonismo dilua, perdendo a cor própria e viva, numa mistura de tintas que apaga os tons ardentes.[113]

2. Do outro lado, fica a maioria da população, historicamente mantida, tanto quanto possível, na menoridade,[114] afastada dos processos políticos de formação da vontade, e integrada ao mercado de trabalho e de consumo, em proveito dos empreendimentos econômicos:

Ontem, era uma força de trabalho escrava de uma empresa agromercantil exportadora. Hoje, é uma oferta de mão de obra que aspira a trabalhar e um mercado potencial que aspira a consumir. Nos dois casos, foi sempre uma empresa próspera, ainda que só o fosse para minorias privilegiadas. Como tal manteve o Estado e enriqueceu as classes dominantes ao longo dos séculos, beneficiando também os mercadores associados ao negócio e as elites de proprietários e burocratas locais.[115]

Não que se negue, absolutamente, a movimentação e organização da sociedade civil, por vezes violenta, exercendo pressões e ativando conflitos sociais. Observam-se, inclusive, na história recente do Brasil, mobilizações que, ainda que se tenha de anotar o caráter esporádico e sobrevivência aos "espasmos",[116] notabilizaram-se pelo grande porte, em nível nacional: o movimento das *Diretas Já*, entre 1983 e 1984; o movimento

---

113   FAORO, *Os donos do poder*, 1995, p. 745.

114   DEMO, *Cidadania menor*, 1992, p. 108.

115   RIBEIRO, *O povo brasileiro*, 2006, p. 229.

116   DEMO, *Cidadania menor*, 1992, p. 101.

Educação para a democracia no Brasil 89

dos *Caras Pintadas*, exigindo o "impeachment" do então Presidente da República, Fernando Collor de Mello, em 1992; e, mais recentemente, em junho de 2013, os protestos que, tendo por estopim o aumento de passagens de ônibus, tomaram as ruas de diversas cidades do país numa profusão de pautas – "mais educação", "mais saúde", o "fim da corrupção", dentre outras –, captando, assim, um sentimento social de "insatisfação generalizada".[117] Tais "momentos de fusão" caracterizaram-se pelas referências comuns e vínculos abrangentes entre diferentes grupos sociais, no sentido de uma unidade de ação.[118] São reveladores da capacidade de "vibração" da esfera pública, tirando-a de seu "repouso",[119] e, com isso, de seu *poder comunicativo*, conforme destaca Habermas, citando Hannah Arendt: "O poder que surge entre homens quando agem em conjunto, desaparecendo tão logo eles se espalham".[120]

Porém, constitui, ainda, a referência da experiência política nacional, a centralidade do Estado, polo condutor da sociedade, e não a organização da sociedade civil. O histórico peso e opressão do Estado a moldar a nação[121]. Forjou-se, desse modo, uma cidadania que, na aprendizagem e na experimentação da democracia, efetiva-se menos por meio da participação social nos processos decisórios; mais através do relacionamento parasitário com o governo. O cidadão alquebrado em súdito, pedinte, "quer proteção, não quer participar da vontade coletiva". Enquanto isso, "o Estado mantém a menoridade popular, sobre ela imperando".[122]

---

117   SAFATLE, Vladimir. "Sem partido". *Jornal Folha de São Paulo*, 25/06/2013; INSTITUTO DE PESQUISA DATAFOLHA. *Protestos sobre o aumento de tarifa dos transportes II*. PO 813688. São Paulo, 18/06/2013.

118   SOUSA JUNIOR, José Geraldo. *Sociologia jurídica: condições sociais e possibilidades teóricas*. Porto Alegre: Sergio Antonio Fabris Editor, 2002, p. 64.

119   HABERMAS, *Direito e democracia*, vol. II, 2011, p. 114.

120   HABERMAS, *Direito e democracia*, vol. I, 2012, p. 185 e 186.

121   RICUPERO, *Sete lições sobre as interpretações do Brasil*, 2008, p. 168.

122   FAORO, *Os donos do poder*, 1995, p. 740 e 744.

A valorização do Estado, notadamente do Poder Executivo, e a fascinação diante do líder político projeta-se, na história do país, na identificação deste com o messias, o salvador da pátria.[123] O chefe de governo é confundido com o taumaturgo que, com fórmulas mágicas e, principalmente, rápidas, "remediará todos os males e mitigará todos os sofrimentos".[124]

De forma ambígua, a sociedade civil, no plano da igualdade fundamental entre cidadãos, identifica-se com o líder paternalista, populista. Representado, porém, com Freud, pela figura do *great little man*, este aparece como alguém que, se sugere a "ideia de que é apenas um de nós", indica também sua onipotência.[125] Mantém-se, assim, com ele, ao mesmo tempo, na assimetria típica a todo paternalismo, uma relação de dependência e proteção,[126] novamente com Freud, na "horda conduzida por um chefe".[127]

Tal herança fica evidenciada em nosso sistema constitucional "hiperpresidencialista" "robustecido de competências presidenciais no processo legislativo", destacando-se, além das atribuições de edição de leis delegadas e de iniciativa, sanção e veto de projetos de leis, a competência para a expedição de medidas provisórias, atos normativos com *força de lei* (Artigos 62, 66 e 68, da Constituição Federal). Aparece, também, na desvalorização de momentos e instrumentos fundamentais da democracia representativa e direta. Afinal, o "Importante é a eleição do Presidente

---

123   CARVALHO, *Cidadania no Brasil*, 2010, p. 221 e 222.

124   FAORO, *Os donos do poder*, 1995, p. 740.

125   ADORNO, Theodor. W. "A teoria freudiana e o padrão da propaganda fascista". *Margem esquerda*: ensaios marxistas n° 07, 2006, p. 177.

126   WEFFORT, *O populismo na política brasileira*, 2003, p. 82 e 83.

127   FREUD, Sigmund. "Psicologia das massas e análise do eu". In: *Obras completas. Volume 15. Psicologia das massas e análise do eu e outros textos (1920-1923)*. Trad. Paulo César de Souza. São Paulo: Cia das Letras, 2011, p. 83.

da República; os demais espaços de participação pública são irrelevantes ou, pior, perfeitamente dispensáveis".[128]

A viabilidade da cidadania, no sentido enriquecido estabelecido no texto constitucional, defronta-se, ainda, com uma experiência construída na preeminência do aparato governamental, personificado no líder político, com traços messiânicos, mais ou menos acentuados. Exige, desse modo, o enfrentamento de uma cidadania que, em contraste consigo mesma, prevalece, pervertida, como *estadania*[129].

3. Nesse contexto, fazendo a ponte frágil entre dois universos apartados – o sistema político e a sociedade civil –, a experiência da democracia, em processo de aprendizagem e consolidação, atualiza-se, preponderantemente, dentro de um conceito político-representativo formal, conformado ao exercício isolado e obrigatório do voto, nas eleições periódicas.

É difícil se falar, num quadro tal de inexperiência democrática, marcado por tantos vícios herdados do passado, em maturidade para a implantação, na linha do ideal democrático de Habermas e Dewey, de uma sociedade civil com forte e constante iniciativa e atuação na captação de problemas sociais, e com plena aptidão para conduzir o debate racional na esfera pública. Enfim, há, ainda, um longo caminho a se percorrer até que se possa afirmar um público consistente de atores sociais que promovam interpretações públicas das experiências e questões que afetam a coletividade, de modo a direcionar as soluções institucionalizadas, no âmbito do direito, pelos órgãos do governo.[130]

A participação popular através dos canais institucionais, previstos no Art. 14 da Constituição, para intervenção direta na legislação e nas

---

128 RANIERI, *O estado democrático de direito e o sentido da exigência de preparo para o exercício da cidadania, pela via da educação*, 2009, p. 384 e 385.

129 CARVALHO, *Cidadania no Brasil*, 2010, p. 220 e 221.

130 HABERMAS, *Direito e democracia*, vol. II. 2011, p. 23, 92 e 100.

políticas governamentais,[131] é quase inexistente. Limitam-se aos seguintes números, no nível federal:

I) *Referendo.* Houve apenas um, ocorrido em 2005. Tinha por objetivo a consulta da população brasileira sobre a proibição ou não do comércio de armas de fogo e munições no país. A alteração proposta ao Art. 35 do Estatuto do Desarmamento (Lei nº 10.826/2003), que estabelecia tal proibição, foi rejeitada.

II) *Plebiscito.* Também só ocorreu um, em 1993, conforme determinava o Art. 2º dos Atos de Disposições Constitucionais Transitórias. Teve por objetivo a definição da forma (república ou monarquia constitucional) e do sistema de governo (presidencialismo ou parlamentarismo) a vigorar no país. Prevaleceu, em conformidade com o legado de valorização do Poder Executivo forte, a república presidencialista.

III) *Lei de iniciativa popular.* Restringem-se a quatro. Destaca-se, contudo, que, na realidade, todas essas leis foram "adotadas" por um "autor", antes da tramitação no Congresso Nacional. Nesse sentido, sua aprovação não se efetivou, rigorosamente, seguindo o processo legislativo aplicável, previsto no Art. 61, § 2º, da Constituição Federal, no qual tal "adoção" por um congressista estaria dispensada.

São elas: a) Lei nº 8.930/1994, que alterou a Lei dos Crimes Hediondos, incluindo, nesta modalidade de crime, o "homicídio (art. 121), quando praticado em atividade típica de grupo de extermínio, ainda que cometido por um só agente, e homicídio qualificado (art. 121, § 2º, I, II, III, IV e V)". Contou com forte apoio de movimento criado por escritora de telenovelas, Glória Perez, após o assassinato de sua filha. Contudo, foi enviada ao Congresso Nacional pelo então Presidente Itamar Franco, constando, assim, como de autoria do Poder Executivo; b) Lei nº

---

131   BENEVIDES, *A cidadania ativa*, 2003, p. 12.

Educação para a democracia no Brasil

9.840/1999, cuja iniciativa popular, visando a "coibir com mais eficácia o crime da compra de votos de eleitores", foi promovida pela Comissão Brasileira Justiça e Paz – CBJP e pela Conferência Nacional dos Bispos do Brasil – CNBB.[132] Tramitou, porém, como projeto de autoria do Deputado Federal Albérico Cordeiro; c) Lei nº 11.124/2005, que criou o Fundo Nacional de Moradia Popular e o Conselho Nacional de Moradia Popular. O projeto, apresentado sob o patrocínio do Movimento Popular de Moradia, foi "adotado" pelo Deputado Federal Nilmário Miranda; e d) Lei Complementar nº 135/2010, a intitulada "Lei da Ficha Limpa". Em que pese sua aprovação tenha sido objeto de pressão da sociedade civil, não se trata, tal como as anteriores, tecnicamente, ante a forma como tramitou, de lei de iniciativa popular.

Soma-se a essa fragilidade do exercício da participação popular direta, pelos instrumentos disponibilizados pela Constituição Federal, as mazelas e desvirtuamentos do aspecto *representativo* da prática democrática prevalecente no país.

O cidadão brasileiro desconfia dos processos políticos e de seus agentes. Ele:

> (...) pode ser ignorante e acreditar nos milagres de um "salvador da pátria". No outro extremo, pode ser politizado e participar de movimentos populares na defesa de interesses coletivos. Mas, decididamente, não confia nos "representantes do povo". O que, sem dúvida, não é bom para a democracia.[133]

E se mantém afastado dos partidos políticos, instituições com a função legal precípua de "assegurar, no interesse do regime democrático,

---

132   BRASIL. CÂMARA DOS DEPUTADOS. *Combatendo a corrupção eleitoral. Tramitação do primeiro projeto de lei de iniciativa popular aprovado pelo Congresso Nacional.* Série Ação Parlamentar, nº 96. Brasília: Centro de Documentação e Informação, 1999.

133   BENEVIDES, *A cidadania ativa*, 2003, p. 25.

a autenticidade do sistema representativo" (Art. 1º da Lei nº 9.096/1995). Embora atuem como "protagonistas quase que exclusivos do jogo político",[134] os partidos estão desacreditados pela sociedade civil.[135] Dados do Superior Tribunal Eleitoral demonstram que, em 2012, apenas 10,7% do eleitorado brasileiro era filiado a tal instituição fundamental ao exercício da democracia representativa – filiação que, destaca-se, não significa, necessariamente, a atuação político-partidária.[136]

Nesse contexto, a participação política do cidadão reduz-se, em grande medida, à escolha entre dois ou três nomes, apresentados pelos partidos nos quais não se envolve e que, impregnados pela "ética governista" de que se falou, não se distinguem, com precisão, no que se refere a suas orientações e diretrizes político-ideológicas.

Os representantes eleitos, por sua vez, desresponsabilizam-se e desvinculam-se de seus eleitores. A "representação", no Brasil, é tocada, fortemente, pela ideia de "mandato livre e independente", ou seja, "de que os representantes, ao serem eleitos, não têm nenhuma obrigação, necessariamente, para com as reivindicações e os interesses de seus eleitores"[137]. Eis uma das principais deficiências da democracia representativa no país: a "total ausência de responsabilidade efetiva dos representantes perante o povo".[138]

---

134   SILVA, *Curso de direito constitucional positivo*, 2010, p. 145.

135   Segundo pesquisa por amostragem, realizada pelo Instituto *Datafolha*, em 2013, com moradores do município de São Paulo, sobre a admiração e o respeito provocado pelos partidos políticos: 44% da população os consideram sem *nenhum prestígio*, enquanto 35% atribuem-lhes *pouco prestígio* (INSTITUTO DE PESQUISA DATAFOLHA. *Protestos sobre aumento na tarifa dos transportes II*, 2013).

136   Dados do Superior Tribunal Eleitoral, disponíveis em: http://www.tse.jus. br/eleicoes/estatisticas/estatisticas-eleicoes-2012. Acesso em 07/08/2012.

137   BERCOVICI, *Tentativa de instituição da democracia de massas no Brasil*, 2009, p. 378.

138   BENEVIDES, *A cidadania ativa*, 2003, p. 25.

Educação para a democracia no Brasil   95

Quanto à ligação com o eleitorado passivo e desconfiado, ocorre notadamente nos períodos eleitorais, no interesse da (re)eleição. E isso no âmbito de uma *esquizofrenia* política, alimentada, num mutualismo perverso e nada republicano, pelo clientelismo e favoritismo estatal, de um lado; de outro, por pretensões corporativas, privadas – os interesses dos banqueiros, dos empresários, deste e daquele grupo econômico ou político ou sindicato, etc. –, e mesmo pessoais, uma em detrimento das outras. Todas, nessa medida, em detrimento da solução conjunta e discursiva (dialógica) de questões públicas. Nesse processo, os eleitores, céticos em relação aos procedimentos democráticos e às necessárias reformas sociais, continuam votando nos seus "representantes", na esperança na obtenção de vantagens e favores específicos.[139]

Enfim, num cenário em que os atores sociais agem estrategicamente, interagindo a partir da perspectiva do cálculo de ganho egocêntrico e influenciando-se a partir de promessas, ameaças, influências e bens,[140] a representação e, em última análise, a própria experiência republicana e democrática negam-se a si mesmas. Afinal, desabilitam-se dos recursos ao debate e do convencimento racional, na esfera pública, da persuasão sobre ideias e propostas políticas.[141] Não se orientam dialogicamente pela *coisa pública*.

República e democracia descaracterizam-se pelo uso do poder econômico e na despolitização da esfera pública, onde campanhas eleitorais assumem, com frequência, acriticamente, coloração de marketing de venda de um produto no mercado consumidor. Faz-se na costura entre interesses de grupos específicos, no voto em troca de promessas de be-

---

139   CARVALHO, *Cidadania no Brasil*, 2010, p. 223 e 224;

140   HABERMAS, Jürgen. *Consciência moral e agir comunicativo*. Trad. Guido A. de Almeida. 2ª ed. Rio de Janeiro: Tempo brasileiro, 2003, p. 164 e 165.

141   DEWEY, *The public and its problems*, 1991, p. 207.

nefícios pessoais ou, simplesmente, indefinida a linha divisória entre a "falsidade deliberada e a mensagem política",[142] no engodo.

Desse modo, diante da larga inexperiência democrática, a afirmação, no Art. 1º, parágrafo único, da Constituição Federal, do princípio da soberania popular e de seu exercício na forma democrática semidireta, sofre, de uma só vez, dois duros golpes.

Primeiro, sem destoar da tradição constitucional brasileira, a democracia se restringe, em grande medida, ao aspecto da representação: o poder emana do povo, mas é exercido pelo seu representante, no âmbito de uma cidadania meramente eleitoral.[143] Aliás, tal esgotamento da democracia na institucionalização do processo eleitoral – a falácia do *eleitorismo*[144] – aparece, de modo paradigmático, na própria definição que a si se dá o Tribunal Superior Eleitoral, responsável pela condução das Eleições no país: "O Tribunal da Democracia".[145]

Segundo, com a representação de tal forma viciada, o voto obrigatório, periódico e isolado do cidadão acaba por deturpar-se num ato de "renúncia ao seu direito e ao seu dever de participar".[146] O poder, nas mãos do "representante" irresponsável democraticamente, pode, enfim, ficar descolado do seu titular, o povo.

---

142   FERRAZ JUNIOR, *Responsabilidade sem culpa, culpa sem responsabilidade na sociedade tecnológica*, 2011, p. 152.

143   RANIERI, *O estado democrático de direito e o sentido da exigência de preparo para o exercício da cidadania, pela via da educação*. 2009, p. 385.

144   MOISÉS, *Os brasileiros e a democracia*, 1995, p. 35.

145   A expressão acompanha a denominação do Tribunal, destacada no *site* oficial do órgão (www.tse.gov.br): "Tribunal Superior Eleitoral: O Tribunal da Democracia".

146   SARAMAGO, José. *As palavras de Saramago: catálogo de reflexões pessoais, literárias e políticas*. Sel. e Org. Fernando Gómez Aguilera. Trad. Rosa F. d'Aguiar e outros. São Paulo: Cia das Letras, 2010, p. 384.

Desse modo, a solenidade da fórmula constitucional termina por encobrir a "eliminação de todo o poder ativo do 'soberano'",[147] num cenário em que se exige hermeneuticamente pouco, muito pouco, para o reconhecimento e adjetivação da experiência social e política como *democrática*. Afinal,

(...) desde que funcionem os partidos, a liberdade de expressão, no seu sentido mais direto e imediato, o governo, os tribunais, a chefia do Estado, desde que tudo isto pareça funcionar harmonicamente, e haja eleições e toda a gente vote, as pessoas preocupam-se pouco com procedimentos gravemente antidemocráticos.[148]

Sem a pressão da sociedade civil organizada, o sistema político pode perpetuar-se, inábil a aberturas dialogais, seu modo rotineiro e ilegítimo de atuação, pouco sensível, em suas rotinas ordinárias de trabalho, aos problemas sociais, distantes dos gabinetes governamentais.[149]

4. Intimamente ligada à (in)experiência da democracia, assim configurada historicamente, aparece – e não podia ser diferente –, num ciclo vicioso, a precariedade da cultura dos direitos fundamentais no Brasil.

Afinal, a democracia, amparada nos direitos humanos, é também o espaço fundamental da luta por reconhecimento, ampliação e concretização destes direitos. O sistema jurídico que assegura o *status* de sujeito de direito e, nele, uma existência digna, sem a qual o cidadão claudica na experiência da democracia, é construído e afirmado por meio da participação ativa da cidadania nessa mesma experiência.[150]

---

147   COMPARATO, Fábio Konder. *Para viver a democracia*. São Paulo: Brasiliense, 1989, p. 76.

148   SARAMAGO, *As palavras de Saramago*, 2010, p. 384.

149   HABERMAS, *Direito e democracia*, vol. 02, 2011, p. 90.

150   COMITÊ NACIONAL DE EDUCAÇÃO EM DIREITOS HUMANOS, *Plano Nacional de Educação em Direitos Humanos*, 2007, p. 24; HABERMAS, *Direito e democracia*, vol. 01, 2012, p. 159; HABERMAS, *Direito e democracia*, vol. 02, 2011, p. 41.

É bem verdade, não podem ser negados os avanços experimentados pela população brasileira, no campo dos direitos fundamentais, no período pós Constituição de 1988. E isso, não só em termos de legislação, mas também de políticas e de ações das esferas governamentais e das organizações da sociedade civil.[151] Aliás, com os Planos Nacionais de Direitos Humanos (Decretos Federais n°s 1.904/1996, 4.229/2002 e 7.037/2009), estes adquiriram, no país, o status de política pública, "Vale dizer, a proteção aos direitos humanos não é mais concebida como fruto do acaso, como um incidente de percurso, mas passa a ser objeto de planejamento governamental".[152]

Contudo, passados mais de vinte e cinco anos da promulgação da Constituição, a aprendizagem da democracia, a partir de sua própria experiência incipiente, convive, ainda, com uma realidade que reflete de modo bastante *distorcido* os direitos fundamentais constitucionalmente reconhecidos:

> Ainda há muito para ser conquistado em termos de respeito à dignidade da pessoa humana, sem distinção de raça, nacionalidade, etnia, gênero, classe social, região, cultura, religião, orientação sexual, identidade de gênero, geração e deficiência. Da mesma forma, há muito a ser feito para efetivar o direito à qualidade de vida, à saúde, à educação, à moradia, ao lazer, ao meio ambiente saudável, ao saneamento básico, à segurança pública, ao trabalho e às diversidades cultural e religiosa, entre outras.[153]

---

151 NÚCLEO DE ESTUDOS DA VIOLÊNCIA (NEV/USP). *5o Relatório nacional sobre os direitos humanos no Brasil (2001-2010)*. São Paulo: Universidade de São Paulo/Núcleo de Estudos da Violência, 2012, p. 10.

152 PIOVESAN, *Temas de direitos humanos*, 2003, p. 346.

153 COMITÊ NACIONAL DE EDUCAÇÃO EM DIREITOS HUMANOS, *Plano Nacional de Educação em Direitos Humanos*, 2007, p. 23.

Educação para a democracia no Brasil   99

A análise, ainda que superficial do contraposto fático dos direitos fundamentais, no Brasil, são suficientes para revelar um retrato preocupante da situação nacional.

Com efeito, a inviolabilidade do direito humano mais primordial, a vida, torna-se falácia diante de uma taxa nacional de mortalidade por homicídios, em 2012, de 29 por 100 mil habitantes, num total de 56.337 homicídios.[154] O número, comparável a de uma guerra civil, impressiona quando comparado a de países como os Estados Unidos, em que a taxa está em torno de cinco, e à França, em que não chega a dois homicídios.[155]

Essa realidade se mostra mais cruel quando se observa a participação considerável, na composição da taxa, de homicídios decorrentes de violência policial, isto é, do assassinato sistemático cometido pelo Estado anistiado pelos crimes praticados durante duas décadas de Ditadura Militar. Reminiscência do autoritarismo, orientado, agora, pelo critério da vulnerabilidade socioeconômica.[156] Dados da *Relatoria Especial da ONU para Execuções extrajudiciais, Sumárias ou Arbitrárias* constatam que, em 2007, 18% dos homicídios ocorridos no Estado do Rio de Janeiro haviam sido cometidos pela Polícia.[157] No Estado de São Paulo, dados da Secretaria de Segurança Pública revelam que, entre 2001 e 2011, as polícias paulistas (Militar e Civil) mataram juntas, "em serviço", 5591 pessoas, uma média de 508 pessoas por ano.[158]

---

154   WAISELFISZ, Julio Jacobo. *Mapa da violência 2014. Os jovens do Brasil.* Versão Preliminar. Rio de Janeiro: FLACSO/Brasil, 2014.

155   NÚCLEO DE ESTUDOS DA VIOLÊNCIA (NEV/USP), *4º Relatório nacional sobre os direitos humanos no Brasil*, 2010, p. 09.

156   PIOVESAN, *Temas de direitos humanos*, 2003, p. 348 e 349.

157   NÚCLEO DE ESTUDOS DA VIOLÊNCIA (NEV/USP), *4º Relatório nacional sobre os direitos humanos no Brasil*, 2010, p. 10.

158   CUBAS, Viviane de Oliveira. Violência policial em São Paulo (2001-2011). In: NÚCLEO DE ESTUDOS DA VIOLÊNCIA (NEV/USP). *5º Relatório nacional sobre os direitos humanos no Brasil* (2001-2010), 2012, p. 114.

Soma-se a isso, no âmbito da sociedade marcada pela "desigualdade fundamental",[159] a vida vivida indignamente por grande parcela da população, sem a garantia do mínimo existencial.[160]

Pois, enquanto o grupo populacional dos 10% mais ricos concentra em torno de 44% da riqueza nacional, o contingente dos 10% mais pobres detém não mais que 1% da renda do país. O crescimento econômico do país, que chegou a alçá-lo à condição de 6ª economia mundial, em 2012, em termos de produto interno bruto, contrasta, ainda, com outro Brasil, da perversa desigualdade na distribuição da renda, no qual metade das famílias sobrevive com rendimento mensal per capita não superior ao salário-mínimo.[161]

Feito o recorte da desigualdade da renda, tomando como referência o gênero e a cor da pele, salta aos olhos, também, a discriminação sofrida, no Brasil, por mulheres, negros e pardos. O rendimento mensal da população feminina é, em média, 40% inferior à da masculina; já o da população negra e parda é aproximadamente 45% menor do que o da população branca.[162]

A exclusão e desigualdade aparecem refletidas, também, no desrespeito aos direitos sociais.

Nesse sentido, citam-se, a título de exemplo, as dificuldades enfrentadas pela população que necessita dos serviços públicos de saúde, como a falta de médicos e as longas filas para o atendimento;[163] o déficit habitacional brasileiro, em torno de cinco milhões de moradias (8,53%);[164] e os

---

159   BENEVIDES, *A cidadania ativa*, 2003, p. 194.

160   SARLET, *Dignidade da pessoa humana e direitos fundamentais na Constituição Federal de 1988*, 2011, p.111.

161   NÚCLEO DE ESTUDOS DA VIOLÊNCIA (NEV/USP), *4º Relatório nacional sobre os direitos humanos no Brasil*, 2010, p. 15 e 16.

162   *Ibidem*, p. 21 a 23.

163   INSTITUTO DE PESQUISA ECONÔMICA APLICADA (IPEA). *Sistema de Indicadores de Percepção Social (SIPS)*. Saúde. Brasília, 2011, p. 15.

164   LIMA NETO, Vicente Correia e outros. *Nota Técnica no 05. Estimativas do déficit habitacional brasileiro (PNAD 2007-2012)*. Brasília: IPEA, novem-

Educação para a democracia no Brasil   101

graves problemas nacionais de saneamento básico, direito que, elementar em termos de qualidade de vida, embora não previsto expressamente no Art. 6º da Constituição Federal, não pode ser descolado dos direitos sociais, diante forma que os afeta, em seu conjunto.[165] E, em relação a este tema, impressiona que mais da metade dos domicílios brasileiros (56%) nem sequer tem acesso ao serviço de esgotamento sanitário por rede coletora, considerado o sistema apropriado. Na região Nordeste, o acesso se limita a aproximadamente 22%; na região Norte, não chega a 4%. E a estatística não responde sobre a qualidade do serviço ou "se o esgoto, depois de recolhido, é tratado".[166]

Por fim, o direito à educação, na modalidade privilegiada pelo Estado, a escolar.[167]

Não obstante o supramencionado "sofisticado e singular arcabouço jurídico de proteção, promoção e garantia",[168] e, reconheça-se, os avanços experimentados, notadamente em termos quantitativos, a situação nacional é ainda preocupante.

O Brasil está perto de cumprir, com atraso, a meta de universalização do ensino fundamental, conforme o objetivo previsto no Plano Nacional de Educação 2001-2010 (Lei nº 10.172/2001). Atende em torno de 98% das crianças e adolescentes dos seis aos quatorze anos. Entretanto, estendido, por meio da Emenda Constitucional nº 59/2009, o direito público subjetivo ao ensino obrigatório e gratuito às crianças dos quatro

---

bro/2013, p. 02 a 04. Conforme esclarece a Nota Técnica, o *indicador* afere a necessidade de incremento do estoque de moradias, incapaz de atender dignamente a população, considerando: habitações precárias, coabitação familiar; ônus excessivo de aluguel; e adensamento excessivo em domicílios locados.

165   INSTITUTO BRASILEIRO DE GEOGRAFIA E ESTATÍSTICA (IBGE). *Pesquisa Nacional de Saneamento Básico – PNSB 2008*. Rio de Janeiro, 2010, p. 40.

166   *Ibidem*, p. 40 e 41.

167   SAVIANI, *A nova lei da educação*, 2004, p. 03.

168   RANIERI, *O estado democrático de direito e o sentido da exigência de preparo para o exercício da cidadania, pela via da educação*, 2009, p. 380.

aos dezessete anos, o retrato fica mais incômodo. A taxa de escolarização dessa faixa da população não supera 92%[169].

O problema educacional brasileiro, porém, não se limita a este dado *quantitativo*. Resultados apresentados, pelo país, na avaliação do Programa PISA – como mencionado na *Introdução* – e, ainda, no âmbito do *Indicador de Alfabetismo Funcional (INAF) – Brasil 2011*[170] revelam a grave fragilidade qualitativa da escola brasileira, frente à tarefa mais elementar de ensinar a ler e escrever.

Segundo o Indicador citado, 27% da população brasileira na fixa etária dos 15 aos 64 anos são *analfabetas funcionais*. Isto é, são *absolutamente analfabetas* ou dispõem apenas de um *nível rudimentar de alfabetismo*.[171] E o que é pior: permanecem com a condição de *analfabetos*

---

169   Dados oficiais, referentes ao Censo Demográfico 2010, compilados pela organização não governamental *Todos pela Educação*. Disponível em: http://www.todospelaeducacao.org.br/educacao-no-brasil/numeros-do-brasil/brasil/?ano=2011. Acesso em 25/05/2013.

170   AÇÃO EDUCATIVA/INSTITUTO PAULO MONTENEGRO. *INAF BRASIL 2011*: Indicador de Alfabetismo Funcional. Principais resultados. São Paulo, 2012.

171   O Indicador trabalha com quatro níveis de alfabetismo: I) *analfabetismo*, que "corresponde à condição dos que não conseguem realizar tarefas simples que envolvem a leitura de palavras e frases ainda que uma parcela destes consiga ler números familiares (números de telefone, preços, etc.)"; II) *nível rudimentar*, que indica a "capacidade de localizar uma informação explícita em textos curtos e familiares (...), ler e escrever números usuais e realizar operações simples, como manusear dinheiro para o pagamento de pequenas quantias ou fazer medidas de comprimento usando fita métrica"; III) *nível básico*, no qual as pessoas são consideradas funcionalmente alfabetizadas, "pois já leem e compreendem textos de média extensão, localizam informações mesmo que seja necessário realizar pequenas inferências, leem números na casa dos milhões, resolvem problemas envolvendo uma sequência simples de operações e têm noção de proporcionalidade"; IV) *nível pleno*, em que as pessoas não encontram óbices para compreender e interpretar textos em situações usuais; "leem textos mais longos, analisando e relacionando suas partes, comparam e avaliam informações, distinguem fato de opinião, realizam inferências e sínteses. Quanto à matemática, resolvem problemas que exigem maior planejamento e controle, envolvendo percentuais, proporções

funcionais 26% da população que completa o ensino fundamental, 8% dos que concluem o ensino médio e, pasme-se, 4% dos que concluem o ensino superior. Ainda em relação à faixa com formação superior, apenas 62% são alfabetizados num *nível pleno*.[172]

Assim conformada, a cidadania que atualizaria o Estado Democrático de Direito é marcada por graves violações e a sobrevivência de problemas históricos de desigualdade e de exclusão social.[173] Enfrenta, ainda, o desrespeito aos direitos mais básicos, indispensáveis à constituição digna da pessoa, como sujeito de direito, capaz de participar ativa e racionalmente da vida social.

Na dialética dos progressos experimentados na vivência da democracia, se problemas sociais foram superados, outros se mantiveram, muitos se agravaram. E o Brasil convive, ainda, com a desigualdade, a pobreza extrema, a violência, a oferta inadequada de serviços públicos de saúde, educação, saneamento básico, dentre outros.[174] Tudo a dificultar a consolidação daquela ambiência democrática que, superando a deturpação meramente formal-representativa atual, poderia alavancar a solução de tantas mazelas e injustiças sociais.

Experiência, educação e democracia

Eis, afinal, o *lugar* a partir do qual se fala. Efeito de continuidade experiencial, instituições, hábitos e práticas ligadas à inexperiência democrática – a tradição do autoritarismo, do não-diálogo, do paternalismo, do patrimonialismo e do desrespeito aos direitos humanos – per-

---

e cálculo de área, além de interpretar tabelas de dupla entrada, mapas e gráficos" (*Ibidem*, p. 04).

172   *Ibidem*, p. 07.

173   NÚCLEO DE ESTUDOS DA VIOLÊNCIA (NEV/USP), *4º Relatório nacional sobre os direitos humanos no Brasil*, 2010, p. 09.

174   CARVALHO, *Cidadania no Brasil*, 2010, p. 08.

manecem vivas sob a nova ordem constitucional, limitando, no âmbito da sociedade injusta e desigual, o alcance das transformações.[175]

Atualizam-se como herança que contradiz a interação social, na esfera pública, como espaço de diálogo, do convencimento e do entendimento, sem o que é impensável a democracia.[176] Desabilitam o cidadão à participação, em igualdade de condições, na solução de problemas comuns e na formação racional da vontade. Repetem a experiência da democracia reduzida ao momento eleitoral, o *eleitorismo*.[177] Renovam o sistema político alheio e irresponsável em relação à sociedade civil que lhe cumpriria representar[178]. Degeneram laços sociais de solidariedade, no âmbito da sociedade individualista, aberta à "linguagem" da violência,[179] quase *hobbesiana*, na qual, na expressão de Milton Friedman, não se reconhece nenhum objetivo comum "a não ser o conjunto de propósitos pelos quais os cidadãos lutam separadamente".[180] Promove, na desilusão quanto à eficácia dos procedimentos democráticos para as necessárias reformas sociais,[181] o líder paternalista e taumaturgo, com soluções prontas e rápidas.[182]

No ciclo vicioso em que, em termos de efetividade, menos de direitos humanos implicou menos democracia e menos democracia acarretou menos direitos humanos, o Estado Democrático de Direito, amparado juridicamente em vigoroso rol de direitos fundamentais, não se realizou só com a promulgação técnico-jurídica (ainda que, ressalta-se,

---

175 MOISÉS, *Os brasileiros e a democracia*, 1995, p. 27.

176 WEFFORT, *Por que democracia?*, 1984, p. 46; BENEVIDES, *A cidadania ativa*, 2003, p. 19.

177 MOISÉS, *Os brasileiros e a democracia*, 1995, p. 35.

178 BERCOVICI, *Tentativa de instituição da democracia de massas no Brasil*, 2009, p. 378; BENEVIDES, *A cidadania ativa*, 2003, p. 25.

179 BITTAR, *O direito na pós-modernidade*, 2009, p. 250, 257 e 264.

180 FRIEDMAN, Milton. *Capitalismo e Liberdade*. Trad. Luciana Carli. São Paulo: Abril Cultural, 1984, p. 11.

181 CARVALHO, *Cidadania no Brasil*, 2010, p. 08 e 219.

182 FAORO, *Os donos do poder*, 1995, p. 744.

Educação para a democracia no Brasil   105

dela não prescinda). E parece certo, também, que, abandonadas as meta-narrativas que prediziam o futuro, não se constituirá como reflexo necessário de uma "suposta necessidade histórica".[183]

Diante de uma experiência antidialógica, é de se esperar que a maioria oprimida "hospede" dentro de si a antipatia pelo diálogo. Faz perdurar, no horizonte existencial, determinado pelas próprias experiências, "a sombra testemunhal do antigo opressor", que "continua a ser o seu testemunho de 'humanidade'".[184] Retratando o cotidiano brasileiro da segunda metade do Século XIX, Machado de Assis narra a história do escravo Prudêncio, o "cavalo de todos os dias" do ainda menino Brás Cubas e por ele fustigado. Depois de liberto, teve também o seu escravo, que vergalhava em praça pública: "Era o modo que o Prudêncio tinha de se desfazer das pancadas recebidas – transmitindo-as a outro".[185]

Contudo, se na configuração do presente, o peso do passado legado não pode ser subestimado, ele também não lhe empresta a força invencível, "em virtude da qual deveríamos ficar eternamente incapacitados ao exercício mais autêntico da democracia".[186] A constatação da realidade brasileira e sua inexperiência em termos de democracia, "não significa congelá-la para todo o sempre".[187]

Na incompletude da experiência da democracia distingue-se a perspectiva hermenêutica do projeto inacabado de modernidade, integrada ao plano constitucional. E isso, dentro de uma abordagem crítica,

---

183   WEFFORT, *Por que democracia?*, 1984, p. 31.

184   FREIRE. Paulo. *Pedagogia do oprimido*. 50ª ed. Rio de Janeiro: Paz e Terra, 2011, 43 e 45.

185   ASSIS, Machado de. *Memórias Póstumas de Brás Cubas*. 18ª Ed. São Paulo: Ática, 1992, p. 32, 33 e 101.

186   FREIRE, *Educação como prática de liberdade*, p. 89 e 90.

187   BENEVIDES, *A cidadania ativa*, 2003, p. 195.

que, aprendendo com os desacertos extraídos da história, possibilita reconquistar a tradição moderna emancipatória não realizada.[188] É nesse sentido, à luz do projeto constitucional promulgado em 1988, que o Estado Democrático de Direito tem de se atualizar e se renovar dinamicamente, num caminho penoso e falível.[189] Eis, afinal, a perspectiva que se assume a partir de uma fundamentação filosófica em John Dewey e Jürgen Habermas.

No *continuum* experiencial, "Os homens não podem facilmente livrar-se de seus velhos hábitos de pensar e nunca podem livrar-se deles de uma só vez". Afinal, "Ao desenvolver, ensinar e receber novas ideias, somos compelidos a usar algo das antigas como instrumento de compreensão e comunicação".[190]

A consolidação da democracia não pode senão partir do instituído – o sistema de normas e valores, os padrões culturais e instituições sociais dadas –, trabalhando, a partir dele, com as *possibilidades precárias de nosso tempo*.[191] Somente pode ser pensada no exercício continuado, ainda que imperfeito, pela cidadania, da própria democracia, valendo--se, assim, do potencial educacional de sua experiência, em que pese as "deformações e negações de nossa realidade política".[192]

---

188   BITTAR, *Justiça e emancipação*, 2011, p. 110; HABERMAS, Jurgen. Modernidade – um projeto inacabado. In: ARANTES, Otília B. Fiori e ARANTES, Paulo Eduardo. *Um ponto cego no projeto moderno de Jurgen Habermas*: *arquitetura e dimensão estética depois das vanguardas*. São Paulo: Brasiliense, 1992, p. 118; PINZANI, Alessandro. *Habermas*. Porto Alegre: Artmed, 2009, p. 77.

189   MOISÉS, *Os brasileiros e a democracia*, 1995, p. 84; HABERMAS, *Direito e democracia*, vol. 02, 2011, p. 119.

190   DEWEY, John. *Reconstruction in philosophy*. Mineola/New York: Dover Publication, 2004, p. 43.

191   MELO, Tarso de. Direitos Sociais e Resistência. Seminário proferido no âmbito da disciplina *Direitos Humanos Fundamentais* do Programa de Pós-graduação *Stricto Sensu* da Universidade de São Paulo. São Paulo, 02/05/2011.

192   DUARTE, *A ordem privada e a organização política nacional*, 1939, p. 203.

Passa, necessariamente, pela gradual e progressiva formação de hábitos, práticas e instituições democráticas. Passa pela educação colada à experiência da participação, do diálogo, enfim, da democracia, sob o amparo de direitos humanos.

É ciente de todas as contradições que se estabelecem na experiência social e das condições objetivas do presente "sobrecarregado" que nos debruçamos sobre a educação, o espaço central da modernidade para o esclarecimento, como *locus* para o esforço da consolidação democrática. Tal é a aposta para o florescimento daquele fermento contido, daquela rasgadura evitada, referida por Raymundo Faoro, cuja contenção forjou uma civilização "marcada pela veleidade". Uma "claridade opaca, luz coada pelo vidro fosco"; coberta, sobre o esqueleto de ar, pela "túnica do passado inexaurível, pesado, sufocante".[193]

A reflexão se coloca, enfim, diante da questão da medida de nossa *impotência*: em que ponto deve alquebrar-nos em conformismo; mas, por outro lado, até que ponto desautoriza ao movimento crítico em direção a uma experiência melhor.

---

193 FAORO, *Os donos do poder*, 1995, p. 748.

II.
Educação e democracia na filosofia social de John Dewey

Em menção que se torna *lugar-comum* na apresentação de John Dewey, Richard Rorty coloca-o, juntamente com Martin Heidegger e Ludwig Wittgenstein, no seleto trio dos *mais importantes filósofos* do Século XX. Destaca, no pensamento dos autores, a "mensagem historicista", que rompe com o "tradicional padrão cartesiano-kantiano" da filosofia moderna.[1]

Sem adentrar na questão do acerto de Rorty, em sua eleição, tampouco da adequação dos critérios por ele utilizados para tanto, importa ressaltar que, de par com o reconhecimento da importância de Dewey – não limitada, absolutamente, à tradição do *pragmatismo* norte-americano, em que se inserem os dois filósofos –, não caminhou, na ambiência filosófica que lhe sucedeu, a equivalente atenção e compreensão de suas ideias.

Dewey, é verdade, exerceu grande influência no cenário filosófico de seu país, os Estados Unidos, na primeira metade do século passado.[2] Sobressai como nome associado à reflexão sobre a educação na sociedade democrática.

Influenciou, inclusive, os caminhos da educação brasileira. Fez-se presente no movimento da *Escola Nova*, no país, ativo participante dos

---

1 RORTY, Richard. *A filosofia e o espelho da natureza*. Trad. Jorge Pires. Lisboa: Publicações Dom Quixote, 1988, p. 16 e 19.

2 BERNSTEIN, Richard J. The resurgence of pragmatism. *Social research*, vol. 59, nº 4, 1992, p. 815.

debates políticos e legislativos sobre a educação nacional, sobretudo nas décadas de 1930 a 1960. E isso, principalmente, por meio do trabalho de Anísio Teixeira,[3] grande expoente, no Brasil, da filosofia deweyana.[4]

Não obstante, é notável, na história do Século XX, o quanto pesou sobre o autor e, em geral, sobre toda tradição filosófica pragmatista, na forma como construída em seu momento inicial, um misto de desatenção e má-interpretação, mitigado, é verdade, com o recente "ressurgimento" de seus temas e reflexões.[5]

O pragmatismo, vale lembrar, constitui momento relevante, talvez o mais distinto, da história da filosofia norte-americana, remontando a um grupo heterogêneo de pensadores, com destacada atividade intelectual, a partir do final do Século XIX. Inclui, além de Dewey, pensadores como Charles S. Peirce, William James e, destaca-se aqui, George Herbert Mead que, tendo atuado com Dewey nas Universidades de Michigan

---

3   Anísio Teixeira foi aluno de Dewey, tendo se destacado como o principal representante, no Brasil, do movimento da *Escola Nova*, na linha pragmatista deweyana. Além de sua extensa produção teórica, na temática educacional, importa ressaltar sua atuação como coordenador do então Instituto Nacional de Estudos Pedagógicos – INEP (Hoje, *Instituto Nacional de Estudos e Pesquisas Educacionais Anísio Teixeira*), de 1952 até o Golpe Militar de 1964, fazendo deste órgão do Ministério da Educação, no período, um espaço privilegiado para a "difusão do ideário pragmatista, difusão essa que se fazia não só através das suas numerosas publicações (inclusive didáticas) e dos cursos e conferências que promovia, mas também das escolas experimentais a ele vinculadas" (MENDONÇA, Ana Waleska P. C. e outros. Pragmatismo e desenvolvimentismo no pensamento educacional brasileiro dos anos de 1950/1960. *Revista Brasileira de Educação*, v. 11 nº 31 jan./ abr. 2006, p. 99). Entre essas publicações, citam-se duas conferências que integram as referências bibliográficas desta tese: *A educação e o ideal democrático* (1960), de Harold Benjamin, e *Importância da teoria em educação* (1961), de John Brabucher.

4   GHIRALDELLI JUNIOR, Paulo. *Filosofia e história da educação brasileira*. Barueri: Manole, 2003, p. 45.

5   JOAS, Hans. *Pragmatism and social theory*. Chicago: University of Chicago Press, 1993, p. 02.

Educação para a democracia no Brasil   111

(1884-1894) e de Chicago (1894-1904), aparece como importante referência à perspectiva psicológica incorporada ao seu trabalho.[6]

No entanto, já em meados do século passado, as reflexões centrais do *pragmatismo* e, dentro dele, o pensamento deweyano, foram relegadas do ambiente acadêmico norte-americano, dominado pela *filosofia analítica*, pela influência de pensadores, fugidos do nazi-fascismo europeu e ligados ao *positivismo lógico* do denominado *Círculo de Viena*.[7]

Deixando de lado a discussão se, nesse momento, teria havido uma verdadeira ruptura com o legado pragmatista ou, tão somente, uma segunda fase do movimento,[8] certo é que, a partir dos anos 1950, autores pragmatistas "clássicos" acabaram considerados como antiquados e de pequena relevância.[9] Apenas "um resíduo otimista e ingênuo do antigo liberalismo, desacreditado pela Depressão e pelos horrores da Guerra, e praticamente expulso dos departamentos de filosofia pela escola reinante, a filosofia analítica".[10]

A "versão do pragmatismo de Dewey", mesmo antes da morte do filósofo, em 1952, entrava, de um modo geral, num período de esqueci-

---

6   BERNSTEIN, *The resurgence of pragmatism*, 1992, p. 813 e 833; MURARO, Darcísio Natal. *A importância do conceito no pensamento deweyano*: relações entre pragmatismo e educação. (Doutorado – Programa de Pós-graduação em Educação. Área de concentração: Educação e filosofia). Faculdade de Educação da Universidade de São Paulo, 2008, p. 36 e 37.

7   BERNSTEIN, *The resurgence of pragmatism*, 1992, p. 815 e 816; HICKMAN, Larry A (ed.). *Reading Dewey. Interpretations for a postmodern generation*. Bloomington/Indianapolis: Indiana University Press, 1998, p. XII.

8   GHIRALDELLI JUNIOR, Paulo. "Pragmatismo e neopragmatismo". In: RORTY, Richard. *Para realizar a América. O pensamento de esquerda no Século XX na América*. Trad. Paulo Ghiraldelli Jr., Alberto Tosi Rodrigues e Leoni Henning. Rio de Janeiro: DP&A Editora, 1999, p. 08 e 09.

9   HICKMAN, *Reading Dewey*, 1998, p. XII.

10   DICKSTEIN, Morris. "Pragmatism Then and Now". In: *The Revival of Pragmatism*: new essays on social thought, law and culture. Durham/London: Duke University Press, 1998, p. 01.

mento.[11] Referindo-se à "álgida apatia quanto à obra do grande filósofo norte-americano", Jayme de Abreu destacava o "quase anonimato com que passou, no Brasil, o centenário de Dewey", em 1959, incompatível com a "importância de sua obra no campo da filosofia e, particularmente, no da filosofia da educação".[12]

E, à desatenção, somam-se as constantes distorções nas citações ao autor.

O filósofo é, inclusive, citado como exemplo instrutivo da perda de conteúdo sofrida por teorias formuladas primeiramente de modo sistemático e cuidadoso, em traduções simplistas, fragmentos de impacto, que, no seu caso, "serviram como slogans para novas tendências progressistas da educação norte-americana".[13]

Aclamado, por muitos, como o "Filósofo da América",[14] Dewey foi, depois, negligentemente encerrado em reduções desatentas que atingiam, afinal, as linhas filosóficas e pedagógicas a que se ligava, confundidas com vícios da cultura norte-americana na qual radicavam.

Concepções do pragmatismo e, conforme se referia, do experimentalismo e do instrumentalismo foram vinculadas equivocadamente ao "mercantilismo excessivo da vida americana", ao seu individualismo "irrefletido e brutal". Nesse sentido, como destaca o autor, talvez em função de reações irrefletidas a associações verbais ordinárias com as palavras "instrumental" e "prática", acabaram identificadas com "aspectos da

---

11 RORTY, Richard. *Consecuencias del pragmatismo.* Trad. José Miguel Esteban Cloquell. Madrid: Tecnos, 1996, p. 241.

12 ABREU, Jayme. "Atualidade de John Dewey". In: BRABUCHER, John S. *Importância da teoria em educação.* Trad. Beatriz Osório. Série VII – Cursos e conferências Vol. 3. Rio de Janeiro: Instituto Nacional de Estudos Pedagógicos – INEP/MEC, 1961, p. 11 e 12. Jayme de Abreu integrou o grupo de estudiosos da educação no Instituto Nacional de Estudos Pedagógicos – INEP, atuando, junto com Anísio Teixeira, na difusão da filosofia deweyana no Brasil.

13 SCHEFFLER, Israel. *A linguagem da educação.* Trad. Balthazar Barbosa Filho. São Paulo: Edusp/Saraiva, 1974, p. 47 e 48.

14 HICKMAN, *Reading Dewey*, 1998, p. IX.

Educação para a democracia no Brasil

vida americana que fazem da ação um fim em si mesmo e que concebem os fins de maneira estreita".[15]

Tudo isso, portanto, perdendo de vista que a tradição norte--americana do pragmatismo não faz dele uma filosofia presa, de modo inexorável, aos defeitos daquela cultura:[16] "Os pragmatistas não foram apologistas do *status quo*. Eles estavam entre os mais implacáveis críticos da sociedade americana por não efetivar sua promessa democrática".[17] Enfim, como destaca o próprio Dewey:

> Ao considerar um sistema filosófico em suas relações com fatores nacionais, é necessário manter em mente não somente aqueles aspectos da vida que estão incorporados no sistema, mas também os aspectos contra os quais o sistema protesta. Nunca houve um filósofo que tenha merecido tal título simplesmente pela razão de haver glorificado as tendências e características de seu ambiente social; assim como nunca houve um filósofo que não tenha sido influenciado por certos aspectos da vida de seu tempo, idealizando-os.[18]

Na esteira das leituras desatentas e distorcidas e, agora, no âmbito da reflexão pedagógica *progressiva* do autor, foi adjetivada de proposta burguesa e elitista,[19] no contexto da disputa ideológica que marcou a Guerra Fria e na demarcação dos espaços entre a "pedagogia

---

15   DEWEY, John. O desenvolvimento do pragmatismo americano. Trad. Renato Rodrigues Kinouchi. *Scientiae Studia*. São Paulo, v. 5, nº 2, junho/2007, p. 229, 230, 241 e 242.

16   *Ibidem*, p. 229 e 230.

17   BERNSTEIN, *The resurgence of pragmatism*, 1992, p. 815.

18   DEWEY, *O desenvolvimento do pragmatismo americano*, 2007, p. 230.

19   GADOTTI, Moacir. *História das ideias pedagógicas*. 8ª ed. São Paulo: Ática, 2002, p. 144.

burguesa de inspiração liberal e o âmbito da pedagogia socialista de inspiração marxista".[20]

Criticando o descaminho fático de escolas novas no Brasil, Dermeval Saviani ressalta dado importante, mas que, absolutamente, não esgota o valor e as possibilidades dessa experiência educacional: organizando-se basicamente em torno de "escolas experimentais ou como núcleos raros, muito bem equipados e circunscritos a pequenos grupos de elite", aprimoraram, tão somente, a "qualidade do ensino destinado às elites". Com isso, o real destinatário e beneficiário da "democracia" do movimento: "Não foi o povo, não foram os operários, não foi o proletariado. Essas experiências ficaram restritas a pequenos grupos, e nesse sentido elas se constituíram, em geral, em privilégios para os já privilegiados".[21]

No final das contas, dentre as críticas oriundas do pensamento socialista, em suas diferentes vertentes, irrogaram a Dewey, os mais exaltados, a pecha de "filósofo da burguesia imperialista", "a serviço do grande patronato".[22] Pelo menos, um educador que, buscando "a convivência democrática sem, porém, por em questão a sociedade de classes", não passaria, na alcunha dada por Luiz Antônio Cunha, de um "elitista ingênuo".[23]

Mas, pior, a censura a Dewey não se restringiu ao ponto de vista da esquerda. No lado oposto, à direita, ainda no final dos anos 1950, o autor foi alvo, também, de críticas conservadoras dentro da própria sociedade norte-americana. Confundida sua filosofia educacional, sem

---

20 SAVIANI, Dermeval. *Escola e democracia*. Edição comemorativa. Campinas: Autores associados, 2008, p. xxxix.

21 *Ibidem*, p. 08, 09 e 39.

22 MENDONÇA e outros, *Pragmatismo e desenvolvimentismo no pensamento educacional brasileiro dos anos de 1950/1960*, 2006, p. 99 e 100.

23 GADOTTI, *História das ideias pedagógicas*, 2002, p. 143; GADOTTI, Moacir. *Pensamento pedagógico brasileiro*. São Paulo: Ática, 1991, p. 81.

Educação para a democracia no Brasil   115

razão, com o não-diretivismo, foi acusado de frouxidão, de complacência
excessiva e de ausência de disciplina.[24]
Foi "responsabilizado" pelas deficiências do sistema educacional
dos Estados Unidos, considerado em crise diante de alegada inaptidão,
na disputa com o mundo soviético – o socialismo real –, à formação de
pessoal necessário ao atendimento das demandas do progresso científico
e tecnológico.[25] A escola progressiva estaria fazendo o país "progredir"
mas na direção "da deseducação, do embaraço à educação, do dano ao ser
humano em desenvolvimento, do grave risco à estabilidade cultural".[26]
No fim das contas, o nome de Dewey, conforme H. Benjamin se
referiu com ironia, passou a evocar a "sinistra figura de um professor de
filosofia que é de algum modo responsável pelo fato 'de não ser o neto de
meu irmão capaz de ler tão bem quanto eu o fazia na sua idade'".[27]
Nesse cenário, é difícil afirmar um impacto prático relevante e
duradouro das concepções e propostas pragmatistas e progressivas do
filósofo. Nem mesmo no sistema educacional norte-americano, onde "os
métodos por ele descritos não foram amplamente adotados tampouco
estabeleceram mudanças fundamentais nas escolas". Fundamentando-se
em pesquisa sobre o desenvolvimento da organização escolar dos Estados Unidos, desde 1880, Leonard Waks ressalta que as estruturas permaneceram "'extraordinariamente estáveis' e 'extraordinariamente dura-

---

24   BRUBACHER, John S. *Importância da teoria em educação*. Trad. Beatriz
      Osório. Série VII – Cursos e conferências Vol. 3. Rio de Janeiro: Instituto
      Nacional de Estudos Pedagógicos – INEP/MEC, 1961, p. 61 e 62.

25   MENDONÇA e outros, *Pragmatismo e desenvolvimentismo no pensamento
      educacional brasileiro dos anos de 1950/1960*, 2006, p. 99, 100 e 103; GHI-
      RALDELLI JUNIOR, *Filosofia e história da educação brasileira*, 2003, p.
      157 e 158.

26   BELL, Bernard Iddings. *Crisis in education*: a challenge to American com-
      placency. New York: Whittlesey House, 1949, p. 29.

27   BENJAMIN, Harold R. W. *A educação e o ideal democrático*. Trad. Beatriz
      Osório. Série VII – Cursos e conferências Vol. 02. Rio de Janeiro: Instituto
      Nacional de Estudos Pedagógicos – INEP/MEC, 1960, p. 31 e 32.

douras', não obstante notáveis mudanças na taxa de participação escolar, nas filosofias educacionais e nas políticas educacionais dos governos".[28] Enfim, em sua essência, o programa deweyano jamais se enraizou na educação de seu país.[29] A recepção ao seu pensamento, destaca Anísio Teixeira, não superou "aspectos superficiais e secundários". Ele não foi absorvido, absolutamente, "na sua mais fecunda parte original, no seu esforço de conciliação das contradições e conflitos da vida moderna". Dewey foi um simples precursor, não havendo maior erro "do que supô-lo seguido e, ainda menos, dominante no sistema escolar norte-americano".[30]

Como resultado dessa trajetória histórica, a referência à filosofia social e educacional deweyana não pode descurar da desatenção, distorções e mal-entendidos que acompanharam sua apreensão. Reforçam a importância, seja para defendê-la, seja para a ela se opor, da "leitura e o estudo cuidadoso do que Dewey realmente disse".[31]

Essa revisita consistente e crítica ao amplo âmbito da teoria social deweyana tem, também, seu lugar. Isso não pode ser negado. Sobreviveu, ainda que pontualmente, mesmo no cenário norte-americano da segunda metade do Século XX[32], e ganha força com o "ressurgimento" do pragmatismo ou terceira fase do movimento, a partir dos anos 1990, na

---

28   WALKS, Leonard J. John Dewey and the challenge of progressive education. *International journal of progressive education*. Vol. 09, n° 01, 2013, p. 77 e 78.

29   *Ibidem*, p. 77 e 78.

30   TEIXEIRA, Anísio. Filosofia e educação. *Revista Brasileira de Estudos Pedagógicos*. Rio de Janeiro, v.32, n.75, jul./set. 1959.

31   BRUBACHER, *Importância da teoria em educação*, 1961, p. 82.

32   Destaca-se, nesse sentido, em 1966, a publicação, por Bernstein, da obra *John Dewey*, resultado de seus estudos sobre o filósofo. Ainda no final daquela década, Ann Boydston iniciou reedição da obra de Dewey, "muito dela dispersa e esgotada poucos anos depois de sua morte" (HICKMAN, *Reading Dewey*, 1998, p. XII).

Educação para a democracia no Brasil 117

revisita aos autores e temas pragmatistas "clássicos".[33] Hans Joas destaca, nesse cenário, o caráter extremamente atual do pragmatismo, atestado diante do fato de que:

> (..) grande parte dos principais representantes da filosofia norte-americana contemporânea situam-se expressamente ou são situados na tradição do pragmatismo. A lista de nomes como Richard Rorty, Richard Bernstein, Stephen Toulmin, Thomas Kuhn, Willard Van Orman Quine, Donald Davidson, Hilary Putnam e Nelson Goldman mostram, em seu melhor, o nível em que o pragmatismo permanece um meio de discurso nas universidades americanas, apesar de lá ter sido severamente restringido por décadas.[34]

E isso não se limita à tradição norte-americana, em que vale a referência, por fim, no âmbito da psicologia, a Lawrence Kohlberg, cujos estudos sobre o desenvolvimento moral remontam à concepção deweyana de *crescimento* e aos *níveis de conduta* que o integram.[35] A influência do *pragmatismo* "ressurgindo" e, dentro dela, da filosofia de Dewey, espraiam-se sobre outras tradições filosóficas. Absorvida por representantes da Escola de Frankfurt, como Habermas e Axel Honneth[36], mitiga a história de *incompreensão* entre a filosofia alemã e o *pragmatismo* norte-americano, de que fala o também alemão Joas[37], ademais de estreitar vínculos no que tange ao tema da democracia.

---

33 BERNSTEIN, *The resurgence of pragmatism*, 1992, p. 833 e 834; GHIRAL-DELLI JUNIOR, *Pragmatismo e neopragmatismo*, 1999, p. 08.

34 JOAS, *Pragmatism and social theory*, 1992, p. 01 e 02.

35 KOHLBERG, Lawrence. *La Democracia en la escuela secundaria: educando para una sociedad mas justa*. Trad. Maria Mercedes Oraison. Chaco: Universidad Nacional del Nordeste, 1992, p. 03 e 04.

36 BERNSTEIN, *The resurgence of pragmatism*, 1992, p. 835; HONNETH, Axel. Democracy as reflexive cooperation: John Dewey and the theory of democracy today. *Political Theory*, vol. 26, n° 06, Dez/1998.

37 JOAS, *Pragmatism and social theory*, 1992, p. 116.

Nessa linha, tomados os devidos cuidados em sua revisita, atentando-se a esse cenário histórico que a envolve, a filosofia social de John Dewey se distingue, hoje, como referencial extremamente original e fecundo para a reflexão a respeito da educação *na* e *para* a democracia, sob a perspectiva crítica revisora da modernidade.

O autor parte de preciso diagnóstico de modernidade em que contrapõe ao reconhecimento do progresso material, científico e tecnológico, experimentado pela humanidade, nossa incapacidade de lidar, inteligentemente, com as questões sociais e morais que nos afligem.[38] Em consequência disso, "o homem tem sofrido o impacto do controle enormemente ampliado das energias físicas, sem nenhuma correspondente habilidade para controlar a si mesmo e suas questões próprias".[39]

Diante disso, traz, ao centro da atenção de sua filosofia reconstruída, os conflitos morais e sociais experimentados cotidianamente. Propõe sua solução racional, inteligente, por meio do pensar reflexivo, orientado à práxis, e, para tanto, a incorporação, pela filosofia, dos benefícios proporcionados pela ciência moderna, compreendida em sua qualidade de um hábito da mente, uma atitude investigativa, metódica, experimental e falibilista.[40]

Tudo isso, para o autor, no âmbito das experiências comunicativas que definem a educação e a democracia: experiências indissociáveis, uma pressupondo e enriquecendo a outra, na direção da emancipação humana.

Atenta em se afastar de um pensar "por meio de opostos extremos",[41] a filosofia social deweyana não significa o rompimento com

---

38   DEWEY, John. *Reconstruction in philosophy*. Mineola/New York: Dover Publications, 2004, p. 44.

39   DEWEY, John. *The public and its problems*. Swallow Press/Ohio University Press/Athens, 1991, p. 175.

40   DEWEY, *Reconstruction in philosophy*, 2004, p. iii, v e 16; DEWEY, John, *Freedom and culture*. Nova York: Prometheus Books, 1989, p. 111.

41   DEWEY, John. *Experiência e educação*. Trad. Renata Gaspar. Petrópolis/RJ: Vozes, 2010, p. 19.

Educação para a democracia no Brasil   119

o projeto moderno. Dewey é, sem dúvida, um filósofo moderno. Porém, é também crítico da modernidade, sem cair em antimodernismos.

Tendo em vista a compreensão profunda dos conceitos de educação e de democracia na filosofia social de Dewey, este capítulo, partindo do diagnóstico de modernidade apresentado pelo autor, analisa, primeiro, as linhas principais por onde caminha sua proposta pragmatista de *reconstrução* filosófica.

Na sequência, debruça-se sobre três construções teóricas do autor, centrais na fundamentação e moldagem de sua filosofia social. Primeiro, a teoria da *experiência*, entendida, em linhas gerais, como a interação contínua entre o sujeito e seu ambiente; entre o fazer e o sofrer as consequências do próprio comportamento.[42] Segundo, sua formulação sobre o *pensar reflexivo, racional*: um processo de "busca do ausente a partir do presente", provocado, necessariamente, por um problema enfrentado no curso da ação.[43] Essas teorias conduzem a uma terceira, fundamental em Dewey, acerca da *constituição social* e do *crescimento* cognitivo e moral do indivíduo, em direção à autonomia, no processo reflexivo e comunicativo, contínuo e reconstrutivo, da experiência.

Pode, então, ser debatido, de modo consistente, o modelo de democracia propugnado por Dewey e por ele descrito como um ideal social e moral que, muito mais do que uma forma de governo, remete ao momento anterior à vida política propriamente dita, qual seja: a vida comunitária. Consolida-se, em síntese, como uma experiência comunicativa, protagonizada pelos membros da sociedade, reunidos num *público*, de

---

42   DEWEY, *Reconstruction in philosophy*, 2004, p. 49; TEIXEIRA, Anísio. "A pedagogia de Dewey (Esboço da teoria de educação de John Dewey)". In: DEWEY, John, *Experiência e natureza*; *Lógica: a teoria da investigação; A arte como experiência; Vida e educação; Teoria da vida moral*. Trad. Murilo O. Rodrigues Paes Leme, Anísio S. Teixeira e Leônidas Gontijo de Carvalho. Coleção *Os Pensadores*. São Paulo: Abril Cultural, 1980, p. 113.

43   DEWEY, John. *How we think*. Mineola, New York: Dover Publications, 1997, p. 09 e 26.

solução cooperativa de problemas de coordenação social, contando, para tanto, com o amparo de uma estrutura político-governamental.[44]

Finalmente, o capítulo trata de sua concepção *progressiva* de educação, a florescer a partir da comunidade democrática e a promovê-la, dialeticamente. É compreendida como o processo contínuo de crescimento cognitivo e moral do sujeito, habilitando-o a "continuar sua educação", autonomamente. Remete, assim, ao desenvolvimento, em interação dialógica, do hábito reflexivo do pensar, agir e conviver, em vista da solução de problemas e lacunas na experiência. Desse modo, o educando amplia e adensa, progressivamente, o *significado* de suas experiências, habilitando-se à direção, inteligente e compartilhada, do curso das experiências ulteriores, individuais e coletivas.[45]

A modernidade e a crítica na filosofia social de John Dewey

O pensamento social de John Dewey descortina-se a partir de diagnóstico da modernidade. Diante dele, alinhado com as preocupações e temas centrais da tradição do *pragmatismo*, em seu momento inicial, apresenta e justifica um programa de *reconstrução* do objeto e da atuação da filosofia.

1. O autor identifica, na modernidade, a interdependência entre a revolução científica e a revolução industrial, estabelecendo uma "ininterrupta e penetrante interação entre a descoberta científica e a aplicação industrial": a indústria moderna é ciência aplicada[46]

---

44 DEWEY, *The public and its problems*, 1991, p. 33, 83, 148 e 149; HONNE-TH, *Democracy as reflexive cooperation*, 1998, p. 775.

45 DEWEY, John. *Democracy and education*. An introduction to the philosophy of education. New York: The Macmillan Company, 1916, p. 63, 89, 90 e 117; DEWEY, *Reconstruction in philosophy*, 2004, p. 106; DEWEY, *Experiência e educação*, 2010, p. 36.

46 DEWEY, *Reconstruction in philosophy*, 2004, p. 24 e 25.

A aplicação especializada da razão promoveu inegável e estrondoso progresso científico e tecnológico. Mas promoveu, ao mesmo tempo, um novo padrão de interação social, caracterizado pela "produção em massa para mercados distantes, pelo cabo e telefone, pela impressão a baixo custo, pela estrada de ferro e pela navegação a vapor", que, se possibilitou a aproximação entre povos e culturas, veio marcado, também, pelo aumento da complexidade, pela instabilidade e pela desintegração das relações humanas. A guerra aparece como "manifestação normal do subjacente estado de desintegração da sociedade".[47]

Pega a humanidade numa "varredura de forças muito vastas para entender e dominar", os progressos experimentados influenciam, basicamente, os meios de vida social e não seus fins. E estes acabam definidos de modo muito mais casual, circunstancial, pervertendo-se, de qualquer forma, em "fins pecuniários em proveito de poucos", "objetivos que visam poder e vantagens pessoais".[48]

As conquistas técnicas e econômicas, o enorme desenvolvimento científico no campo da engenharia, química, física, os avanços tecnológicos no controle e transformação da natureza não foram acompanhados, na mesma medida, de progresso moral, de avanços no que se refere à reflexão e ao julgamento racional e crítico do valor da conduta humana – o objeto, para Dewey, de uma teoria moral. Implicam, pelo contrário, novas perturbações sociais e morais, que o homem é incapaz de resolver. A regulação e a reconstrução das experiências "tem sido técnica ao invés de humana e moral, econômica ao invés de adequadamente social".[49]

---

47   DEWEY, *The public and its problems*, 1991, p. 126, 127, 131 e 141.

48   DEWEY, *The public and its problems*, 1991, p. 135 e 174; DEWEY, 2004, *Reconstruction in philosophy*, p. 25; DEWEY, *Experiência e educação*, 2010, p. 84.

49   DEWEY, *Reconstruction in philosophy*, 2004, p. 25 e 55; DEWEY, *The public and its problems*, 1991, p. 175; DEWEY, John. *Ethics*. The Later Works 1925-1953. Volume 07 (1932). Edited by Jo Ann Boydston. Southern Illinois University, 2008, p. 09; DEWEY, John. *The study of ethics. A syllabus*. Ann Arbor: The Inland Press, 1879, p. 01.

122   Guilherme Perez Cabral

Nos descaminhos da modernidade, o conhecimento se dividiu contra si mesmo, moral versus razão, natureza versus cultura, ciência versus filosofia, ciência versus ciência, de modo que à sua incompletude, somou-se a cisão.

Sem a definição inteligente do valor e dos objetivos das experiências sociais, o "homem, uma criança na compreensão de si, tomou em suas mãos ferramentas de poder incalculável", permitindo que a instrumentalidade se torne senhor, trabalhando "como se possuísse vontade própria – não porque a tenha, mas porque os homens não têm".[50]

Possibilita, assim, que, na sua prática especializada, a razão científica, desatenta ao enfrentamento dos problemas propriamente humanos – deformada, assim, em cientificismo – seja protagonista, dentre outros barbáries, da exploração brutal e inconsequente da natureza, da produção de armas químicas e de destruição de massa; "da escravidão de homens, mulheres e crianças nas fábricas, nas quais são máquinas animadas para cuidar de máquinas inanimadas"; da perpetuação da oposição entre a pobreza extrema, de um lado, e a riqueza voluptuosa, de outra.[51]

Tal deformação, que enfatiza "as deficiências sociais maiores que demandam diagnóstico inteligente e o planejamento de objetivos e métodos", define, para Dewey, o problema da *reconstrução* da filosofia.[52]

2. Para seu enfrentamento, destaca-se, em primeiro lugar, na proposta de reconstrução filosófica, o rompimento com a metafísica, da qual, no entender de Dewey – de modo notavelmente similar à crítica *pós-moderna*, como proposta por Jean-François Lyotard,[53] sessenta anos depois –, a modernidade ainda não conseguiu se desvencilhar.

---

50   DEWEY, *The public and its problems*, 1991, p. 175.

51   *Ibidem*, p. 175.

52   DEWEY, *Reconstruction in philosophy*, 2004, p. 25.

53   LYOTARD, Jean-François. *The postmodern condition*: a report on knowledge. Trad. Geoff Bennington e Brian Massumi. Minneapolis: University of Minnesota Press, 1984, p. XXIV.

A reconstrução se coloca a partir da rejeição ao *dualismo platônico*, no âmbito do qual a filosofia virou as costas ao mundo da experiência e se voltou ao conhecimento e justificação racional de outra realidade, última, à qual toda experiência estaria subordinada e conformada. Esta realidade metafísica, porém, explica Dewey, não passa de um asilo em que fora filosoficamente alocado e protegido, como superior, absoluto e universal, um (e não outros possíveis) corpo de crenças, valores e hábitos herdados do passado.[54]

Dessa forma, a filosofia deweyana recusa determinismos históricos assim como fundamentos seguros em que se possam apoiar, *a priori* e metafisicamente, o conhecimento, a razão e as esperanças de um futuro feliz.

Não há mais que se falar em pretensos *universais*, aprioristicamente dados e acessíveis à razão, como "faculdade separada da experiência".[55] Não há *o* Estado, *o* indivíduo, *a* razão, *o* bem, *a* moral, *o* justo, *a* verdade, *a* revolução, *a* utopia, que possam determinar e limitar as possibilidades experienciais, constituindo o mundo objetivo e social de modo rigidamente fechado. O desenvolvimento, o progresso não está subordinado a causas finais aristotélicas. Ele não significa o curso monótono de atualização de potências predefinidas de um indivíduo, "apenas um nome para o predeterminado movimento da bolota para a árvore de carvalho".[56]

O universo, em que se efetivam as experiências humanas, é compreendido de forma aberta, um "universo cuja evolução não está acabada (..) que ainda está, nas palavras de James, 'se fazendo'",[57] e que, em seu processo de tornar-se, vem marcado por uma invencível contingência.[58] Afinal, compõe-se de um "conjunto infinito de elementos que se relacionam de maneira a mais diversa possível. A multiplicidade e a variedade

---

54   DEWEY, *Reconstruction in philosophy*, 2004, p. 10 a 12.
55   *Ibidem*, p. 55.
56   *Ibidem*, p. 32, 33, 34 e 104.
57   DEWEY, *O desenvolvimento do pragmatismo americano*, 2007, p. 236.
58   BERNSTEIN, *The resurgence of pragmatism*, 1992, p. 814.

dessas relações o fazem essencialmente precário, instável, e o obriga a perpétua transformação".[59]

3. Nesse cenário, em que os homens não são – pelo menos, não precisam ser – objetos passivos, determinados por forças além de seu controle e, por conseguinte, em que podem, ainda que de forma limitada e contextualizada, influenciar e inovar o curso de suas futuras experiências, Dewey defende a ação inteligente, racional, criativa, em proveito do grupo social.

Para tanto, a filosofia reconstruída se volta e enraíza-se na experiência. Como proposta pragmatista e, portanto, como "filosofia da ação",[60] concebe o pensar necessariamente referido e comprometido com a práxis.

O *pragmatismo*, esclarece William James, deriva da palavra grega *prágma*, que significa ação, tendo sido introduzido, como filosofia, por Charles Peirce, que "após salientar que nossas crenças são, realmente, regras de ação, dizia que, para desenvolver o significado de um pensamento, necessitamos apenas determinar que conduta está apto a produzir: aquilo é para nós o seu único significado". Eis, afinal, "o princípio do pragmatismo".[61] Nas palavras de Peirce: "Considerar os efeitos práticos que possam pensar-se como produzidos pelo objeto de nossa concepção. A concepção destes efeitos é a concepção total do objeto".[62]

Para descobrir o sentido de uma ideia, em termos pragmatistas, resume Dewey, "pergunte por suas consequências". É a aplicação do con-

---

59   TEIXEIRA, *A pedagogia de Dewey*, 1980, p. 113.

60   JOAS, *Pragmatism and social theory*, 1992, p. 18.

61   JAMES, William. *Pragmatismo*. Textos selecionados. Trad. Pablo Rubén Mariconda. Coleção *Os pensadores* XL. São Paulo: Abril Cultural, 1974, p. 10.

62   PEIRCE, Charles S. *Escritos coligidos*. Seleção de Armando Mora D'Oliveira. Trad. Armando Mora D'Oliveira e Sérgio Pomerangblum. Coleção Os pensadores. 2ª ed. São Paulo: Abril Cultural, 1980, p. 05.

Educação para a democracia no Brasil 125

ceito que "se torna o critério de seu valor; e aqui se encontra todo o pragmatismo em seu estágio embrionário".[63]

Nessa linha, na acepção deweyana, o conteúdo da filosofia e do pensamento em geral emerge das experiências de vida e dos variáveis e incertos problemas e questões que delas brotam. E só adquire sentido quando aplicados para sua solução. Sua reconstrução, rechaçando qualquer separação forjada entre a teoria e a prática, insiste na referência do pensar à experiência, à interação humana, em que se fundamenta e na qual é aplicada.[64]

A tarefa da inteligência não é a de copiar os objetos do ambiente, numa perspectiva *passiva*, de um "espectador visualizando um quadro acabado em vez daquele do artista produzindo a pintura". Não se justifica que a filosofia se restrinja a habitar a região de seus próprios conceitos. Compete-lhe "auxiliar o homem a resolver problemas concretos, fornecendo-lhe hipóteses a serem usadas e testadas em projetos de reforma"[65].

A proposta deweyana, nesse sentido, é a de uma filosofia reconstrutiva, criativa, atenta às situações concretas e específicas vividas pelo homem em seu cotidiano e, desse modo, voltada à identificação e à solução dos conflitos morais e sociais que delas emergem.[66]

Induz, sim, uma instrumentalidade da filosofia: reconhece a inteligência, a racionalidade, como instrumento para a organização e reconstrução das experiências, auxiliando "a fazer o mundo de maneira diversa do que teria sido sem a razão" e, portanto, fazendo "com que o mundo

---

63 DEWEY, *Reconstruction in philosophy*, 2004, p. 94; DEWEY, *O desenvolvimento do pragmatismo americano*, 2007, p. 239.

64 DEWEY, *Reconstruction in philosophy*, 2004, p. iii; DEWEY, *The public and its problems*, 1991, p. 174; DEWEY, *O desenvolvimento do pragmatismo americano*, 2007, p. 227 a 229; CUNHA, Marcus Vinicius de. "John Dewey: filósofo, educador e ativista social". In: DEWEY, John. *Democracia e educação: capítulos essenciais*. Apresentação e comentários de Marcus Vinicius da Cunha. Trad. Roberto Cavallari Filho. São Paulo: Ática, 2007, p. 134.

65 DEWEY, *Reconstruction in philosophy*, 2004, p. 71 e 110.

66 *Ibidem*, p. 16, 70 e 100.

seja realmente mais razoável", no sentido de mais adequado aos objetivos que propusemos a nós mesmos.[67]

E isso, portanto, como já indicado, num significado que nada tem a ver com a adulteração da razão utilizada como instrumento para os objetivos de poder e lucro de poucos. O caráter instrumental da razão remete à tarefa reconstrutiva, no sentido de descortinar possibilidades de experiências melhores e mais proveitosas no futuro, especialmente experiências humanas coletivas. Possibilita o enfrentamento dos graves problemas sociais e morais sofridos pela humanidade, promovendo, dessa forma, o crescimento geral e contínuo e o permanente enriquecimento e melhoria da qualidade das experiências.[68]

4. Para tanto, Dewey aposta na adoção, pela filosofia, da atitude, do espírito que acompanhou o desenvolvimento das ciências da natureza na modernidade, mas que, ressalta, ainda não alcançou o âmbito das questões propriamente humanas.[69]

A filosofia reconstruída "não se sente em oposição à ciência". É, antes, "um agente de ligação entre as conclusões da ciência e os modos de ação social e pessoal através dos quais se projetam e se buscam possibilidades alcançáveis".[70]

Mas o que o autor valoriza na ciência moderna não é a perspectiva dogmática de um "corpo de conclusões", o apego às "verdades científicas". Aliás, como ressalta, a disseminação das qualidades da ciência é

---

67   DEWEY, *O desenvolvimento do pragmatismo americano*, 2007, p. 236 e 240.

68   DEWEY, *Reconstruction in philosophy*, 2004, p. 16, 54, 70, 71 e 100; DEWEY, *O desenvolvimento do pragmatismo americano*, 2007, p. 239; DEWEY, *Experiência e educação*, 2010, p. 37.

69   DEWEY, *Reconstruction in philosophy*, 2004, p. v, 25, 30, 31, 43 e 44.

70   DEWEY, John. *The quest for certainty: a study of relation of knowledge and action*. New York: Minton, Balch & Company, 1929, p. 311.

uma questão distinta da "disseminação dos resultados da física, química, biologia e astronomia".[71]

O fator científico integrado à reconstrução filosófica deweyana é, precipuamente, a qualidade da ciência moderna de uma disposição, um hábito, uma atitude investigativa, metódica, experimental e falibilista.[72] Nesse sentido, remete à aplicação, às questões e aos temas sociais e morais vivenciados pelo homem em seu cotidiano, dos métodos científicos de pesquisa, reflexão e experimentação. Remete à assunção das ideias como *hipóteses* a serem empregadas na (re)organização da experiência, aceitas, somente, após a verificação experimental de sua validade, e, ainda assim, passíveis sempre de serem revisadas e refutadas por novas investigações. Envolve a habilidade de "manter o estado de dúvida e continuar a investigação sistemática e prolongada", a abertura à descoberta do novo. Enfim, um hábito da mente, como afirma Dewey que se aproxima muito daquela "atitude natural e intata da infância, marcada pela curiosidade ardente, imaginação fértil e amor à investigação experimental".[73]

Nessa perspectiva *atitudinal* da ciência, a razão, trazida para dentro da experiência e empregada em sua expansão e reconstrução, atua como *inteligência experimental*:

> Ela libera o homem da escravidão do passado, devida à ignorância e ao acaso que se arraigaram nos costumes. Ela projeta um futuro melhor e assiste o homem na sua realização. E sua operação está sempre sujeita ao teste da experiência. Os planos que são formados, os princípios que o homem projeta como guias de ações reconstrutivas, não são dogmas. Eles são hipóteses a serem executadas na prática e para serem rejeitadas, corrigidas e expandidas conforme

---

71 DEWEY, *Freedom and culture*, 1989, p. 111 e 117.

72 *Ibidem*, 1989, p.111.

73 DEWEY, *Freedom and culture*, 1989, p.111 e 112; DEWEY, *Reconstruction in philosophy*, 2004. p. v, 83, 89 e 90; DEWEY, *How we think*, 1997, p. VII e 13.

falhem ou tenham sucesso em dar à nossa experiência presente a orientação necessária.[74]

A questão da *verdade*, nesse cenário pragmatista, está indissociavelmente ligada à experiência. É adverbial, no sentido de que indica um modo de agir. Significa a sugestão de resposta ao problema enfrentado que, testada, colocada em ação, recebe a confirmação de sua validade, de sua fiabilidade, esclarecendo a confusão, removendo a dificuldade, preenchendo as lacunas da experiência e, por tudo isso, guiando-nos *verdadeiramente* em nossos processos experienciais.[75]

Contudo, sem bases metafísicas seguras em que possa se apoiar de uma vez por todas, o conhecimento verdadeiro, ainda que assim afirmado cientificamente, não perde, nunca, seu caráter provisório. É uma pretensão. Está sempre sujeito a correções em função de aspectos, relações e possibilidades experienciais não considerados. A verdade absoluta, nesses termos, é uma pretensão que não pode se realizar, exceto se se imaginar que todo o conjunto infinito de elementos que compõem o universo, em suas incontáveis perspectivas, e suas inesgotáveis possibilidades de se relacionar e de se desenvolver possam, um dia, ser conhecidos e experimentados. E, desse modo, esgotado o infinito, não haja mais nada que não tenha sido "catalogado", nenhuma experiência que já não tenha sido vivida.[76]

De qualquer forma, a *atitude científica* tem a vantagem da menor sujeição ao erro e à desrazão, emancipando o pensar do preconceito, da tirania dos hábitos, da rotina, do acaso e dos impulsos. Reconhecido o lugar da inteligência na compreensão, no controle e no desenvolvimento de possibilidades inerentes à experiência, tal atitude aparece como a forma mais apropriada, à nossa disposição, para o entendimento profundo

---

74   DEWEY, *Reconstruction in philosophy*, 2004, p. 55.

75   *Ibidem*, p. 90.

76   BERNSTEIN, *The resurgence of pragmatism*, 1992, p. 814; DEWEY, *O desenvolvimento do pragmatismo americano*, 2007, p. 235.

Educação para a democracia no Brasil   129

do mundo em que vivemos. Convertida na filosofia reconstruída, faz-se como canal adequado para o esclarecimento e enfrentamento racional dos conflitos morais e sociais cotidianamente experimentados. Indica "o caminho para medidas e políticas que poderão nos conduzir a uma melhor ordem social".[77]

5. Destacada a dimensão social da *experiência*, é fundamental, ainda, na *reconstrução* deweyana, a concepção *comunicativa* da filosofia e, de modo geral, da construção do saber, necessariamente imersa num contexto *linguístico*.

Primeiro, porque, na linha da psicologia social de George H. Mead, a própria constituição do indivíduo pensante é compreendida como um processo social comunicativo: o *ego*, explica Mead, emerge da comunicação, por meio da qual participamos do outro e, assumindo a atitude do outro em relação a nós, ingressamos em nossa própria experiência, como um objeto para nós mesmos. Obtemos, assim, a autoconsciência, em interação comunicativa, através do outro.[78]

Nesse sentido, em que enfatiza "a preexistência temporal e lógica do processo social, em relação à autoconsciência individual que dele surge",[79] Dewey pode afirmar que "o solilóquio é o resultado e o reflexo da conversação com os outros" e não a comunicação social "um efeito do solilóquio":

> Se não houvéssemos conversado com outros e eles conosco, jamais falaríamos a nós e conosco. Por causa do conversar, dar e receber sociais, posturas orgânicas várias passam a constituir uma reunião

---

77   DEWEY, *How we think*, 1997, p. 153 e 155; DEWEY, *Reconstruction in philosophy*, 2004, p. 43 e 44; DEWEY, *Experiência e Educação*, 2010, p. 84, 90, 92 e 93.

78   MEAD, George Herbert. *Mind, self and society: from the standpoint of a social behaviorist*. Edited and with a introduction by Charles W. Morris. Chicago/London: The University of Chicago Press, 1992, p. 138, 171, 226, 253 e 254.

79   *Ibidem*, p. 164 e 186.

de pessoas ocupadas em conversar, conferenciando umas com as outras, em trocar experiências diversas, em ouvir-se mutuamente, bisbilhotando, acusando e escusando. Através do falar, uma pessoa identifica-se com atos e feitos potenciais; desempenha muitos papeis (...) num drama contemporaneamente representado. Assim emerge a mente.[80]

Nega-se, portanto, a possibilidade de uma razão solitária, anterior à experiência e capaz, por si só, de atingir a verdade. Para Dewey, a concepção de um indivíduo, em seu isolamento, detentor de uma "faculdade pronta de previdência e cálculo prudente", é uma ficção. O conhecimento, preso na consciência privada, um mito.[81]

Eis um traço marcante do pragmatismo norte-americano: a ruptura com o *solipsismo*, o subjetivismo excessivo da filosofia da consciência, que marcara a modernidade. Ressalta, em oposição, a dimensão intersubjetiva, social e linguística do pensamento e do conhecimento.[82] A faculdade de pensar, as perspectivas a partir das quais os objetos são observados e conhecidos são "hábitos adquiridos sob a influência da cultura e instituições da sociedade, não poderes inatos". Dependem da tradição, dos valores, dos conhecimentos e das ferramentas disponíveis, socialmente desenvolvidas, sancionadas e transmitidas[83]. Mais tarde, isso aparece, em Habermas, na formulação de que "não há uma razão pura que só posteriormente vestiria roupagens linguísticas. A razão é originariamente uma razão encarnada tanto nos contextos de ações comunicativas como nas estruturas do mundo da vida".[84]

---

80 DEWEY, John. *Experiência e natureza*. Trad. Murilo Otávio Rodrigues Paes Leme, Anísio S. Teixeira e Leônidas Gontijo de Carvalho. Coleção Os Pensadores. São Paulo: Abril Cultural, 1980, p. 31.

81 DEWEY, *The public and its problems*, 1991, p. 102, 103 e 176.

82 BERNSTEIN, *The resurgence of pragmatism*, 1992, p. 814.

83 DEWEY, 1991, *The public and its problems*, p. 158.

84 HABERMAS, Jürgen. *O discurso filosófico da modernidade*. Trad. Luiz Sérgio Repa e Rodnei Nascimento. São Paulo: Martins Fontes, 2002, p. 447.

Educação para a democracia no Brasil 131

A interação comunicativa, enfim, é a experiência *viva* que nos constitui, dentro de uma determinada comunidade linguística, e nos habilita à reflexão e ao conhecimento, numa dada perspectiva histórico-cultural. Para Dewey, "Tudo o que é distintivamente humano é aprendido, não nativo". O "aprender a ser homem" ocorre na comunicação, em que é a pessoa é trazida para dentro das "tradições, perspectivas e interesses que caracterizam a comunidade". Significa "desenvolver, por meio do dar e receber da comunicação, uma efetiva consciência de ser um membro, individualmente distinto, de uma comunidade".[85]

Mas não é só. A comunicação aparece, também, como o instrumento fundamental para a aquisição, expansão, desenvolvimento, enriquecimento e permanente correção do saber. Apresenta, desse modo, seu inigualável sentido *instrumental-cognitivo*.[86]

A mente individual é falível, suscetível de erros. Deixado a si mesmo, o indivíduo pode muito pouco, envolvido na teia de enganos por ele tecida. Quando não compartilhadas, as ideias "são apenas solilóquio e solilóquio é apenas pensamento imperfeito e débil".[87] Nesse cenário falibilista, sem a referência metafísica para predizer a verdade, todo e qualquer saber reivindica sua permanente abertura à crítica, no ambiente discursivo. Com Peirce, a "comunidade de pesquisadores para testar e criticar todas as pretensões de validade".[88]

E quanto melhor a qualidade dos participantes, em termos da atitude e disposição científica valorizada por Dewey, quanto mais a comunicação se efetiva como uma experiência cooperativa e compartilhada, e quanto maior o número de participantes envolvidos da comunicação,

---

85   DEWEY, *The public and its problems*, 1991, p. 154.

86   DEWEY, *Experiência e natureza*, 1980, p. 39 e 51; DEWEY, *Reconstruction in philosophy*, 2004, p. 118.

87   DEWEY, *The public and its problems*, 1991, p. 218; DEWEY, *Reconstruction in philosophy*, 2004, p. 21.

88   BERNSTEIN, *The resurgence of pragmatism*, 1992, p. 814.

maiores as chances de uma resposta inteligente, razoável, adequada ao problema colocado.[89]

Enfim, a linguagem que possibilita a formação da individualidade e a consumação da própria comunicação é ela mesma o instrumento do crescimento do indivíduo comunicante, concomitante ao desenvolvimento do conhecimento comunicado.

Duas pessoas somente podem conversar, inteligentemente, porque a experiência linguística comum provê "um pano de fundo de entendimento mútuo sobre o qual as respectivas observações incidem".[90] É dela que emerge, então, como um problema, o antagonismo de ideias – em Habermas, um "não" à pretensão de validade contida na oferta de fala.[91] E isso permite a revisita, a correção do saber partilhado:

> Se, todavia, as duas pessoas se encontram com propósitos contrários, é necessário escavar e comparar as pressuposições, o contexto implícito, em conformidade com o qual se fala. O implícito é feito explícito; o que era inconscientemente assumido é exposto sob a luz do dia consciente. Dessa forma, a raiz do mal-entendido é removida.[92]

Criticado, reconsiderado, testado e revisado frente às exigências da conversação, enriquece-se o saber tradicional que compõe o pano de fundo da comunicação e do pensamento. Corrigem-se suas falhas. Apresentam-se, sempre, novos problemas, sob novas perspectivas. Assim, mais profundo e completo vai se tornando o significado dos objetos que compõem a experiência: significado que, definido por Dewey, como "comunidade de participação", tem, em última análise, sua qualidade diretamente proporcional à qualidade do universo de discurso no qual é

---

89   HONNETH, *Democracy as reflexive cooperation*, 1998, p. 772.

90   DEWEY, *How we think*, 1997, p. 214.

91   HABERMAS, Jürgen. *Verdade e justificação*. Ensaios filosóficos. Trad. Milton Camargo Mota. 2ª ed. São Paulo: Loyola, 2009, p. 92.

92   DEWEY, *How we think*, 1997, p. 214 e 215.

Educação para a democracia no Brasil 133

comum.[93] Tudo a indicar um processo gradual, expansivo, progressivo, de correção e refinamento do conhecimento.[94]

A experiência comunicativa, sem dúvida, é confrontada por particularismos semânticos, limitações e imperfeições da experiência social em que se desenvolve, perdendo, com frequência seu sentido cooperativo e pervertendo-se em meio de dominação.[95] Em seu melhor sentido, ademais, constitui uma "nobre arte" ainda ao alcance de poucos. Ainda assim, no cenário, dirá Habermas, pós-metafísico,[96] permanece como a instância racional, e falível, em que o saber e, nele, a filosofia podem se apoiar.

6. Desse modo, integrando a *atitude científica*, constituindo-se intersubjetivamente, na interação comunicativa e voltando sua atenção aos conflitos sociais e morais que afligem o homem em sua vida cotidiana, a filosofia reconstruída assume uma concepção de moralidade que pode ser racionalmente conhecida. Faz-se como uma *teoria moral cognitivista*.

A reflexão moral, em Dewey, constitui um campo do saber que lida com a conduta humana e o julgamento reflexivo e sistemático de seu valor, na medida em que a estima sob o ponto de vista do certo ou errado, do bom ou mal.[97]

Para o autor, a cisão entre a razão e a moral implica deixar os conflitos de conduta à mercê de soluções não inteligentes, pautadas em critérios tradicionais inquestionados, no interesse, no proveio pessoal, no poder. No curso da modernidade, em que a ciência e as tecnologias têm

---

93   DEWEY, *Experiência e natureza*, 1980, p. 29, 36, 40 e 51.

94   DEWEY, *How we think*, 1997, p. 120 e 215.

95   DEWEY, *Experiência e natureza*, 1980, p. 50 e 51; DEWEY, *O desenvolvimento do pragmatismo americano*, 2007, p. 236.

96   HABERMAS, Jürgen. *Direito e democracia: entre factibilidade e validade.* Volume 02. Trad. Flávio Beno Siebeneichler. Rio de Janeiro: Tempo Brasileiro, 2011, p. 214.

97   DEWEY, *The study of ethics*, 1897, p. 01 e 02; DEWEY, *Ethics*, 2008, p. 09;

determinado, cada vez mais, as relações sociais, rechaçar a elas e a razão como componentes que podem participar efetivamente da constituição da moral, do julgamento do valor de referidas relações, é condenar a civilização ao regresso. Afinal, "A cultura que permite à ciência destruir os valores tradicionais, mas que desconfia de seu poder para criar novos valores, é uma cultura que está se autodestruindo".[98]

Daí a proposta deweyana de transferir o *fardo* da moralidade à inteligência. E, assim, fazer da filosofia um instrumento que auxilie a construção do saber moral, adotando, para tanto, na reflexão sobre o valor da conduta humana, a atitude científica. Foi ela, afinal, que, na modernidade, garantiu a segurança, o rigor e a fertilidade do conhecimento no âmbito dos fenômenos físicos.[99]

A filosofia reconstruída se organiza, dessa forma, como um método de investigação, de planejamento e, ainda, de invenção. Ocupa-se, de modo racional, com a detecção dos problemas e males que necessitam de solução, no âmbito das experiências sociais concretas, cotidianas, e com a formação de *hipóteses de trabalho*, planos e métodos para lidar com eles[100].

No âmbito da regra pragmatista do *valor das consequências*, a moralidade assume um caráter marcadamente *contextualista*: "cada situação moral é uma única situação tendo o seu próprio e insubstituível bem".[101]

Para Dewey, o justo, o certo, o bem moral, assim como a verdade, são adverbiais, de modo que só existem "quando algo tem que ser feito". Isso indica, por sua vez, a presença de um conflito dentro de uma situação inevitavelmente específica, concreta, única, de modo tal que o problema moral nunca será cópia exata de qualquer outro. Seu julgamento tem de ser, por conseguinte, necessariamente, específico.

---

98   DEWEY, *Freedom and culture*, 1989, p. 117 e 118.

99   DEWEY, *Reconstruction in philosophy*, 2004, p. 94 e 95.

100   *Ibidem*, p. 95, 97, 98 e 111.

101   DEWEY, *Reconstruction in philosophy*, 2004, p. 93.

Educação para a democracia no Brasil   135

A solução de um conflito moral não pode ser dita de antemão, no geral – o que não pode senão funcionar como um *leito de Procusto* mutilador da diversidade experiencial. A moralidade não implica um inventário acabado de julgamentos prévios, um "catálogo de ações tampouco um conjunto de regras a serem aplicadas como uma prescrição médica ou livro de receitas". Como instrumento de discernimento, "seu valor está na promoção de respostas individualizadas na situação individual".[102]

Recusando, destarte, qualquer critério moral fixo e encorajando a inteligência a "estudar os meios positivos do *bem* e os obstáculos à sua realização e levar adiante os esforços para a melhoria das condições", Dewey assume, no seu programa de reconstrução da filosofia, a máxima moral do *crescimento como fim*. "O crescimento em si é o único *fim* moral".[103]

Identifica, como fator significante da moralidade, o processo ativo de crescimento, de transformação e de melhoria da qualidade das experiências. Em suma, a direção para a qual se caminha. Ressalta, nesse sentido, em termos de crescimento individual: "O homem mau é o homem que, não importa quão bom ele foi, está começando a se deteriorar, a se tornar pior. O homem bom é aquele que, não importa quão moralmente sem valor ele foi, está se movendo para se tornar melhor".[104]

Eis o critério que dispomos, superada a metafísica, para a avaliação e julgamento do valor das condutas e instituições sociais, dentre as quais as instituições democráticas e educacionais. O valor moral de uma experiência remete à aptidão para promover a reconstrução, de modo sempre mais enriquecido e profundo, das experiências que proporciona e o crescimento dos membros do grupo social. Dito de outra forma, indica a liberação, de-

---

102   *Ibidem*, p. 96 e 97.

103   *Ibidem*, p. 102 e 103.

104   *Ibidem*, p. 101.

senvolvimento, de modo coordenado, das potencialidades individuais, na plenitude de suas possibilidades.[105]

Induz, portanto, o crescimento "em geral", no sentido de que cria condições, favorece atitudes e hábitos que abrem caminhos para crescimentos subsequentes, em outras direções, para continuar crescendo. E, com isso, pressupõe e favorece a reconstrução das experiências individuais e sociais de modo a abranger *in toto* a comunidade. Dewey não está se referindo, portanto, à especialização cientificista tampouco ao êxito material, econômico, a despeito e, mesmo, em detrimento de outros crescimentos, em outras direções, do próprio sujeito e dos demais membros do grupo social. Isso seria imoral. Afinal, para o filósofo, o conceito de crescimento "deve ter aplicação universal e não especializada e limitada".[106]

7. Por tudo isso, a filosofia, em Dewey, é reconstruída criticamente dentro da tradição da modernidade.

Sua denúncia aos descaminhos da razão e da ciência, distando o desenvolvimento material e tecnológico do progresso moral, não o conduz, absolutamente, ao outro extremo: o abandono da razão, da ciência e da modernidade.

Pensar em termos de *opostos extremos*, adotando, contra o *modernismo*, o *cientificismo* e o *racionalismo* algum outro tipo de "ismo" é, para Dewey, um grande equívoco. Afinal, "todo movimento que pensa e age em termos de um 'ismo' envolve-se tão intensamente na reação contra outros 'ismos' que acaba sendo por eles controlado". Formulando a teoria reativa e negativamente, perde a oportunidade de uma "investigação abrangente e construtiva das atuais necessidades, problemas e possibilidades".[107]

---

105   DEWEY, *Reconstruction in philosophy*, 2004, p. 101 e 107; DEWEY, *Ethics*, 2008, p. 305.

106   DEWEY, *Reconstruction in philosophy*, 2004, p. 106 e 107; DEWEY, *Experiência e educação*, 2010, p. 36 e 37.

107   DEWEY, *Experiência e educação*, 2010, p. 14, 19 e 22.

Educação para a democracia no Brasil   137

A filosofia deweyana mantém a aposta Iluminista da emancipação da humanidade, por meio da razão, da inteligência, do conhecimento, apesar de toda sua falibilidade, de seu uso imoral em proveito de poucos e das tantas barbáries que permitiu e ocasionou. A crítica de Dewey à modernidade não implica rechaçar seus avanços, experiências e aprendizados. Questiona, aliás, "aqueles que colocam a culpa por todos os males de nossas vidas no vapor, na eletricidade e nas máquinas". Pois, para ele, "o problema surge, antes, das ideias, ou ausência delas, em conexão com as quais os fatores tecnológicos operam".[108]

Afasta-se, porém, da metanarrativa moderna, otimista e ingênua, do progresso humano como resultado necessário do desenvolvimento da ciência e da técnica.[109] Reconhece, no final das contas, que "Não é mais possível manter a fé simplória do Iluminismo de que progresso da ciência produzirá instituições livres dissipando a ignorância e a superstição: as fontes da servidão humana e os pilares do governo opressivo".[110]

De qualquer forma, a *incredulidade em relação às metanarrativas* – forma como Lyotard definiria, mais tarde, a pós-modernidade[111] – é mitigada pela permanência, sim, de uma *fé*: a fé na humanidade, na inteligência e em seu progresso, na convivência democrática. Dewey defende, mesmo, "a formação de uma fé na inteligência como a única e indispensável crença necessária à moral e à vida social", destacando que:

> (...) quanto mais se toma consciência de que a própria inteligência acrescenta alegria e dignidade à vida, tanto mais se sente pesar frente à situação em que o exercício e a alegria da razão encontram-se

---

108   DEWEY, *The public and its problems*, 1991, p. 110 e 141.

109   TRINDADE, Christiane Coutheux. *Educação, sociedade e democracia no pensamento de John Dewey*. Dissertação (Mestrado). Faculdade de Educação – Universidade de São Paulo. São Paulo, 2009, p. 74.

110   DEWEY, John, *Freedom and culture*, 1989, p.102.

111   LYOTARD, *The postmodern condition*, 1984, p. xxiv.

limitados a um grupo social restrito, fechado e técnico, e tanto mais dever-se-ia perguntar como seria possível fazer todos os homens participantes desse inestimável bem.[112]

Trata-se de uma crença que, todavia, não se refere a qualquer *metahistória* pré-escrita, que determine seu próprio desenrolar, feliz ou não. Pois se caracteriza pelo comprometimento com a práxis, pela premissa da participação ativa e inteligente do sujeito na compreensão do sentido e na reconstrução das próprias experiências. Tudo isso, a partir de perspectiva *meliorista* quanto às possibilidades experienciais de futuro: uma abordagem segundo a qual as condições objetivas de existência, sejam boas ou ruins, podem ser, em qualquer caso, sempre e continuamente melhoradas.[113]

Enfim, a razão e o conhecimento, desprovidos de bases seguras metafísicas para a afirmação da verdade e da moral, mas sem, por isso, negarem a si, persistem como o instrumento de realização do projeto de emancipação da humanidade. Agora, amparadas e comprometidas com a prática experiencial: uma experiência na qual a inteligência tem "importância moral e humana" e aparece inevitavelmente ligada à práxis comunicativa.

A experiência, o pensar reflexivo e o crescimento

Todas essas características do programa filosófico deweyano aparecem e se consolidam nas suas formulações sobre a *experiência*, o *pensar* e o *crescimento* cognitivo e moral do indivíduo.

1. A ideia de *experiência* desempenha papel principal na filosofia reconstruída. Dewey fala de uma experiência ativa, dentro da qual a razão atua de modo experimental, planejador, criativo e reajustador.

---

112   DEWEY, *O desenvolvimento do pragmatismo americano*, 2007, p. 242.
113   DEWEY, *Reconstruction in philosophy*, 2004 p. 102 e 103.

Educação para a democracia no Brasil 139

Trata-se de concepção influenciada pelo desenvolvimento da biologia, a qual demonstrou que "onde quer que haja vida, há atividade, comportamento e a fim de que a vida possa persistir, essa atividade tem de ser contínua e adaptada ao ambiente". Nesse sentido:

> Experiência se torna uma questão fundamentalmente de fazer (...) O organismo não fica à toa (...) O organismo atua de acordo com sua própria estrutura, simples ou complexa, sobre seu ambiente. Como consequência, as mudanças produzidas no ambiente reagem sobre o organismo e suas atividades. A criatura viva é submetida, sofre as consequências de seu próprio comportamento.[114]

Tal movimento do *agir* sobre outros elementos que compõem o ambiente, deles *sofrendo* uma reação, é o que configura, para Dewey, a experiência. Define-a como a interação próxima e contínua entre o *agir*, o *fazer* e o *sofrer, ser submetido* às mudanças ocorridas no ambiente, em consequência da ação. Uma relação estreita em que todos são modificados.[115]

No âmbito da experiência humana, essa interação contínua adquire maior amplitude, somando a reflexão, o conhecimento – também eles ações – para a reconstrução das experiências.[116]

O ato do pensar adquire importância fundamental na condução das experiências. A razão não paira sobre a experiência, como pretendia a metafísica: "não é algo separado e autossuficiente, mas está envolvido no processo pelo qual a vida é mantida e desenvolvida". Como já destacado, é inteligência experimental: "sugerida e testada na experiência, ela é também empregada, através de invenções, em milhares de formas para expandir e enriquecer a experiência".[117]

---

114   *Ibidem*, p. 48 e 49.
115   *Ibidem*, p. 49.
116   TEIXEIRA, *A pedagogia de Dewey*, 1980, p. 113 e 114.
117   DEWEY, *Reconstruction in philosophy*, 2004, p. 50, 54 e 55.

Nesse cenário, Dewey destaca dois princípios inseparáveis, que, fundamentais à nossa experiência, determinam sua constituição.

Primeiro, o *princípio da interação*, de acordo com o qual "Uma experiência é sempre o que é por causa de uma transação acontecendo entre um indivíduo e o que, no momento, constitui seu ambiente". Conjuga, nesse sentido, um fator subjetivo, daquele que a experimenta, e outro objetivo, o ambiente, físico e social. Trata-se de fatores que, em qualquer hipótese, remetem-nos a uma interação comunicativa, mesmo quando, em seu solilóquio, a pessoa interage com objetos construídos linguisticamente, em sua fantasia.[118]

Segundo, o *princípio da continuidade*. Significa que "toda a experiência tanto toma algo das experiências passadas como modifica de algum modo a qualidade das experiências que virão". Afinal,

> (...) toda a ação praticada ou sofrida em uma experiência modifica quem a pratica e quem a sofre, ao mesmo tempo em que essa modificação afeta, quer queiramos ou não, a qualidade das experiências subsequentes, pois, ao ser modificada pelas experiências anteriores, de algum modo, será outra pessoa que passará pelas novas experiências.[119]

O *continuum* experiencial nos leva, assim, à concepção cosmológica de Heráclito,[120] em que o universo aparece como o contínuo fluir dos elementos e seres em permanente mudança, de modo que "Em rio não se pode entrar duas vezes no mesmo".[121] O indivíduo, submetido às mu-

---

118   DEWEY, *Experiência e educação*, 2010, p. 43 e 45.

119   *Ibidem*, p. 35 e 36.

120   ROCHA, Eliezer Pedroso da. *O princípio da continuidade e relação entre interesse e esforço em Dewey*. Tese (Doutorado) – Faculdade de Educação – Universidade de São Paulo. São Paulo, 2011, p. 48 e 49.

121   HERÁCLITO DE ÉFESO. Fragmentos. Sobre a natureza. Trad. José Cavalcanti de Souza. In SOUZA, José Cavalcante de (seleção de textos e supervisão). *Os Pré-socráticos*. Coleção Os Pensadores. São Paulo: Abril Cultural, 1973, p. 94.

Educação para a democracia no Brasil   141

danças sofridas pelo ambiente em decorrência da experiência, é também modificado, diante do que as experiências anteriores refletem necessariamente nas posteriores, em sua qualidade e conteúdo, num processo experiencial interativo contínuo.

Ao se combinarem os dois princípios, diferentes situações de interação sucedem umas às outras, levando-se algo, inevitavelmente, de uma situação anterior para a posterior. E, na perspectiva do sujeito que experiencia, conforme "passa de uma situação para outra, seu mundo, seu ambiente, se expande ou se contrai".[122]

O só fato de *conhecer* um objeto importa uma modificação simultânea no sujeito cognoscente e, na perspectiva dele, intermediada por suas experiências, na coisa conhecida. Alteram-se, com isso, as relações que passam a existir entre ambos:

> A árvore que era apenas objeto de minha experiência visual passa a existir de modo diverso, se entre mim e ela outras experiências se processarem, pelas quais eu a venha conhecer em outros aspectos: úteis, medicinais, de resistência, etc. Depois dessas experiências, eu e a árvore somos alguma coisa diferente do que éramos antes. Existimos de modo diverso um para o outro. Houve, através daquelas experiências uma transformação que irá permitir alterar, sob certo aspecto, o mundo em que vivo.[123]

Tal experiência do conhecimento remete, então, ao modo como o indivíduo passa a agir sobre o ambiente físico e social, sofrendo as consequências de sua atuação. Em qualquer dos dois casos – a reorganização meramente cognitiva ou a objetiva da experiência – alteram-se o sujeito e o seu mundo, renovando, para sempre, o *continuum* experiencial.[124]

---

122   DEWEY, *Experiência e educação*, 2010, p. 45.
123   TEIXEIRA, *A pedagogia de Dewey*, 1980, p. 114.
124   DEWEY, *Experiência e educação*, 2010, p. 45; DEWEY, *O desenvolvimento do pragmatismo americano*, 2007, p. 240.

Destarte, a experiência, conceito-base no pensamento de Dewey, concebida dentro dessa interação contínua, próxima e ativa, entre o sujeito e as condições objetivas e sociais de seu ambiente, alinha-se com o *processo de vida*. Faz-se na relação com o outro, em comunicação. No seu *continuum*, as possibilidades de abordagem subjetivas da realidade são delineadas; os hábitos de pensar, agir e conviver construídos; os horizontes de possibilidades de existência descortinados.

O modo como, historicamente, efetiva-se a experiência, dentro do contexto de vida concreto, vai sedimentando a maneira como o pensar e o agir operam e, com isso, a forma como os sujeitos concebem o ambiente e atuam sobre ele, moldando e reconstruindo sua experiência. Somente podemos experienciar o mundo sob a perspectiva do que somos no desenrolar de nosso processo vital.

Por isso, não há dúvida, em Dewey, de que a direção para a qual caminham as experiências, o modo como se renova e se transforma seu conteúdo e os resultados alcançados, estão diretamente relacionados à qualidade com que, em cada momento, são atualizadas e experienciadas.[125]

2. Nesse cenário, a atividade do *pensar* e, a partir do pensamento formado, a ação e a interação, assumem um lugar e um sentido bastante precisos. São interpretados como hábitos formados a partir da experiência.

Para Dewey, em consonância com a psicologia meadiana[126], a inteligência, emergida da experiência comunicativa, indica uma conversação interna que prepara a ação social. Há de atuar ativa, planejadora e construtivamente, dentro da própria experiência.

O pensar, desse modo, não deve se limitar, em sua operação, à assimilação desatenta de crenças pelo seu valor superficial, sem a consideração dos fundamentos que a embasam e as consequências a que levam. Isso conduz a uma experiência social irrefletida, em que o sujeito

---

125   DEWEY, *Experiência e educação*, 2010, p. 38 e 46.
126   MEAD, *Mind, self and society*, 1992, p. 133, 140 e 141.

Educação para a democracia no Brasil   143

permanece preso a hábitos e práticas sociais; escravizado pelo acaso, pela fatalidade ou por seus impulsos libidinais incontidos.[127]

O pensar, em seu melhor sentido, o reflexivo, racional, coadunado com a atitude científica, apresenta-se como um complexo processo de *solução de dificuldades* enfrentadas no curso da experiência. Nas palavras de Mead, com quem Dewey compartilhou tal perspectiva:

> A mente, como pensamento construtivo, reflexivo ou solucionador de problemas, é (...) instrumento adquirido socialmente, por meio do qual o indivíduo resolve os vários problemas de ajustamento ao ambiente, que surgem para confrontá-lo no curso da experiência. A mente ou o pensamento é, também (...) o instrumento por meio do qual a reconstrução social é efetivada por esses indivíduos.[128]

Tem origem, sempre, em específicos problemas na experiência. Na metáfora de Dewey, o processo de pensar começa numa "forked-road situation": "uma situação que é ambígua, que apresenta um dilema, que propõe alternativas".[129]

Envolve, assim, inicialmente, "um estado de perplexidade, hesitação, dúvida" e, dada a dificuldade, o próximo passo é uma "pausa" no curso da ação, para inferir e encontrar uma resposta, "uma espécie de antecipação ou prognóstico do que está vindo". O pensar reflexivo exige a aplicação da fórmula "pare e pense": o refreamento e o adiamento da ação impulsiva, para que se possa apreender o significado do problema; as condições e circunstâncias em que se efetiva; as conexões entre as ações e suas possíveis consequências. E, assim refletindo sobre a resposta,

---

127   DEWEY, *How we think*, 1997, p. 01, 04, 05, 06 e 67.
128   MEAD, *Mind, self and society*, 1992, p. 308.
129   DEWEY, *How we think*, 1997, p. 11 e 12.

selecionamos uma dentre as possibilidades e alternativas de solução que se abrem.[130]

A ideia formada é concebida a partir dos fatos e elementos presentes na experiência. Eles sugerem outros (não verificados diretamente), mediados pelos conhecimentos e pelas habilidades do sujeito, frutos de suas experiências anteriores: o "reservatório" de conhecimentos prévios, em permanente revisão, "obtido parcialmente pela recordação, como também pelas informações, conselhos e advertência por parte daqueles que já possuam uma maior experiência".[131]

Nesse sentido, o pensar reflexivo implica a habilidade de resolver problemas na experiência *presente*, em termos de suas possíveis consequências *futuras*, considerando as experiências do *passado*, encontrado no mundo presente.[132] Na inibição da ação imediata, rotineira ou impulsiva, unindo observação e memória, corresponde à "busca do ausente a partir do presente", a fim de "colmatar uma lacuna na experiência".[133]

Dewey distingue *cinco passos* na operação do *pensar reflexivo*.

Primeiro, a *dificuldade efetivamente experienciada*. Trata-se do estímulo e fator determinante do pensamento, presente desde sempre no ser humano. E isso mesmo no bebê, cujo problema primário é "o controle de seu corpo como uma ferramenta que assegura conforto e ajustamento eficaz ao seu ambiente, físico e social". Nele, o pensar, ainda rudimentar, corresponde ao processo de seleção de movimentos, inicialmente instin-

---

130   MEAD, *Mind, self and society*, 1992, p. 99; DEWEY, *How we think*, 1997, p. 09, 12 e 74; DEWEY, *Reconstruction in philosophy*, 2004, p. 82; DEWEY, *Experiência e educação*, 2010, p. 66; DEWEY, *Democracy and education*, 1916, p. 178.

131   DEWEY, *How we think*, 1997, p. 12; DEWEY, *Reconstruction in philosophy*, 2004, p. 82; DEWEY, *Experiência e educação*, 2010, p. 70.

132   MEAD, *Mind, self and society*, 1992, p. 100 e 116.

133   DEWEY, *How we think*, 1997, p. 08, 09, 26 e 80; DEWEY, *Experiência e educação*, 2010, p. 66.

Educação para a democracia no Brasil   145

tivos, e sua organização com vistas a um fim, como agarrar um objeto e manuseá-lo, movimentar o corpo, engatinhar e assim por diante.[134] Tendo origem em um problema, o pensar "não é um caso de combustão espontânea; ele não ocorre sobre 'princípios gerais'; há algo específico que o ocasiona e o evoca": a saber, uma dificuldade, que emerge da experiência do sujeito, no curso de sua ação, causando-lhe perplexidade e colocando o pensar como o caminho necessário para sua solução. Enfim, "o problema determina o fim do pensamento e o fim controla o processo de pensar". Por conseguinte, o homem "não pensa quando não tem problemas com os quais lidar, nem dificuldades a superar", implicando, nessa linha, uma experiência irrefletida aquela desprovida de dificuldades ou, ainda, aquela em que, em meio a dificuldades, as soluções são preditas, impostas de fora, por terceiros.[135]

Segundo, a *localização e definição do problema*. Trata-se de passo normalmente misturado ao anterior. Em casos de perplexidade incomum, porém, a dificuldade pode se apresentar, originalmente, como um choque apenas, um sentimento de inesperado, exigindo, então, de modo separado, "observações deliberadamente calculadas para trazer à luz o que está em dificuldade, ou para tornar claras as características específicas do problema". Para Dewey, "Em grande medida, a existência ou não existência deste (segundo) passo faz a diferença entre a reflexão adequada ou inferência crítica salvaguardada e o pensar não controlado".[136]

Terceiro, a *sugestão*, a *inferência*. Corresponde à ideia, ao pensamento, à hipótese teórica que funciona como plano de ação; ferramenta para a solução de lacunas da experiência; instrumento "para a ativa reorganização do ambiente dado, para a remoção de específicos problemas e perplexidades".[137]

---

134   DEWEY, *How we think*, 1997, p. 157 e 158.

135   DEWEY, *How we think*, 1997, p. 12; DEWEY, *Reconstruction in philosophy*, 2004, p. 80.

136   DEWEY, *How we think*, 1997, p. 73 e 74.

137   DEWEY, *How we think*, 1997, p. 72; DEWEY, *Reconstruction in philosophy*, 2004, p. 89 e 90.

A situação de perplexidade invoca algo não presente aos sentidos, de forma que o conteúdo da sugestão é prospectivo. E, para sua formulação, o sujeito somente dispõe daquele "estoque" de experiências e conhecimentos anteriores, que intermediam sua relação com o ambiente. Eis o material para o pensamento.[138] Isso leva a três considerações importantes.

Em primeiro lugar, o fato de que, sem experiências, sem conhecimentos e habilidades que, em alguma medida, aproximem o sujeito da solução do problema enfrentado, que o permitam inferir uma resposta adequada, a "confusão permanece mera confusão. Não há nada a partir do que inferir a fim de esclarecê-la".[139]

> Todo julgamento, toda inferência reflexiva pressupõe alguma falta de compreensão, uma parcial ausência de significado. Refletimos para que possamos nos apoderar do significado adequado e completo do que acontece. Entretanto, algo já deve ser entendido, a mente deve estar na posse de algum significado que ela dominou, ou então pensar é impossível[140].

A segunda consideração, vinculada à anterior, é a de que a aptidão dos sujeitos para uma resposta adequada ao problema, expandindo, aprofundando e reorganizando o significado do universo experiencial, está diretamente vinculada à sua experiência desse mesmo universo, suas habilidades, conhecimentos, de seu hábito de pensar, enfim, ao que é naquele momento – um ser, de qualquer forma, em permanente reconstrução.

Por último, o fato de que, independentemente das experiências do sujeito, a ideia sugerida como resposta ao problema implica, sempre, um salto, em alguma medida, aventureiro, arriscado, falível. Tem, inevitavelmente, "a propriedade do que não pode ser absolutamente garantido com

---

138 DEWEY, *How we think*, 1997, p. 12.
139 *Ibidem*, p. 12.
140 *Ibidem*, p. 119.

Educação para a democracia no Brasil 147

antecedência, não importa quais precauções sejam tomadas". Está, enfim, inevitavelmente, sujeito ao erro:

> Ao mesmo tempo em que o poder do pensamento liberta-nos da submissão servil dos instintos, apetite e rotina, ele traz consigo a ocasião e possibilidade do engano e do erro. Elevando-nos acima do irracional, ele nos abre à possibilidade de falhas nas quais o animal, limitado ao instinto, não cai.[141]

Voltando aos passos do pensar, o quarto é o desenvolvimento, no plano ainda ideal e hipotético, por meio do *raciocínio*, dos rumos e implicações da sugestão.[142]

Mas o ato de pensar não pode parar na ideia formada: "a elaboração pelo raciocínio pode fazer a ideia sugerida muito rica e plausível, mas ela não determina sua validade". A validade da ideia deve ser aferida, tentativa e necessariamente, na prática, em sua aptidão para resolver a lacuna, o problema experienciado. Desse modo, como quinto e último passo, aparece a conclusão, com a experimentação, a verificação prática da ideia conjectural, conduzindo à confirmação ou à rejeição experimental do processo de pensar empreendido.[143]

Para ser completo, portanto, o pensar deve terminar onde tudo começou, no domínio da práxis, da ação interrompida pelo problema experienciado. Evidencia-se, assim, o movimento duplo do processo reflexivo. Parte de problemas na experiência em direção às sugestões de significado e de resposta. Na sequência, a partir das ideias, volta à situação problemática, experimentando as ideias hipoteticamente cogitadas.[144]

É nesse plano prático, enfim, que pode ser aferida a pretensão de validade da ideia, marcadamente instrumental: "Como é o caso de qual-

---

141   *Ibidem*, p. 19 e 75.
142   *Ibidem*, p. 72 e 75.
143   *Ibidem*, p. 72, 77, 79, 96 e 108
144   *Ibidem*, p. 72.

quer ferramenta, seu valor reside não em si mesma, mas na sua capacidade de funcionar, mostrada nas consequências de seu uso". Assim, se têm sucesso nessa empreitada, eliminando a incerteza, a confusão, o conflito, são válidas, boas, verdadeiras; porém, se, colocados em ação, falham, são inválidas, falsas.[145]

E, dessa forma, o pensar reflexivo pode se constituir e se atualizar como operação emancipadora do homem. Possibilita-lhe a solução dos problemas vivenciados nas experiências cotidianas, ampliando e aprofundando seu sentido, reconstruindo-a, de modo positivo e enriquecido, sem ser empurrado para a ação irrefletida, pela força do hábito rotineiro, de impulsos libidinais e do acaso.[146]

3. No âmbito do processo experiencial contínuo, a partir do qual o pensar, o agir e o conviver se formam e se tornam habituais, tem lugar o crescimento cognitivo e moral do sujeito.

De acordo com sua perspectiva social de constituição do indivíduo e da mente, bem como com sua abordagem cognitivista da moral, o crescimento, em Dewey, aparece como o processo em que, na experiência comunicativa, o sujeito torna-se – ou, pelo menos, pode tornar-se – cada vez mais social, mais racional e mais moral.[147]

Distingue três níveis de conduta, na direção da autonomia cognitiva e moral.

O primeiro nível é o *pré-moral* ou *pré-convencional*, em que a conduta é motivada por impulsos e necessidades biológicas, físicas ou, de qualquer modo, não morais, mas que, ainda assim, têm consequências importantes para a moral.[148]

---

145   DEWEY, *Reconstruction in philosophy*, 2004, p. 83, 89 e 90; AMARAL, *Dewey*, 2007, p. 62 e 63.

146   DEWEY, *How we think*, 1997, p. 14, 15 e 67.

147   DEWEY, *Ethics*, 2008, p. 12 e 13.

148   *Ibidem*, p. 12.

Educação para a democracia no Brasil 149

Como destaca Dewey, "Nós começamos a vida sob a influência de apetites e impulsos e da resposta direta aos impulsos imediatos de calor e frio, conforto e dor, luz, barulho, etc.". E, a partir da daí, em função também da própria dependência absoluta e impotência do bebê, o *eu* e o mundo passam a ser constituídos *mediados* por outras pessoas (a mãe, o pai, a pessoa mais velha, em geral), que "determinam quais experiências a criança deve ter; eles instruem-na quanto ao significado do que ela faz e sofre". Desse modo, a criança, progressivamente, ingressa no universo da linguagem e, a partir dele, como um *si mesmo*, num mundo constituído de objetos físicos e culturais.[149]

As perspectivas, as expectativas, as instituições e os hábitos do grupo social vão sendo infundidas na pessoa em crescimento, por meio de estímulos, demandas, determinações, aprovações/reprovações, castigos/prêmios. Constituem, assim, os princípios e critérios de que dispõe, (re)construtivamente, para a percepção e interpretação dessas mesmas experiências. Com isso,

> As coisas vêm a ela (a criança) vestidas em linguagem, não em sua nudez física, e esse traje de comunicação faz dela uma participante nas crenças deles (os membros do grupo social) sobre ela. Essas crenças, vindo a ela, como tantos fatos, formam sua mente; fornecem os centros sobre os quais suas próprias explorações e percepções pessoais são ordenadas. Aqui temos "categorias" de conexão e unificação tão importantes como aquelas de Kant, mas empíricas, não mitológicas.[150]

Enfim, as expectativas e visões do grupo correspondem aos fatores que levarão à mudança, na criança, das tendências meramente biológicas, naturais, em traços de um "eu com valor e significação

---

149 DEWEY, *Reconstruction in philosophy*, 2004, p. 54; DEWEY, *Ethics*, 2008, p. 169

150 DEWEY, *Reconstruction in philosophy*, 2004, p. 54.

moral".[151] É nesse sentido que Mead refere a formação da personalidade à internalização e organização, pelo sujeito, das atitudes comuns do grupo, o *outro generalizado*:

> Uma pessoa é uma personalidade porque ela pertence a uma comunidade, porque ela assume as instituições daquela comunidade em sua própria conduta. Ela assume sua linguagem como o meio pelo qual forma sua personalidade e, então, por meio do processo de tomada dos papéis que todos os outros provêm, ela vem a apreender a atitude dos membros da comunidade. Esta é, em certo sentido, a estrutura da personalidade.[152]

A personalidade emerge, assim, na experiência, essencialmente como *me*, isto é, o aspecto *convencional* do indivíduo, constituído pelo "conjunto organizado das atitudes dos outros que o sujeito assume", com "aqueles hábitos, aquelas respostas que todo mundo tem; do contrário, o indivíduo não poderia ser membro da comunidade". A isso, a pessoa em formação reage, na expressão de si mesmo, como *eu*.[153]

Dessa forma, Dewey apresenta, como segundo nível de conduta, o *heterônomo* ou *convencional*. Nele, o indivíduo está inserido no universo cultural do grupo, compartilhando suas experiências, seus valores, seus hábitos. Participa do pano de fundo de entendimento mútuo, despercebida e inconscientemente assimilado, implícito e pressuposto, em que ocorre a comunicação e a interação social.[154]

Nesse estágio, porém, circunscrito o pensamento a esse mobiliário mental captado acriticamente, "não sabemos como", o indivíduo ainda "aceita com relativamente pequena reflexão crítica os padrões e for-

---

151   DEWEY, *Ethics*, 2008, p. 303.
152   MEAD, *Mind, self and society*, 1992, 154 e 162.
153   *Ibidem*, p. 175, 197 e 200.
154   DEWEY, *How we think*, 1997, p. 214.

Educação para a democracia no Brasil 151

mas de seu grupo, tal como incorporados nas tradições e costumes".[155] Na linha da filosofia kantiana, sujeita-se a convenções, normas heterônomas, alheias à própria razão, pois dadas, de fora, pelo grupo.[156]

Finalmente, no terceiro nível de conduta, a *autonomia*, o sujeito em crescimento, superando a personalidade e a experiência *convencional*, da qual emergiu, "pensa e julga por si, considera se o propósito é bom ou certo, decide e escolhe, não aceitando os padrões de seu grupo sem reflexão".[157]

A criança iniciou seu processo de descobrimento e inferência dos *sentidos* do mundo, com uma manifestação *física* de curiosidade: um extravasamento de vida, "uma expressão de uma energia orgânica abundante" e, assim, "uma inquietação fisiológica (que) leva a criança a estar 'em tudo', agarrando, cutucando, batendo, bisbilhotando". A partir disso, ingressando no universo de linguagem, desenvolve um segundo nível de curiosidade, de caráter *social*. Começa "Quando a criança aprende que pode apelar aos outros para alargar seu estoque de experiências, de modo que, se os objetos não respondem de modo interessante aos seus experimentos, ele pode recorrer a pessoas para fornecer materiais interessantes". E assim, o "Por quê?" se torna o "sinal infalível da presença da criança". Finalmente, no vislumbrar que os fatos observados e as respostas tradicionais não são "toda a história", o sujeito pode chegar ao nível superior da curiosidade, a *intelectual*: a inquietação a partir da qual pode reconstruir o significado das experiências e vivenciá-las, com cada vez mais autonomia.[158]

Com a reorganização de suas experiências e de seu estoque de conhecimentos e aptidões, o indivíduo, no estágio da autonomia, habilita-se ao pensar reflexivo e, por meio desse hábito, consegue atribuir, por si, sen-

---

155 DEWEY, *How we think*, 1997, p. 04; DEWEY, *Ethics*, 2008, p. 12.
156 KANT, Emmanuel. *Fundamentação da metafísica dos costumes*. Lisboa: Edições 70, 2008, p. 79.
157 DEWEY, *Ethics*, 2008, p. 12.
158 DEWEY, *How we think*, 1997, p. 30 a 33.

tidos de modo mais denso e profundo. Pode, então, atuar inteligentemente na direção de sua experiência e na solução dos conflitos em seu curso.[159]

A formação social da personalidade conduz, ou, ao menos, permite que, em seu crescimento, o sujeito, mais do que progredir para uma conduta mais racional, mais social e mais moral sob o ponto de vista do grupo, possa, com seu pensar reflexivo, distanciar-se dos valores, experiências e instituições sociais. E isso ao ponto de emergir, em sua experiência, a colisão entre o eu e os outros, no que se refere à verdade e, no plano moral, ao valor, o bem ou mal da experiência humana.[160]

O pensar reflexivo, objetificando e questionando o universo cultural e linguístico do grupo social, pressupõe, de qualquer forma, que o indivíduo participe dessa linguagem e dessa cultura, dispondo de ferramentas intelectuais e dos significados, por elas proporcionados.[161] Pode, então, em relação aos conflitos morais vividos, avaliá-los, crítica e inteligentemente, conferindo-lhes sentido e, no discurso, participando, com argumentos, da busca de soluções moralmente boas, adequadas, em termos de reconstrução positiva das experiências.[162]

A autonomia moral, para Dewey contrapondo-se à heteronomia, como em Kant, distingue-se da abordagem deste último,[163] pois é referida ao processo construtivo de crescimento do sujeito histórico, concreto, em sua experiência social.

Tudo isso, enfim, num processo de incremento de *liberdade*, de autonomia cognitiva e moral, intersubjetivamente construída e praticada, e, assim, de emancipação. A filosofia deweyana confere destaque à *liberdade de inteligência*, a "genuína liberdade": a competência e o "poder mental de exercício independente, emancipado dos cordões condutores

---

159   DEWEY, *Reconstruction in philosophy*, 2004, p. 106.

160   DEWEY, *Ethics*, 2008, p. 14.

161   MEAD, *Mind, self and society*, 1992, p. 73 e 74.

162   DEWEY, *Ethics*, 2008, p. 12 e 14.

163   KANT, *Fundamentação da metafísica dos costumes*, 2008, p. 14 e 79.

Educação para a democracia no Brasil   153

dos outros" para o julgamento, a significação, a direção e a reconstrução positiva da experiência comunicativa, na qual o sujeito se constituiu.[164] Trata-se, de qualquer forma, de uma *liberdade* que, realizando-se, ativamente, em comunicação, em vista da melhoria das experiências e na direção do crescimento, é inseparável da noção de *responsabilidade*. *Liberdade* e *responsabilidade*, em Dewey, são compreendidas dentro desse sentido moral, "conectado com possibilidade de crescimento, aprendizado e modificação da qualidade".[165]

Finalmente, importa recordar que, de acordo com a concepção moral deweyana, o crescimento não tem um termo final preestabelecido. Ele é o *fim*. Não existe um padrão de *ego* que determine o ponto fixo de todo o desenvolvimento. Compreendido em termos dinâmicos, "Cada *eu* vivo age e é afetado, em contrapartida, pelo que faz. Toda ação voluntária é um refazer do *eu*, visto que cria novos desejos, instiga novos modos de comportamento, traz à luz novas condições que instituem novos objetivos".[166] E nessa permanente reconstrução, é afetado "não apenas a personalidade, mas também o ambiente que auxilia em sua constituição; isto é, implica uma visão de evolução na qual o indivíduo afeta seu próprio ambiente tanto quanto é afetado por ele".[167]

Assim, no âmbito do processo de crescimento cognitivo e moral, ao lado da determinação *subjetiva* do sentido ambiente, pelo sujeito, mediada pela experiência social e em permanente reconstrução, soma-se a reconstrução *objetiva* do ambiente físico e social. As maiores habilidades,

---

164   DEWEY, *How we think*, 1997, p. 63, 66 e 67; DEWEY, *Experiência e educação*, 2010, p. 63, 66 e 68. A liberdade de inteligência, complementa Dewey, não pode ser separada da liberdade de ação externa da atividade; porém, esta é visto não como um *fim* em si, mas como *meio* "de liberdade de julgamento e de poder para colocar em prática decisões deliberadamente tomadas" (DEWEY, *Experiência e educação*, 2010, p. 63 e 65).

165   DEWEY, *Ethics*, 2008, p. 305.

166   *Ibidem*, p. 306.

167   MEAD, *Mind, self and society*, 1992, p. 214.

conhecimentos e experiências, permitindo um pensar reflexivo e crítico, possibilitam uma ação mais inteligente sobre o ambiente, reconstruindo-o social, comunicativa e positivamente: o crescimento em geral, promotor de outros crescimentos, em outras direções, de todo o grupo social.

A reconstrução subjetiva e objetiva permanente das experiências, com sua compreensão sempre mais profunda, aliada a ações cada vez mais inteligentes, implica experiências posteriores de maior qualidade, trazendo, concomitante e incessantemente, novas questões, mais profundas, a serem solucionadas por sujeitos mais aptos a lidar com elas.[168]

Enfim, nesse *continuum* experiencial, não determinado por qualquer *metanarrativa* histórica, e, assim, de forma nenhuma necessário, a reconstrução social e a reconstrução da personalidade aparecem como "dois lados de um mesmo processo – o processo de evolução social humana".[169]

4. A constituição social da individualidade e o pensar, agir e conviver reflexivos – assim como sua deturpação irrefletida – são habilidades e hábitos construídos e reconstruídos, paulatinamente, a partir das experiências de vida. Tornam-se habituais dentro de certas linhas, perspectivas e direções, traçadas sob a influência dos costumes e tradições do grupo social.[170] Configuram, então, o modo como o sujeito experienciará e atuará em seu mundo.

Os *hábitos de pensar, agir e conviver* e a *experiência* combinam-se, por conseguinte, numa correlação de influência recíproca. Aparecem como *causa* e *efeito* permanente um do outro, num processo experiencial que não está, em nenhum grau, predeterminado.

Educação e *democracia* não podem ser concebidas nem praticadas sem a percepção clara dessa correlação. Devem, por isso, para Dewey, ser compreendidas no movimento contínuo e gradual de formação e de-

---

168   DEWEY, *Reconstruction in philosophy*, 2004, p. 106 e 107; DEWEY, *Experiência e educação*, 2010, p. 36, 37, 48 e 51.

169   MEAD, *Mind, self and society*, 1992, p. 309.

170   DEWEY, *The public and its problems*, 1991, p. 159 e 160.

Educação para a democracia no Brasil 155

senvolvimento da individualidade e de melhoria e enriquecimento das experiências sociais.

Aqui, a força dos hábitos, que dominam a reflexão-ação humana, e a força das condições experienciais objetivas, deles perpetuadores – todos trazidos do passado e moldadas ao longo da história – não podem ser subestimadas. Asseguram duplamente a continuidade e explicam porque "quanto mais as coisas mudaram, mais elas permaneceram as mesmas".

No campo da vivência democrática, esclarecem porque "ao invés da completa revolução esperada como resultado dos mecanismos políticos democráticos, houve, principalmente, somente a transferência do poder de uma classe para outra".[171]

O que temos em mãos para desenvolver novas ideias são as antigas ferramentas. O que permite construir novas e melhores experiências no futuro são justamente as experiências passadas. Destarte, são evidentes as dificuldades inerentes ao desfazimento dos velhos hábitos e à superação do me convencional, habitual, formado a partir da tradição cultural.

Daí porque as mudanças profundas não serem possíveis *de pronto*. Daí a desrazão da obsessiva pretensão, tipicamente moderna, de recomeçar sempre do zero[172], a partir de uma *tabula rasa* que possibilitasse a criação de uma nova ordem das coisas e mentes[173].

Experiências educativas e sociais, no sentido da consolidação e aprofundamento da democracia, indicam uma mudança processual de direção, uma caminhada gradual e progressiva. E isso no âmbito do processo da interação entre os sujeitos, em seu ambiente social, em que todos se transformam e modificam um ao outro, num *continuum* experiencial. Só assim as vivências anteriores e aquilo que delas se extrai em termos de conhecimento e habilidades positivas, podem ser levadas inteligente-

---

171   *Ibidem*, p. 161.

172   BAUMAN, Zygmunt. *A modernidade líquida*. Trad. Plínio Dentzien. Rio de Janeiro: Jorge Zahar, 2001, p. 36.

173   DEWEY, *The public and its problems*, 1991, p. 162; DEWEY, *Reconstruction in philosophy*, 2004, p. 43 e 54; DEWEY, *Ethics*, 2008, p. 307.

mente para a compreensão, a vivência e a reconstrução das experiências subsequentes, sempre com maior qualidade cognitiva e moral.

O modelo deweyano de democracia

A democracia, em Dewey, é a ambiência em que pode ser realizado o projeto emancipatório de modernidade.

Não se reduz, absolutamente, a um regime de governo, abrangido, pelo autor, no âmbito de um modelo teórico ampliado e enriquecido de conteúdo. A democracia é apresentada como um ideal social e moral que remonta, constrói-se e se reconstrói na referência fundamental a experiência precedente ao momento político-governamental da vida social: a experiência comunitária. Confunde-se com ela: "democracia (...) é a ideia de vida comunitária em si".[174]

Nela, a sociedade civil, ou, como prefere, o *público*, atento às *consequências* das interações humanas que atingem o bem-estar dos demais membros da sociedade, organiza-se e atua em vista de solução discursiva de problemas de coordenação da ação social. Vale-se, então, instrumentalmente, de uma estrutura governamental.[175]

Para tanto, em conformidade com sua reconstrução da filosofia, Dewey destaca a indispensabilidade, por parte dos cidadãos, do pensar e agir reflexivos, com *atitude científica*, e seu exercício efetivo no espaço público.[176]

A democracia se expressa não em termos de instituições políticas isoladas, mas, fundamentalmente, "em atitudes dos seres humanos e é medida pelas consequências produzidas em suas vidas". O significado moral da organização democrática vincula-se, assim, à ciência moderna, em sua qualidade de um hábito da mente reflexivo, investigativo, experimental, falibilista, metódico no enfrentamento de problemas comuns.

---

174   DEWEY, *The public and its problems*, 1991, p. 82, 83, 148, 211 e 213.
175   DEWEY, *The public and its problems*, 1991, p. 12, 27, 28 e 35; HONNETH, *Democracy as reflexive cooperation*, 1998, p. 774.
176   DEWEY, *The public and its problems*, 1991, p. 166, 167, 184 e 218.

Educação para a democracia no Brasil   157

E se atualiza na comunicação, como processo de *busca cooperativa da verdade e do justo*. Efetiva-se, nesse sentido, na sua aptidão de contribuir para melhores experiências sociais, possibilitando o crescimento contínuo de cada membro da sociedade.[177]

Dewey está convicto de que, com "a consulta mútua e as convicções alcançadas pela persuasão", as organizações democráticas "proporcionam uma melhor qualidade de experiências humanas, consideravelmente mais acessíveis e proveitosas, do que as formas não democráticas e antidemocráticas de vida social".[178]

1. Para o delineamento completo do sentido da democracia, a filosofia social deweyana inicia com o conceito de *público*. Em torno dele, é construída uma teoria do Estado que, de modo marcadamente pragmatista, "enfatiza as consequências da atividade como a questão essencial".[179]

O ponto de partida é a constatação básica de que "as ações humanas têm *consequências* sobre outras pessoas, de que parte delas é percebida e de que tal percepção leva a um esforço para controlar as ações de modo a assegurar certas consequências e evitar outras". E tais consequências, complementa o autor, podem ser de dois tipos: "aquelas que afetam as pessoas diretamente envolvidas na transação e aquelas que afetam outras pessoas, além das imediatamente envolvidas".[180]

A noção de *público* e a linha contextual, processual e experimentalmente traçada, que o distingue do que é *privado* emerge, então, da identifi-

---

177   DEWEY, *Freedom and culture*, 1988, p. 97; DEWEY, *Reconstruction in philosophy*, 2004, p. 107; TRINDADE, *Educação, sociedade e democracia no pensamento de John Dewey*, 2009, p. 76 e 77.

178   DEWEY, *Experiência e educação*, 2010, p. 34 e 35.

179   DEWEY, *The public and its problems*, 1991, p. 12 e 65.

180   *Ibidem*, p. 12.

cação de consequências do segundo tipo mencionado, cuja *importância*[181] torna necessário seu controle, seja pela inibição, pela promoção:

> Quando as consequências de uma ação limitam-se ou são entendidas como limitadas sobretudo às pessoas nela diretamente envolvidas, a transação é privada (...) presumivelmente, as consequências da vantagem ou do dano não se estendem além de A e B; a atividade fica entre eles; ela é privada. Já se for constatado que as consequências da conversação se estendem para além dos diretamente envolvidos, que ela afeta o bem-estar de muitos outros, o ato adquire uma capacidade de público.[182]

O *público* remete, nesse cenário, à existência de *consequências* que se projetam de modo importante, para além das pessoas imediatamente envolvidas na interação. Provém da existência de problemas de coordenação social, portanto. Ao mesmo tempo, decorre da percepção, pelos afetados, dos efeitos invasivos da interação, de modo a considerar "necessário tê-las sistematicamente sob cuidado". Personifica-se, assim, num conjunto de pessoas com o interesse comum em controlar tais consequências e os problemas delas decorrentes, e que formam um *público*.[183]

Evidentemente, diante da complexidade das relações humanas, da heterogeneidade de suas consequências e dos problemas que podem envolver, da variedade incalculável de perspectivas histórico-culturais pelas quais podem ser percebidas, não há que se falar num único e homogêneo público, compondo *organicamente* a sociedade, com idênticos interesses e valores. Mais do que *o* público, há muitos públicos:

---

181   Dewey enumera, como fatores que conferem *importância* às consequências: seu longo alcance no tempo ou no espaço; sua estabilidade, uniformidade e recorrência; e sua irreparabilidade (*Ibidem*, p. 15 e 64).

182   *Ibidem*, p. 12 e 13.

183   *Ibidem*, p. 15, 16, 39, 64 e 126.

(...) as ações conjuntas que possuem consequências indiretas, graves e duradouras são de uma extensão sem comparação, e se entrecruzam gerando seu grupo próprio de pessoas especialmente afetadas, com pouco em comum para que os diferentes públicos sejam unidos num único todo integrado.[184]

A sociedade é, assim, compreendida dentro de uma concepção pluralista. É somente um nome abstrato, coletivo que remete não a uma única organização, mas a um aglomerado de interações e associações, ou ainda, a um "processo de associação". Significa "associação, reunir-se em relação e ação conjunta para a melhor realização de qualquer forma de experiência que é enriquecida e confirmada sendo comunicada e compartilhada".[185]

É nesse cenário complexo que a dimensão do público se desenvolve como um *meio discursivo de articulação de demandas e de solução de problemas*. Constitui uma esfera fundamental da ação social. Nela, os grupos se organizam, percebem e debatem questões comuns, formulam e experimentam soluções, articulam interesses e opiniões. E se valem, instrumentalmente, quando necessário, diante da forma como afetados pelos conflitos experimentados, da regulação e da mediação por parte da esfera política governamental.[186]

2. Do reconhecimento de consequências invasivas e de problemas de coordenação social, assim como do esforço comum de regulá-los, emerge, a partir do público, a noção de *Estado*.[187]

A experiência social, suas consequências e problemas trazem o público à existência. Organiza-se como um Estado ao somar uma estru-

---

184   *Ibidem,*p. 39, 44 65 e 137.

185   DEWEY, *Reconstruction in philosophy*, 2004, p. 118 e 119.

186   DEWEY, *The public and its problems*, p. 12, 15, 16, 39; HONNETH, *Democracy as reflexive cooperation*, 1998, p. 774.

187   DEWEY, *The public and its problems*, p. 12.

tura governamental, com representantes dotados de poderes e funções específicas: "Um público articulado e operando através de representantes oficiais é um estado; não há estado sem um governo, mas também não há nada sem o público".[188]

A única definição que Dewey entende possível traçar em relação ao Estado é puramente *formal*: é a organização do público realizada através de uma estrutura política governamental para a proteção dos interesses compartilhados por seus membros. E inclui, em seu conceito, dois elementos essenciais: o *público* e, emergindo dele e em referência a ele, como instrumento para sua organização e regulação, mediação e realização de suas pretensões, o aparelho de *governo*.[189]

De qualquer forma, "o que o público pode ser, o que as autoridades públicas são e quão adequadamente eles realizam suas funções são coisas que temos de ir à história para descobrir". O traço característico do Estado, na esteira do público do qual emerge, é a diversidade local e temporal, mostrando-se absolutamente descabida, como já destacado, a busca metafísica de um padrão universalmente válido d'O Estado.[190]

Quanto ao *valor* de um Estado em particular, nesse contexto, vincula-se à organização do público e à constituição de seus governantes de forma tal a efetivar sua função de cuidar dos interesses públicos. Eis critérios que, para Dewey, podem ser atualizadas experimentalmente, de mais racional e moral, no Estado Democrático.[191]

3. Em torno da *esfera governamental*, Dewey engendra o sentido *político* da democracia. Nesse seu significado específico, corresponde a "um modo de governo, uma prática especifica de selecionar agentes públicos e de regular sua conduta como pública", remetendo a direitos, instituições e procedimentos, como sufrágio universal, eleições periódicas e regra da maioria.[192]

---

188   *Ibidem*, p. 67.
189   *Ibidem*,. 27, 28, 35 e 71.
190   *Ibidem*, p. 32, 33, 39, 44 e 65.
191   *Ibidem*, p. 33.
192   *Ibidem*, p. 82, 83, 144 e 157.

Tudo isso, de acordo com o conteúdo instrumental conferido ao governo: um *medium* por meio da qual a comunidade e o público, democraticamente organizados, exercem a soberania popular e podem, com o amparo de agentes públicos, democraticamente eleitos, regular a experiência social e resolver problemas de coordenação social.[193]

Dentro de tal configuração, as decisões do Estado e o Direito que o rege não são mais do que a aposição de um "selo oficial sobre forças já em operação, conferindo-lhes um canal definido por meio do qual agir". O governo não tem mãos nem ideias próprias a não ser a dos indivíduos, organizados ou não num público, orientados ou não racionalmente ao interesse comum, que o elegem e o compõem.[194]

Assim, ainda que sejam instituídos procedimentos e práticas fundamentais para a vivência democrática, o elemento governamental não faz, por si só, a democracia. É ilusório esperar por uma vivência democrática com base, apenas, em formas, órgãos e métodos político-governamentais.[195]

A referência ao momento anterior da vida comunitária faz com que, em Dewey, o elemento mais significativo da fase política da democracia – e, nela, da "contagem de cabeças" – seja o fato de que compele aos recursos racionais prévios do debate de ideias, da consulta e da persuasão. A regra de maioria "nunca é *meramente* regra da maioria". Constitui um dado fundamental os meios, discursivos e racionais, por meio dos quais a maioria se torna maioria.[196]

Na filosofia política deweyana, "o governo existe para servir sua comunidade". A estrutura e os procedimentos da democracia política justificam-se na extensão em que sejam "de um tipo que façam do interesse público o mais supremo guia e critério da atividade governamental e que

---

193 DEWEY, *The public and its problems*, 1991, p. 71, 82 e 143. HONNETH, *Democracy as reflexive cooperation*, 1998, p. 744 e 775.

194 DEWEY, *The public and its problems*, 1991, p. 68 e 82.

195 *Ibidem*, p. 68, 82 e 146.

196 *Ibidem*, p. 207.

possibilitem ao público dar forma e manifestar seus propósitos de modo ainda mais competente".[197]

Daí a atenção ao momento comunitário que antecede as instituições e práticas que compõem a democracia política.

4. Dewey apreende a *comunidade* para além do simples conjunto de ações individualistas, concatenados eventual ou estrategicamente, em vista da satisfação de fins próprios. Identifica-a como uma experiência comunicativa, compartilhada e cooperativa. É impregnada de conteúdo moral, no sentido de que é "emocionalmente, intelectualmente e conscientemente sustentada", na direção do crescimento e de melhores experiências:

> Onde quer que haja atividade conjunta cujas consequências sejam apreciadas como boas por todos os indivíduos que tomam parte nelas, e onde a percepção do bem cause um desejo e um esforço vigoroso em mantê-lo justamente porque se trata de um bem compartilhado por todos, há nessa medida uma comunidade.[198]

A ideia de comunidade nos remete a um universo linguístico, em que, na comunicação, os membros do grupo são formados dentro de uma tradição cultural. Nela inseridos, participam cooperativamente das interações sociais e dos interesses, bens e valores do grupo, contribuindo com sua organização e direção. E isso, de acordo com as necessidades, aptidões, particularidades e possibilidades individuais.[199]

A linguagem induz uma perspectiva existencial *participante*, na qual o sujeito, em sua particularidade essencial, abre-se ao outro como parceiro de comunicação que compartilha o sentido do que foi falado. Ao se comunicar, o sujeito "coloca-se a si próprio do ponto de vista de

---

197   *Ibidem*, p. 146.

198   *Ibidem*, p. 149 e 151.

199   *Ibidem*, p. 147 e 149 e 152.

uma situação na qual (pelo menos) duas partes coparticipam. Essa é a peculiaridade essencial da linguagem".[200]

O discurso manifesta, dessa maneira, para além de seu imenso potencial *instrumental* de um "meio de ação organizada para um fim" linguístico, todo seu sentido moral *consumatório*. Encontra em si as recompensas de suas possíveis consequências: "Pois não há modo de ação tão satisfatório, nem tão recompensador, quanto o consenso organizado da ação". Traz consigo o "sentido de repartir".[201]

Nesse contexto linguístico, a vida comunitária e seu valor moral ancoram-se, em Dewey, conforme leitura precisa de Axel Honneth, na experiência da *justa divisão social do trabalho*. A ela é conferida a força de dar a cada indivíduo a consciência da cooperação social, para a realização de fins comuns: "Somente uma forma de divisão do trabalho que conceda a cada membro da sociedade, de acordo com as habilidades e talentos autonomamente descobertos, uma justa chance de assumir ocupações socialmente desejáveis permite que a consciência da cooperação surja".[202]

Conclui, assim, que, no modelo deweyano, a vida democrática aparece como decorrência dessa experiência dos membros do grupo social ao se relacionar uns com os outros cooperativamente. É essa experiência de participação, por meio de uma contribuição individual, única, nas tarefas do grupo, que possibilita ao indivíduo compreender a importância de um público democrático.[203]

Sendo assim, na vida comunitária, o *nós* emerge e se constitui tão inevitavelmente quanto o *eu*; sem que o indivíduo se coloque em oposição ao coletivo. Afinal, não se trata, absolutamente, de um "indivíduo per se, um indivíduo fixo, em isolamento e estabelecido por si mesmo",

---

200   DEWEY, *Experiência e natureza*, 1980, p. 36, 40 e 51.

201   *Ibidem*, p. 39.

202   HONNETH, *Democracy as reflexive cooperation*, 1998, p. 777.

203   *Ibidem*, p. 776 e 780.

mas que, como visto, forma-se na associação e na comunicação, compartilhando valores, interesses e desenvolvendo um papel social. O *eu* e o *meu*, em suma, vêm à cena e adquirem sentido em relação íntima com o *nós* e o *nosso*. Na extensão, pois, em que a atividade combinada se torna objeto de interesse, vontade e esforço comum e "uma participação particular na ação mútua é conscientemente afirmada ou reivindicada".[204]

Contraposto ao *me* tradicional, o *eu* tem seu espaço resguardado, portanto. É colocado em proeminência como o fator fundamental na *reconstrução inteligente da experiência social. Afinal, é o "detentor do pensamento criativo, o* autor da ação e de sua aplicação (...) A mente individual é importante porque somente ela é o órgão de modificações nas tradições e instituições, o veículo de criação instrumental".[205]

De qualquer forma, no bojo da tradição da modernidade, os ideais iluministas, expressos no lema da Revolução Francesa, perdem qualquer referência solipisista e metafísica. Assumem um enriquecido conteúdo ativo e comunicativo.

Em conexão com a experiência comunitária, a *fraternidade* é relacionada aos bens morais, instituições e valores estimados pelo grupo social e que, advindos da associação, dão a direção e significado à conduta de cada um.[206]

Quanto à *igualdade*, não quer dizer "um tipo de equivalência física ou matemática em virtude da qual qualquer elemento pode ser substituído por outro". Fruto da comunidade, significa a "efetiva consideração pelo que quer que seja distintivo e único em cada um, independentemente de desigualdades físicas e psicológicas". Denota a participação sem entraves e de acordo com a necessidade e a capacidade de cada um, na interação social e nas consequências e resultados da ação associada.[207]

---

204   DEWEY, *The public and its problems*, 1991, p. 151 e 152.
205   DEWEY, *O desenvolvimento do pragmatismo americano*, 2007, p. 241 e 242.
206   DEWEY, *The public and its problems*, 1991, p. 151.
207   *Ibidem*, p. 150 e 151.

Finalmente, a *liberdade*. Superando o sentido individualista negativo – a mera retirada de entraves físicos que se impõem ao indivíduo – remete à liberação e atualização das potencialidades individuais na associação, na comunicação. É *liberdade comunicativa*, de *ação comunicativa*. Tem "lugar apenas em rica e múltipla associação com os outros", fazendo-se como "poder de ser um *eu* individualizado fazendo uma contribuição peculiar e usufruindo de seu modo, os frutos da associação".[208]

Enfim, como destaca Dewey, nenhum indivíduo "jamais foi emancipado meramente sendo deixado sozinho. A remoção das limitações físicas é apenas uma condição negativa; liberdade positiva não é um estado, mas uma ação", que envolve, necessariamente, comunicação, razão e, desse modo, orientada ao crescimento geral, *responsabilidade*.[209]

5. Aos laços comunitários e cooperativos, somam-se, ainda, na ambiência democrática, dois fatores indissociáveis, em vista da consolidação de seu valor racional, cognitivo e moral, na solução dos problemas comuns e conflitos de coordenação social: o *hábito reflexivo* de *pensar, agir e conviver*, marcado pela atitude científica, por parte dos cidadãos; e o *ambiente de livre comunicação*, que possibilite a expansão, a correção e o compartilhamento do saber produzido e, valendo-se dele, a melhoria permanente das experiências comunitárias.[210]

A filosofia social habermasiana, apoiando-se na teoria do discurso, tratará da matéria, de modo semelhante, em termos de uma *situação ideal de fala* e da *competência* (e disposição) *comunicativa* dos atores (falantes e ouvintes).[211]

---

208   *Ibidem*, p. 150.
209   DEWEY, *The public and its problems*, 1991, p. 168; DEWEY, *Ethics*, 2008, p. 305.
210   DEWEY, *The public and its problems*, 1991, p. 184.
211   FREITAG, Bárbara. "A questão da moralidade: da razão prática de Kant à ética discursiva de Habermas". *Tempo social. Revista de Sociologia da USP.* Volume 01, nº 02, São Paulo, 2º semestre de 1989, p. 37.

Com isso, Dewey não está propondo, absolutamente, o que negaria a própria concepção de democracia, um governo tecnocrata, por especialistas, desconectado do público. Tampouco está sugerindo que todos os membros da comunidade sejam cientistas, restrita a ciência ao ponto de vista conteudista, de um corpo de conclusões.[212]

O que propõe é a assimilação na *forma de vida* democrática e na conduta do cidadão do hábito reflexivo de pensar e agir e da disposição investigativa, experimental, metodológica, crítica, falibilista, que caracterizam a atitude científica. Pois é esse hábito que, para o autor, possibilita a superação de equívocos produzidos pelas tradições irrefletidamente assimiladas, de preconceitos e medos pessoais e de classe e, ainda, de enganos decorrentes da propaganda e da difusão de informações em favor de grupos de interesses. Aparece como a "única garantia da possibilidade de uma opinião pública inteligente o suficiente para equacionar os problemas sociais presentes".[213]

Atualizada no discurso, permite, então, a assimilação, na prática social, da perspectiva metodológica pragmatista de *pesquisa cooperativa da verdade*, pela "comunidade de pesquisadores", para lidar com problemas reais enfrentados no curso da ação.[214] Aliam-se o método científico e o democrático.[215]

Isso induz, como também se verá em Habermas, uma concepção ativa e racional-dicursiva da cidadania. O cidadão, fazendo uso de sua liberdade comunicativa, envolve-se no debate público sobre as consequências invasivas e dificuldades que emergem da interação social. Colabora com a organização do *público*. Participa da investigação, da construção e

---

212 DEWEY, *Freedom and culture*, 1989, p. 114; DEWEY, *The public and its problems*, 1991, p. 206 e 208.

213 DEWEY, *Freedom and culture*, 1989, p. 101, 113 e 114.

214 BERNSTEIN, *The resurgence of pragmatism*, 1992, p. 814 e 815; JOAS, *Pragmatism and Social Theory*, 1993, p. 19.

215 DEWEY, *Freedom and culture*, 1989, p. 81.

Educação para a democracia no Brasil 167

da experimentação de soluções aos conflitos sociais e morais bem como de possibilidades experienciais de convivência e organização estatal.[216] Ao mesmo tempo, implica a consolidação do ambiente público comunicativo, que antecede e ao qual se vincula instrumentalmente a estrutura político-governamental. Trata-se de um momento intermediário entre a experiência do problema de coordenação social e sua solução institucionalizada pelo Estado. Constitui-se como espaço de afirmação e articulação de demandas, interesses e opiniões públicas, formadas por aqueles que constituem o público, para tratar de questões públicas.[217]

Nesse ponto, Dewey destaca a atuação do *cientista*. E isso não num sentido tecnocrático, como o governante ideal, qualificado à formulação das políticas estatais, mas, fundamentalmente, como cidadão que participa do público e da pesquisa social, "descobrindo e fazendo conhecidos os fatos dos quais tais políticas dependem". Mais, que faz incorporar, no debate e na opinião pública, as contribuições técnicas e científicas, elevando, então, "o nível em que a inteligência de todos opera", sem exigir, para tanto, como já destacado, que todos os cidadãos tornem-se cientistas.[218]

A postura ativa dos cidadãos, articulados no público, desse modo, aumenta as chances de respostas adequadas aos problemas colocados, e assim, de uma contínua melhoria das experiências, do ponto de vista do grupo social. A democracia aparece como "condição para o aumento da racionalidade das soluções dos problemas sociais" [219], na medida em que remete à maior e melhor participação possível de pessoas, no enfrentamento das temas públicas. Tudo isso, num compartilhar por meio do qual "os significados são ampliados, aprofundados e consolidados no sentido da participação".[220]

---

216 DEWEY, *The public and its problems*, 1991, p. 45, 126 e 193.

217 *Ibidem*, p. 177.

218 *Ibidem*, p. 207 e 210.

219 HONNETH, *Democracy as reflexive cooperation*, 1998, p. 772, 773 e 775.

220 DEWEY, *Experiência e natureza*, 1980, p. 51.

Enfim, "Porque a racionalidade das soluções de cada problema aumenta na medida em que todos os afetados são igualmente incluídos na 'processo de pesquisa', é fora de questão para Dewey que a autodireção política da sociedade tem de ser democraticamente organizada".[221]

6. Sem dúvida, a experiência ampliada da democracia apresenta-se como um processo *gradual, complexo, conflituoso* e *contingencial*. Não se efetiva, absolutamente, como uma autoadministração orgânica, direta e naturalmente resultante dos vínculos cooperativos da comunidade.[222]

Os elementos da experiência democrática – *hábitos* de *pensar, agir* e *conviver, vida comunitária, espaço público* comunicativo, *público, governo* democrático – pressupõem, favorecem e fortalecem um ao outro, num *continuum* experiencial positivo. Mas isso de nenhuma forma *necessária*.

Pressupõem, para sua efetivação, uma disposição, uma atitude da personalidade que, contudo, não é inata. Não é um traço da natureza humana, como também não é seu oposto. Sua formação e aprendizagem somente podem ocorrer dentro da própria *experiência* social democrática.[223]

Envolve, ademais, a apreensão e experiência do Estado como um problema *prático* extremamente *complexo*, que, afinal:

> Demanda capacidade de observar e reconhecer as consequências do comportamento dos indivíduos unidos em grupos e de delineá-las em sua fonte e origem. Envolve a seleção de pessoas para atuar como representantes dos interesses formados a partir dessas consequências observadas e para definir as funções que eles devem ter e empregar. Requer a instituição de um governo de tal modo que os detentores da reputação e do poder que caminham junto com o exercício daquelas funções

---

221 HONNETH, *Democracy as reflexive cooperation*, 1998, p. 775.

222 *Ibidem*, 767 e 774.

223 DEWEY, *Freedom and culture*, 1988, p. 88.

empreguem-nos para o público e não os desviem ao seu benefício privado.[224]

Remete, ainda, à constituição, o reconhecimento e a organização dos membros da sociedade civil num público, num cenário desfavorável. Nele, conforme o diagnóstico de modernidade apresentado por Dewey, não caminhou, ao lado do progresso material, científico e tecnológico, o correspondente desenvolvimento das experiências humanas, em termos sociais e morais. Em verdade, implicou uma ambiência social marcada pelo individualismo, pela lógica da concorrência em detrimento da cooperação, pela desagregação social.[225]

Nesse contexto social, o público está enfraquecido, disperso e desorientado, vive um "eclipse". Tem muita dificuldade de se organizar democraticamente e de conceber e empregar métodos inteligentes no diagnóstico dos problemas sociais e na formulação e execução de políticas para lidar com eles.[226]

Recusando, todavia, qualquer metahistória que determine a emancipação da humanidade, Dewey vislumbra-a, conforme exposto, na ambiência democrática. E reconhecendo os descaminhos que a afetaram historicamente, identifica, ainda assim, a experiência democrática como *único* percurso para o aperfeiçoamento da democracia, na direção da realização de seu potencial discursivo, moral e cognitivo.

É a experiência contínua e renovada da democracia, com todas as suas *imperfeições*, que pode proporcionar aos cidadãos a aprendizagem de suas práticas, hábitos e atitudes. Dela decorre o fortalecimento, em termos de qualidade racional, do público e dos espaços comunicativos, com o aperfeiçoamento dos métodos e das condições de debate, discus-

---

224 DEWEY, *The public and its problems*, 1991, p. 32, 33 e 177.

225 *Ibidem*, p. 126, 140, 141 e 75.

226 DEWEY, *The public and its problems*, 1991, p. 77, 126 e 146; DEWEY, *Reconstruction in philosophy*, 2004, p. 97 e 98.

são e persuasão, bem como com o funcionamento do aparelho governamental, de forma comprometida com as demandas sociais.[227] Eis o sentido em que, para Dewey, deve ser apreendida a concepção de que *a cura para os males da democracia é mais democracia*: a reconstrução de sua experiência, a melhoria de suas instituições, procedimentos e práticas, na continuidade de sua experiência e aprendizagem.[228]

O modelo deweyano de educação

No âmbito da experiência da democracia e combinada com sua consolidação e fortalecimento contínuo, como ambiência da emancipação, tem lugar a proposta deweyana de educação *progressiva*.

Dewey a enraíza na ideia de experiência, assumindo-a como meio e meta da educação. Define, nesse sentido, seu pensamento pedagógico – parafraseando Lincoln ao falar da relação entre o governo democrático e o povo – como "uma filosofia da educação de, por e para a experiência".[229]

Não se trata, evidentemente, de qualquer experiência e sim aquela com a qualidade para promover a educação, a *experiência educativa*. O reconhecimento de que a vida, a experiência e a aprendizagem não se separam[230] e, dessa forma, de que toda educação verdadeira é fruto da experiência, "não significa que todas as experiências são verdadeiramente ou igualmente educativas. Experiência e educação não são diretamente equivalentes uma a outra. Algumas experiências são deseducativas".[231]

1. É no contexto norte-americano da primeira metade do século XX, que Dewey apresenta sua concepção pedagógica progressiva, mais humana e democrática. Visa à superação do que denomina o método *tradicional*:

---

227 DEWEY, *The public and its problems*, 1991, p. 82, 168, 169 e 208.
228 *Ibidem*, p. 144.
229 DEWEY, *Experiência e educação*, 2010, p. 30 e 93.
230 TEIXEIRA, *A pedagogia de Dewey*, 1980, p. 115.
231 DEWEY, *Experiência e educação*, 2010, p. 26 e 27.

perspectiva que, a seu ver, favorece "experiências erradas", "deseducativas", colocando-se na contramão do projeto democrático. Apesar disso, completa o autor, conspira a seu favor "a tendência de pais e escolas autoritárias em demandar rápidas e tangíveis evidências de progresso", ainda que ao custo da "dependência de pura memorização e rotina mecânica".[232]

A perspectiva tradicional, na definição deweyana, reduz o processo pedagógico à transmissão unilateral e impositiva, "de cima para baixo e de fora para dentro", de uma tradição cultural ao educando. Corresponde o ensino do *passado*, tendo em vista "preparar o jovem para suas responsabilidades futuras e para o sucesso na vida, por meio da aquisição de um conjunto organizado de informações e de formas preestabelecidas de habilidades que constituem o material de instrução":

> Aprender aqui significa adquirir o que já está incorporado aos livros e às cabeças das gerações anteriores. (...) É ensinado como um produto acabado, sem maior atenção quanto aos modos como tal produto foi originalmente construído ou quanto às mudanças que certamente ocorrerão no futuro. Trata-se de um produto cultural de sociedades que consideram que o futuro será exatamente como o passado, e que passa a ser usado como substância educacional em uma sociedade em que a mudança é uma regra e não uma exceção.[233]

Parte, assim, de um conjunto de informações, habilidades e regras de conduta que se encontra *fora* da experiência de vida do educando, mas que, da perspectiva do especialista, ser-lhe-á útil, em algum momento no futuro. E se constrói sobre o equívoco conceitual de que transmitindo

---

232 DEWEY, *How we think*, 1997, p. 54 e 61.
233 DEWEY, *Experiência e educação*, 2010, p. 19, 20 e 21.

tal conteúdo, com um valor educacional *em si*, os educandos estariam preparados para o futuro.[234]

Ignora, com isso, um dos lados da relação educacional: o educando e suas experiências. É desligada das dificuldades que o perturbam, das perplexidades por ele vivenciadas e, desse modo, do exercício do pensar reflexivo para sua solução, usando os recursos cognitivos de que dispõe.

Configura-se na distância entre as experiências e os recursos cognitivos da criança, de um lado, e, de outro, os conteúdos ensinados e os resultados esperados. E assim a pedagogia tradicional tem que ser *impositiva*. Não há alternativa, "mesmo que bons professores usem artifícios para mascarar tal imposição, a fim de minimizar seus aspectos obviamente brutais".[235]

O ensino se consolida como uma "dieta de matérias pré-digeridas", em que cabe ao aluno tomar as doses prescritas.[236] A crítica aparece, mais tarde, em Paulo Freire – em quem a obra deweyana ecoou, sobretudo por meio dos trabalhos de Anísio Teixeira –, sob a denominação "educação bancária": a educação desvirtuada em "ato de depositar".[237]

Na estrutura tradicional, "a atitude dos alunos deve ser, no geral, de docilidade, receptividade e obediência". Premia-se a passividade, valorizando o silêncio como importante virtude educacional. O educando habitua-se a aceitar e memorizar as ideias alheias, as fórmulas prescritas, e a recitá-las de forma correta, sem investigação pessoal nem teste de seu valor. Utiliza o pensamento "para descobrir o que os outros acreditam e, então, para. As ideias dos outros, como encarnadas na linguagem,

---

234 DEWEY, *Reconstruction in philosophy*, 2004, p. 106; DEWEY, *Experiência e educação*, 2010, p. 20, 47, 49 e 79.

235 DEWEY, *Experiência e educação*, 2010, p. 21.

236 *Ibidem*, p. 47 e 48.

237 FREIRE. Paulo. *Pedagogia do oprimido*. 50ª ed. Rio de Janeiro: Paz e Terra, 2011, p. 82.

Educação para a democracia no Brasil   173

tornam-se o substituto para as próprias ideias". A "aprendizagem" reduz "o indivíduo a uma vida parasita em experiências de segunda mão".[238] Enfatizando hábitos de quietude, aceitação e dogmatismo, nega ao educando a oportunidade de se habilitar e dispor-se, progressivamente, a *estranhar, questionar, recriar* o mundo, ampliando, conferindo sentido e dirigindo sua própria experiência, de acordo com suas habilidades e instrumentos cognitivos, em permanente expansão e reorganização. Em oposição à experiência do diálogo, reduz a comunicação ao seu aspecto de imposição e unilateralidade. Despreza – em favor da resposta predita – tanto a pesquisa dialógica para a construção de resposta às lacunas na experiência, como o experimento de seu valor.

Por tudo isso, a pedagogia tradicional é antidemocrática do princípio ao fim. Não habilita nem habitua à democracia. Ensinar o que é democracia, definindo o termo, especificando seus elementos, não pode ir além de uma teoria não praticada. Renunciando a sua práxis, não permite que o educando apreenda seu sentido, mais profundo, não vivido. O cidadão formado para a passividade e aceitação de soluções prontas a problemas nem sequer colocados, dificilmente terá a habilidade para, diante de conflitos sociais, engajar-se no público, participando ativamente do discurso em vista de sua solução compartilhada.

2. A oposição ao caráter impositivo e antidemocrático da pedagogia tradicional não conduz Dewey a uma formulação antitética, no extremo oposto, orientada, apenas, a partir do que é rejeitado. Afinal, "Os problemas não são sequer identificados, quanto mais solucionados, quando se supõe que basta rejeitar as ideias e as práticas da velha educação e partir para uma posição extremamente oposta". E exemplifica:

> Quando a autoridade externa é rejeitada, não significa que toda autoridade deva ser rejeitada, mas

---

238   DEWEY, *How we think*, 1997, p. 177; DEWEY, *Experiência e educação*, 2010, p. 65.

sim que é necessário buscar uma forma mais efetiva de autoridade. O fato de que a educação tradicional impunha aos mais jovens os conhecimentos, os métodos e as regras de conduta dos adultos não significa, a não ser com base na filosofia dos extremos, de "isto ou aquilo", que o conhecimento e as habilidades dos adultos não tenham valor diretivo para as experiências dos mais novos.[239]

Atenta a isso, a proposta educacional progressiva não constitui, absolutamente, uma concepção *não-diretivista*, conforme a acusação contra ele disparada.

Dewey entende, por educação, o processo contínuo de crescimento intelectual e moral da pessoa. Corresponde ao movimento de constante reorganização da experiência, por meio do qual o educando, reconstruindo permanentemente seus recursos cognitivos, amplia e aprofunda o significado de suas experiências e desenvolve a habilidade de um sempre melhor controle e direção do curso das experiências subsequentes.[240]

Nesse sentido, de acordo com a perspectiva moral do *crescimento como fim*, a *experiência educativa*, em que se enraíza a filosofia educacional deweyana, é aquela que habilita o educando a *continuar sua educação*, a *continuar crescendo*. O crescimento contínuo, com cada vez mais autonomia cognitiva e moral, constitui a *direção* que define, em Dewey, a qualidade *educativa* da experiência: Estabelece a "direção positiva para a seleção e organização de conteúdos e métodos educacionais apropriados".[241]

Tudo isso, em comunicação, valendo-se do potencial de aprendizagem e o sentido instrumental (cognitivo) e consumatório do discurso. No âmbito da sociedade democrática e em vista à sua promoção, a edu-

---

239   DEWEY, *Experiência e educação*, 2010, p. 22 a 24.
240   DEWEY, *Democracy and education*, 1916, p. 63, 89 e 90.
241   DEWEY, *Experiência e educação*, 2010, p. 28, 31 e 93.

cação implica um crescimento que, em sua continuidade, supõe o outro, abre-se a ele, incluindo-o.[242]

A experiência educativa envolve, para isso, em primeiro lugar, o desenvolvimento do pensar, agir e conviver reflexivos, com a *atitude científica*. Como *hábito* formado na experiência, o pensar – e o correlato agir e interagir –, no seu melhor sentido, não surge naturalmente, de modo espontâneo. E mais, o ambiente social, por si só, não é suficiente para sua aquisição. Na verdade, prejudica-o, muitas vezes, ao promover "hábitos equivocados de pensar", marcados pela assimilação acrítica de valores, instituições e ideias que compõem a tradição cultural. Sendo assim,

> Uma vez que tais hábitos (reflexivos) não são presentes da natureza (não importa o quão forte é a aptidão para adquiri-los); uma vez que, ademais, as circunstâncias casuais do ambiente natural e social não são suficientes para compelir sua aquisição, o principal ofício da educação é fornecer condições que trabalhem para sua aquisição. A formação desses hábitos é a educação da mente.[243]

A educação progressiva deweyana, opondo-se à redução do processo educativo ao depósito infinito de informações na mente do educando, centra sua atenção e se organiza em função e em vista da formação de "bons hábitos de pensar".[244]

A *disciplina* da mente, permitindo o pensar organizado, metódico, inteligente, é vista como fator libertador: *disciplina*, em termos intelectuais, é compreendida como sinônimo de *liberdade*. A liberdade da inteligência disciplinada constitui a liberdade emancipadora do agir irrefleti-

---

242   DEWEY, *Experiência e educação*, 2010, p. 36 e 37; DEWEY, *Democracy and education*, 1916, p. 63, 89, 90 e 117.

243   DEWEY, *How we think*, 1997, p. 25, 28, 43 e 44.

244   DEWEY, *Democracy and education*, 1916, p. 192.

do, tanto o rotineiro, conformado à tradição cultural, como o impulsivo, determinado por forças libidinais descontroladas.[245]

> Na medida em que a mente é disciplinada (...) é capaz de se orientar independentemente, sem tutela externa. O objetivo da educação é precisamente desenvolver a inteligência dessa categoria independente e efetiva – a *mente disciplinada*. Disciplina é positiva e construtiva.[246]

Considerando, então, que o passo inicial, o estímulo para o *pensar* consiste num genuíno problema que emerge da experiência do sujeito, causando-lhe perplexidade, a relação próxima estabelecida entre educação e o exercício do pensar remete, desde logo, em Dewey, a dois princípios básicos de organização da experiência educativa.

Primeiro, a *derivação dos conteúdos educacionais das experiências comuns de vida*. A educação deve estar íntima e necessariamente relacionada às experiências de vida do educando. Assim, "Tudo o que possa ser considerado como matéria de estudo, seja aritmética, história, geografia ou qualquer uma das ciências naturais, deve derivar de materiais que, originalmente, pertençam ao escopo da experiência comum cotidiana".[247]

Segundo, a *educação baseada na solução de problemas* que, extraídos dessas experiências, devem vencidos por meio do exercício do pensamento em desenvolvimento. São absolutamente infrutíferos, para Dewey, os "apelos genéricos à criança (ou ao adulto) para pensar", sem a consideração de alguma dificuldade que o incomode. O pensar parte de perplexidades, que causam um estado de hesitação ao educando. E, para tanto, devem ser problemas seus, dificuldades que surjam de sua experiência.[248]

---

245   DEWEY, *Experiência e educação*, 2010, p. 66 e 67.
246   DEWEY, *How we think*, 1997, p. 63.
247   DEWEY, *Experiência e educação*, 2010, p. 22, 75 e 77.
248   DEWEY, *How we think*, 1997, p. 12.

Educação para a democracia no Brasil 177

Somente assim, a experiência educativa pode dispor e capacitar o educando aos passos subsequentes que compõem o pensar. Permite-lhe, progressivamente, o cultivo de hábitos reflexivos: a apreensão sempre mais densa de sua experiência; a inferência de respostas, cada vez mais profundas e coerentes ao problema colocado; o raciocínio amparado em conclusões fundamentadas, distinguindo-as das meras opiniões; e, finalmente, fechando o percurso do pensamento, a aplicação das respostas, testando--as, para "fazer seu sentido claro e descobrir por si mesmo sua validade".[249]

O pensamento assim participa da experiência educativa, conforme a maturidade do educando. A educação deve capacitar a criança, progressivamente, de acordo com o seu inventário cognitivo – em permanente reconstrução –, à solução de problemas em sua experiência, apreendendo seu significado de modo sempre mais enriquecido. Um percurso gradual e contínuo de crescimento, junto com o qual, também paulatinamente, alarga-se e se adensa o universo experiencial do sujeito. Dessa maneira, ele se prepara, concomitantemente, para atuar em seu ambiente, reconstruindo-o objetivamente, de modo mais racional: o "desenvolvimento inteligentemente direcionado de possibilidades inerentes às experiências cotidianas".[250]

Tudo isso, importa ressaltar, numa trajetória que, além de intelectual, é, também, moral cognitivista. Tem a direção da *heteronomia* para *autonomia*, exercida de modo cada vez mais pleno.

De acordo com esse processo e em vista de sua realização, Dewey afirma um terceiro princípio organizacional da experiência educativa: o *desenvolvimento progressivo do conteúdo educacional de acordo com a maturidade do aluno*, isto é, "desenvolvimento sistemático voltado para a

---

249   DEWEY, *Democracy and education*, 1916, p. 192; DEWEY, *How we think*, 1997, p. 27 e 28.

250   DEWEY, *Experiência e educação*, 2010, p. 93.

expansão e organização dos conteúdos das matérias de estudo a partir da ampliação da experiência do aluno".[251]

Desse modo, a educação progressiva propugna ajudar o educando a "experimentar tudo aquilo para o que ele já é capaz", extrair "para si de sua experiência presente tudo o que nela há no momento em que a vivencia", de modo a *ser capaz de fazer o mesmo no futuro*. Pois "Sempre vivemos o tempo em que estamos e não algum outro tempo, e só extraindo de cada tempo o sentido completo de cada experiência presente que estaremos preparados para fazer o mesmo no futuro. Essa é a única preparação que realmente conta ao longo da vida".[252]

Assim, o processo educacional parte das experiências do educando, apreendidas e vivenciadas em sua plenitude, conforme o nível de maturidade intelectual e moral, e se constrói, para tanto, em torno de problemas nelas identificados, a serem solucionados por meio do exercício do pensar. Nesse caminho, vai ampliando, reorganizando, enriquecendo o universo experiencial do educando, diante do qual se apresentam novos e mais complexos problemas, agora enfrentados por sujeitos cada vez mais aptos. Dentro do *continuum* experiencial positivo:

> O conhecimento adquirido em cada experiência entra em conexão com novos objetos e acontecimentos que requerem novas capacidades, ao mesmo tempo em que o exercício dessas capacidades refina e amplia o conteúdo dessas experiências. As dimensões vitais de espaço e tempo são expandidas. O ambiente, ou seja, o mundo da experiência se torna constantemente maior e, supostamente, mais, denso.[253]

As experiências, na medida em que educativas, permanecem vivas, frutífera e criativamente, nas experiências subsequentes, preparando

---

251   *Ibidem*, p. 76 e 77.
252   *Ibidem*, p. 48, 50 e 51.
253   *Ibidem*, p. 76.

Educação para a democracia no Brasil   179

o sujeito para "experiências posteriores de qualidade mais ampla e mais profunda". Propendem o educando a caminhar a lugares não conhecidos, além de seus limites. Estimulam a reflexão, sempre mais acurada, a renovada busca de informações, a experimentação de respostas, "numa espiral contínua em que "novos fatos e novas ideias, assim obtidos, tornam-se base para novas experiências em que novos problemas se apresentam". Tornam o educando, por tudo isso, "capaz de mais educação: mais sensível às condições de crescimento e mais capaz de tirar vantagens delas". Para Dewey, eis o "sentido próprio de crescimento, continuidade, reconstrução da experiência".[254]

No processo contínuo de crescimento intelectual e moral em direção à autonomia, o sujeito qualifica, permanentemente, o olhar que se tem da realidade e se habilita a responder de modo sempre mais coerente e profundo aos desafios que se lhe apresentam. Pode, então, guiar-se e atuar de modo inteligente no controle e na reconstrução da experiência.[255]

A liberdade de inteligência e a autonomia moral são apreendidas, na teoria deweyana, intersubjetivamente. Perfazem-se na comunicação. Para chegar aí, a educação se consolida – e não podia ser de outra forma – como um processo comunicativo. Constrói-se na linguagem, a partir da qual a individualidade é formada e dentro da qual o saber, o significado e a direção das experiências podem atingir seu melhor sentido. Aqui, emerge um quarto princípio de organização da experiência educativa: a interação *dialógica*.

Todo e qualquer processo formativo passa, inevitavelmente, pela comunicação. Afinal, como já destacado, a mente e o exercício do pensamento são reflexos da conversação com os outros. Nessa medida, as características do hábito de pensar trazem muito da forma como fora efetivada, até então, a experiência comunicativa.

---

254   DEWEY, *Reconstruction in philosophy*, 2004, p. 106; DEWEY, *Experiência e educação*, 2010, p. 29, 38, 48, 78 e 82.

255   DEWEY, *Reconstruction in philosophy*, 2004, p. 77, 80 e 81.

Como Dewey destaca, ao falar da pedagogia tradicional, a comunicação pode se deturpar em imposição e unilateralidade, favorecendo, por conseguinte, a conformação do pensar em hábitos dogmáticos, solipsistas e passivos.

Mas pode, também, fazer-se dialogicamente, na comunicação que rompe a unilateralidade e na qual o sujeito em formação se liberta de seu isolamento e participa da comunhão de significados, ampliados e enriquecidos na medida dessa participação.[256]

Desse modo, enriquecida no sentido do *diálogo*, a experiência educativa implica, em primeiro lugar, *incluir* o educando, trazendo o contexto histórico, social e cultural em que se insere, suas experiências e suas perplexidades, para o processo formativo.[257] Com isso, na linha dos dois primeiros princípios da experiência educativa supramencionados, movimenta e favorece o cultivo do *pensar reflexivo*.

E mais. Refletindo a interação dialógica, o educando pode desenvolver o hábito de pensar como prática comunicativa cooperativa, inclusiva do outro. Dessa maneira, superando os equívocos da razão solipsista e os particularismos semânticos de seu universo linguístico, a pessoa dispõe-se à participação, no discurso, do compartilhamento, enriquecimento, expansão e correção do saber, beneficiando-se dos potenciais *instrumental* cognitivo e *consumatório* da comunicação.

Ao habituar, enfim, a um pensar que remete à construção compartilhada de respostas aos problemas experienciados, a educação progressiva deweyana habilita e dispõe o sujeito a apreender, significar, controlar e vivenciar a experiência, de modo sempre mais enriquecido, *em relação com*: experiência que, em última análise, ampliada à convivência social e ao discurso para o enfrentamento de conflitos percebidos como públicos, define a democracia.

---

256   DEWEY, *Experiência e natureza*, 1980, p. 51.
257   DEWEY, *Experiência e educação*, 2010, p. 41.

Educação para a democracia no Brasil   181

A participação no diálogo, sem dúvida, exige habilidades e instrumentos cognitivos que somente ao longo do processo educativo são desenvolvidos. Isso nos leva, finalmente, a um último princípio organizativo da experiência educativa deweyana: a *função diretiva docente*.

O crescimento contínuo e, para tanto, o desenvolvimento de hábitos de pensar reflexivo, para Dewey, não se efetivam de modo mágico e espontâneo. Não emergirão, na criança, natural e inevitavelmente, de atividades totalmente livres, do mero brincar e se divertir, sem qualquer direcionamento.[258]

O crescimento do sujeito se contrasta com a unilateralidade e autoritarismo da educação tradicional, contrasta, também, com o extremo oposto, da ausência de direção, do excesso de indulgência, igualmente prejudiciais. Pois promovem negativamente a continuidade, de modo a isolar a pessoa num baixo nível de crescimento, limitando suas possibilidades experienciais.[259]

Cabe, assim, ao educador – o que inclui o pai, a mãe, o professor, a pessoa mais experiente, em geral – apresentar a direção e o caminho da experiência educativa. E isso, não no sentido da imposição dogmática da verdade e da moral, mas da promoção e favorecimento do crescimento contínuo.

Cumpre-lhe, nessa linha, a tarefa fundamental de regular, em conformidade o estágio de crescimento do educando, as condições objetivas em que a experiência ocorre. É responsável pela "determinação do ambiente que, em interação com as necessidades e capacidades de seus alunos, criará uma experiência educativa válida". E isso inclui:

> (...) o que é feito e como é feito pelo educador não só as palavras faladas, mas o tom de voz em que são faladas; equipamentos, livros, aparelhos e brinquedos, jogos; materiais com os quais os indivíduos

---

258   DEWEY, *How we think*, 1997, p. 43 e 44.
259   DEWEY, *Experiência e educação*, 2010, p. 38.

interagem e, acima de tudo, a ampla organização social na qual uma pessoa está envolvida.[260]

Dewey ilustra tal atuação, valendo-se do exemplo do papel "docente" da mãe em relação ao seu bebê:

> As necessidades que um bebê tem de comida, descanso e atividades são certamente fundamentais e decisivas em certo aspecto. A criança deve ser alimentada, deve ter condições confortáveis para dormir, etc. Porém, isso não significa que os pais devam alimentá-lo toda vez que estiver nervoso ou irritado, de modo que não se possa estabelecer uma programação de horas regulares para a alimentação, o sono, etc. A mãe inteligente leva em consideração as necessidades da criança, mas não de maneira a dispensar sua própria responsabilidade de regular as condições objetivas com base nas quais as necessidades são satisfeitas.[261]

Referindo-se especificamente ao ambiente escolar, ressalta que o docente, como pessoa com mais experiência, deve atuar não como um ditador, mas como um líder. É um membro do grupo, dele participando com "uma responsabilidade especial de conduzir as interações e intercomunicações que constituem a vida do grupo enquanto comunidade". Comparando com a escola *tradicional*, afirma:

> Quando os alunos constituíam uma *turma* ao invés de um grupo social, o professor atuava, necessariamente, como um agente externo, e não como aquele que direciona os processos de troca em que todos participam. Quando a educação tem como base a experiência e a experiência educativa é vista como sendo um processo social, a situação muda radicalmente. O professor perde a sua posição de

---

260   *Ibidem*, p. 46.
261   *Ibidem*, p. 42 e 43.

chefe externo ou ditador, para ocupar a posição de
líder das atividades do grupo.[262]

É importante mencionar, aqui, que tal atuação docente diretiva
não dispensa nem mesmo a transmissão, a exposição de conteúdos. Aliás, em seu momento inicial, a comunicação, no processo educacional,
consiste, basicamente, em transmissão de informações, expectativas e
padrões de comportamento.[263]

Trata-se de expediente fundamental para que o educando possa
ingressar no universo de linguagem e, assim, na tradição cultural, a partir
do que, constituindo sua individualidade, pode, em seu solilóquio, pensar, bem como, na experiência comunicativa, interagir.

A finalidade da prática expositiva, enfim, é fornecer material para
a reflexão e investigação, e não "pábulo intelectual pronto, a ser aceito e
engolido". Dewey apresenta, nessa linha, recomendações para sua realização: primeiro, deve ser necessária, no sentido de que não deve prejudicar a observação, a experiência e a pesquisa pessoal, possível ao educando, considerando seu nível de maturidade intelectual; segundo, não deve
ser dogmática, impositiva de uma verdade inquestionável; terceiro deve
ter relação com um problema ligado à experiência pessoal do educando,
isto é, o "material fornecido pela comunicação deve inserir-se em algum
sistema ou organização da experiência já existente".[264] Tudo isso de modo
inversamente proporcional ao crescimento do educando e da autonomia
cognitiva e moral por ele adquirida ao longo de sua educação.

3. Para Dewey, a educação que promove o crescimento individual não
se distingue, em última análise, da preparação para a vida democrática.
Trata-se dos aspectos individual e social-comunicativo, absolutamente
complementares e indissociáveis, da emancipação.

---

262   *Ibidem*, p. 60.
263   DEWEY, *Democracy and education*, 1916, p. 11.
264   DEWEY, *How we think*, 1997, p. 198 e 199.

O percurso educativo individual em direção à autonomia aparece como um processo de formação de hábitos reflexivos de pensar, agir e conviver. E eles encontram seu melhor sentido cognitivo e moral na interação comunicativa própria à democracia. Nela, então, pode ser atualizado todo o potencial instrumental (cognitivo) e consumatório do discurso.[265] A formação social do indivíduo cria condições para a vivência em grupo, sem prejuízos à individualidade. A experiência educativa possibilita ao sujeito em crescimento, no diálogo e a partir do enfrentamento dos problemas na experiência, a apreensão de seu significado de modo sempre mais denso. E isso, na extensão em que, no curso dessa mesma experiência, alarga e reorganiza seu próprio instrumental experiencial e cognitivo. Dessa forma, o sujeito habilita-se, progressivamente, também, à direção e ação reconstrutiva positiva, em comunicação, de suas experiências, num sentido objetivo. Como sintetiza Mead, o pensamento reflexivo, solucionador de problemas confrontados no curso da experiência, torna-se, enfim, o mecanismo por meio do qual a reconstrução social é efetivada, inteligentemente, pelos membros do grupo social.[266]

"Esparramada" para todos os âmbitos da vida social, a experiência educativa forma o sujeito para o exercício ativo da cidadania, habilitando e dispondo-o ao enfrentamento de conflitos decorrentes da interação social, fazendo uso de sua liberdade comunicativa e se engajando no discurso público para sua solução cooperativa. A *experiência educativa*, assim espraiada, confunde-se com a *experiência democrática*.

Mas tudo isso não pode se efetivar senão numa ambiência que favoreça, ou pelo menos *admita*, a experiência social e educacional da democracia. E, assim, "uma vez desencadeado o processo, as duas forças mutuamente se acrescentam": a vida democrática estimula a experiência educativa democraticamente efetivada, assim como a pedagogia democrática fortalece os laços comunicativos no sentido da democracia. Trata-se,

---

265 DEWEY, *Experiência e natureza*, 1980, p. 39 e 51.

266 MEAD, *Mind, self and society*, 1992, p. 308.

Educação para a democracia no Brasil

enfim, de "processos dinâmicos, em mútua interação, ambos modificando-se, evoluindo e, na realidade, criando-se e recriando-se, constante e continuamente, no jogo de influências mútuas em que se correlacionam".[267]

Educação e democracia, em suma, configuram-se, para Dewey, como experiências absolutamente vinculadas, numa relação positiva em que, processualmente, numa espiral positiva contínua, cognitiva e moral, uma e outra se pressupõem, refinam-se, enriquecem-se, adensam-se e se reconstroem.

---

267   TEIXEIRA, Anísio. Nota Introdutória. BENJAMIN, Harold R. W. *A educação e o ideal democrático*. Trad. Beatriz Osório. Série VII – Cursos e conferências Vol. 02. Rio de Janeiro: Instituto Nacional de Estudos Pedagógicos – INEP/MEC, 1960, p. 09 e 10.

III.
Educação e democracia na filosofia social de Jürgen Habermas

A filosofia social de Jürgen Habermas se desenvolve no âmbito da *Escola de Frankfurt*. A tradição filosófica remete ao grupo de intelectuais ligados ao *Instituto de Pesquisa Social* – criado em 1923 e sediado na aludida cidade alemã –, cujos diferentes enfoques confluem no ponto de uma *teoria crítica* da sociedade e do conhecimento por ela produzido, com caráter interdisciplinar e orientada à práxis social emancipatória.[1]

Habermas é considerado o principal representante da "segunda geração" da Escola, emergindo seu pensamento como herdeiro das reflexões de Theodor Adorno, Max Horkheimer, dentro outros frankfurtianos da "geração" anterior. Sua obra, contudo, em diálogo contínuo com diferentes autores, de distintas áreas e perspectivas do saber – incluindo a filosofia pragmatista de Peirce, Mead e Dewey e a psicologia de Piaget e Kohlberg – se destaca ao reinventar "a possibilidade de alternativamente pensar além dos limites paradigmáticos desta herança".[2]

A crítica da *razão instrumental*, denunciando a conversão do potencial emancipatório da razão, na modernidade, em instrumento de opressão, e o diagnóstico autodestrutivo da *Aufklärung*, detentora, em si, do germe para a regressão – presentes na *Dialética do Esclarecimen-*

---

1 FREITAG, Bárbara. *A teoria crítica: ontem e hoje*. São Paulo: Brasiliense, 2004, p. 09.

2 BITTAR, Eduardo C. B. *Justiça e emancipação: reflexões jusfilosóficas a partir do pensamento de Jürgen Habermas*. Tese (Concurso de Professor Titular) – Faculdade de Direito – Universidade de São Paulo, São Paulo, 2011, p. 23 e 26.

to[3] – instalaram, definitivamente, o *pessimismo* na *teoria crítica*[4]. Colocaram em cheque "a própria possibilidade da crítica e da emancipação".[5] Seguindo o diagnóstico da "primeira geração", Habermas identifica a realização deformada e empobrecida da razão no curso da modernidade. Desdobrou-se em três momentos constitutivos – *cognitivo-instrumental, prático-moral* e *estético-expressivo* –, permitindo "dissociar e desenvolver a tradição cultural, sob cada um dos aspectos da racionalidade, em questões de verdade, da justiça ou do gosto".[6] Porém, ao mesmo tempo, nas sociedades modernas ocidentais, a autocompreensão da razão acabou, de forma *patológica*, reduzida ao primeiro aspecto referido, *cognitivo-instrumental*, centrado no sujeito que conhece e manipula e dispõe da natureza objetivada. E, assim atualizada, fez-se como "*produto de uma separação e usurpação*, ou seja, de um processo social em cujo curso um momento subordinado ocupou o lugar do todo, sem possuir a força para assimilar a estrutura do todo".[7]

3   ADORNO, Theodor; HORKHEIMER, Max. *Dialética do esclarecimento.* Fragmentos filosóficos. Trad. Guido de Almeida. Rio de Janeiro: Zahar, 1985.

4   BITTAR, *Justiça e emancipação*, 2011, p. 27.

5   NOBRE, Marcos. "Luta por reconhecimento: Axel Honneth e a teoria crítica". In: HONNETH, Axel. *Luta por reconhecimento: a gramática moral dos conflitos sociais.* Trad. Luiz Repa. São Paulo: Editora 34, 2009, p. 12.

6   HABERMAS, Jürgen. Modernidade – um projeto inacabado. In: ARANTES, Otília B. Fiori e ARANTES, Paulo Eduardo. *Um ponto cego no projeto moderno de Jürgen Habermas: arquitetura e dimensão estética depois das vanguardas.* São Paulo: Brasiliense, 1992, p. 111 e 112; HABERMAS, Jürgen. *Consciência moral e agir comunicativo.* Trad. Guido de Almeida. Rio de Janeiro: Tempo brasileiro, 2003, p. 32.

7   HABERMAS, Jürgen. *O discurso filosófico da modernidade.* Trad. Luiz Sérgio Repa e Rodnei Nascimento. São Paulo: Martins Fontes, 2002, p. 438. HABERMAS, Jürgen. *Teoria do agir comunicativo. Racionalidade da ação e racionalização social.* Tomo 01. Trad. Paulo Astor Soethe. Rev. Téc. Flávio Beno Siebeneichler. São Paulo: WMF Martins Fontes, 2012, p. 35, 132 e 674.

Na esfera da vida em *sociedade*, concebida pelo autor, concomitantemente, como *sistema* e *mundo da vida*, isso aparece na forma de uma *ironia no esclarecimento*. No processo de racionalização da práxis social cotidiana, diferenciam-se *sistemas* de ação em que os indivíduos orientam-se por fins, a partir da perspectiva instrumental da razão. Habermas destaca, aqui, o sistema econômico e o político, diferenciados pelos meios de comunicação não linguísticos *dinheiro* e *poder*, que passam a predominar nas relações sociais. Tais *sistemas* voltam-se, assim, contra o *mundo da vida* do qual derivaram: isto é, o horizonte experiencial em que os atores sociais, que agem comunicativamente, numa relação sujeito-sujeito (falante e ouvinte) e não sujeito-objeto, "se encontram *desde sempre*" e do qual extraem os recursos hermenêuticos aos processos de entendimento mútuo. E, então, *colonizam-no*, de forma a corromper a comunicação linguística: o lugar da razão, na filosofia habermasiana. Como resume o autor, "a racionalização do mundo da vida torna possível uma espécie de integração sistêmica que entra em concorrência com o princípio integrativo do entendimento e, de sua parte e sob determinadas condições, retroage no mundo da vida, de modo desintegrador"[8].

Tal diagnóstico não implica, porém, para Habermas, o esgotamento do projeto moderno emancipatório, por meio da razão. Revisita-o criticamente, movendo-se, em sua *teoria do agir comunicativo*, da filosofia da consciência, dentro da qual, a seu ver, "o programa da teoria crítica em sua fase inicial fracassou", para o paradigma da filosofia da linguagem. Aqui, pode reconstruir o conceito de racionalidade, de forma ampliada, a abranger todos os seus momentos constitutivos. Concebe-a, sob a perspectiva comunicativa, no plano da "intersubjetividade de um possível entendimento". Com isso,

---

8   HABERMAS, *Consciência moral e agir comunicativo*, 2003, p. 166; HABERMAS, *Teoria do agir comunicativo*, Tomo 01, 2012, p. 35, 587, 589, 590 e 591; HABERMAS, Jürgen. *Teoria do agir comunicativo*. Sobre a crítica da razão funcionalista. Tomo 02. Trad. Flávio Beno Siebeneichler. São Paulo: WMF Martins Fontes, 2012, p. 218, 220, 275, 277, 280, 281 e 355.

(...) deixa de ser paradigmática a relação que o sujeito isolado mantém com alguma coisa apresentável e manipulável no mundo, e passa a ser paradigmática a relação intersubjetiva assumida por sujeitos aptos a falar e agir, quando se entendem uns com os outros sobre alguma coisa. Para tanto, os que agem de maneira comunicativa movimentam-se no *medium* de uma linguagem natural e fazem uso de interpretações legadas pela tradição, ao mesmo tempo em que se referem a alguma coisa no mundo objetivo único, em seu mundo social partilhado e no respectivo mundo subjetivo.[9]

A emancipação liga-se ao potencial de racionalidade comunicativa imanente ao uso da linguagem voltado ao entendimento mútuo. A linguagem é o "critério do processo de emancipação da humanidade".[10] Trata-se de um potencial que, absolutamente, não é estranho à modernidade. E isso, não obstante o empobrecimento da interação comunicativa cotidiana, derivado do modo de vida burguês. A comunicação foi reprimida por coações sistêmicas, oriundas da organização estatal capitalista. Foi contaminada pelos meios *dinheiro* e *poder*. Foi instrumentalizada, no âmbito do *agir estratégico*, orientado ao êxito individual, em detrimento do outro, reificado e dessignificado da condição de pessoa.[11] Apesar disso tudo, a ação orientada ao entendimento continua presente, ainda que muitas vezes represada,

(...) no processo de reprodução cultural que permite a continuidade de interpretações de interpretações do mundo, nas próprias instituições em que o indivíduo é socializado, nos processos de aprendizado e de constituição da personalidade. A ra-

---

9   HABERMAS, *Teoria do agir comunicativo*, Tomo 01, 2012, p. 592, 665 e 674.

10   SIEBENEICHLER, Flávio Bueno. *Jürgen Habermas: razão comunicativa e emancipação*. 3ª ed. Rio de Janeiro: Tempo Brasileiro, 1989, p. 47e 50.

11   HABERMAS, *Teoria do agir comunicativo*, Tomo 02, 2012, p. 334, 355, 587, 588, 595 e 601

cionalidade comunicativa encontra-se, assim, para Habermas, efetivamente inscrita na realidade das relações sociais contemporâneas.[12]

Nesse sentido, ao se debruçar sobre a razão moderna, cindida nas três dimensões referidas – cada qual cartesianamente encapsulada em "culturas de especialistas" (as ciências; a moral e o direito positivo; a arte) –, Habermas não abdica dos progressos técnico-científicos, referidos ao momento instrumental, hipertrofiado. Contudo, a seu ver, é imprescindível reorientá-lo, reconduzindo-o aos limites da reprodução material da sociedade, dentro dos quais lhe cumpre atuar. E, assim, num processo de "descolonização", permitir que as instituições e os processos linguísticos de entendimento, que tem lugar no mundo da vida, funcionem como a moldura, impregnada de razão comunicativa, que submete e determina a manutenção dos sistemas.[13]

Em suma, para além da saída do homem da menoridade, no sentido kantiano da incapacidade de "se servir do entendimento sem a orientação de outrem"[14], o Iluminismo, no pensamento habermasiano, volta-se para a superação da incapacidade de se servir da razão comunicativa[15].

Operando no interior da modernidade, Habermas apresenta perspectiva revisora que, sem se fazer *antimodernidade*, "pretende reconquistar a tradição emancipatória da modernidade não realizada",[16] resgatando criticamente seu projeto inacabado. Pensa que "antes deveríamos apren-

---

12   NOBRE, *Luta por reconhecimento: Axel Honneth e a teoria crítica*, 2009, p. 14.

13   HABERMAS, Jürgen, *Teoría y praxis: estudios de filosofia social*. Trad. Salvador Más Torres e Carlos Moya Espí. 2ª ed. Madrid: Tecnos, 1990, p. 324; HABERMAS, *Consciência moral e agir comunicativo*, 2003, p. 32 e 33; HABERMAS, *Teoria do agir comunicativo*, Tomo 01, 2012, p. 138; HABERMAS, *Teoria do agir comunicativo*, Tomo 02, 2012, p. 253 e 334; FREITAG, *Teoria crítica*, 2004, p. 63.

14   KANT, Immanuel. "Resposta à pergunta: que é o Iluminismo?" In: *A paz perpétua e outros opúsculos*. Trad. Artur Morão. Lisboa: Edições 70, 2004, p. 11.

15   SIEBENEICHLER, *Jürgen Habermas*, 1989, p. 23.

16   BITTAR, *Justiça e emancipação*, 2011, p. 110 e 111.

der com os desacertos que acompanharam o projeto de modernidade, com os erros dos ambiciosos programas de superação, ao invés de dar por perdidos a própria modernidade e seu projeto".[17]

Tal é a abordagem dentro da qual constrói sua filosofia política e do direito, projetando modelo de democracia a partir do conceito de *discurso*, a práxis argumentativa que se coloca como *forma reflexiva* do agir comunicativo.[18] Também em Habermas, a democracia é o lugar social da emancipação. Voltando-se à consolidação e o fortalecimento da experiência democrática, é possível deduzir, ademais, do pensamento habermasiano, linhas e potencialidades de uma *pedagogia da ação comunicativa* – na expressão de José Pedro Boufleuer[19] –, mesmo que não formulada, de modo acabado e sistematizada, pelo filósofo.

Para isso, o presente capítulo dedica-se à reflexão sobre *educação* e *democracia* na filosofia social de Jürgen Habermas, seguindo organização expositiva similar à adotada anteriormente, na apreensão do pensamento deweyano. Em primeiro lugar, são analisados pontos fundamentais de sua perspectiva crítica revisora da modernidade, passando por sua teoria de *racionalidade* e do *agir comunicativo*; a concepção moral procedimental, cognitivista e intersubjetivista, consolidada em sua *ética discursiva*; e o modelo de desenvolvimento da consciência moral, em que, na revisita à teoria de Lawrence Kohlberg, coloca o *discurso* como a representação do mais elevado *estágio de interação* (*pós-convencional*), exprimindo a noção de *autonomia*.

Feito isso, pode ser devidamente compreendida sua teoria da democracia. Insurgindo-se contra o estreitamento do sentido da prática

---

17   HABERMAS, *Modernidade – um projeto inacabado*, 1992, p. 118.

18   HABERMAS, Jürgen. *Verdade e justificação. Ensaios filosóficos*. Trad. Milton Camargo Mota. 2ª ed. São Paulo: Loyola, 2009, p. 101.

19   BOUFLEUER, José Pedro. *Pedagogia da ação comunicativa. Uma leitura de Habermas*. 3ª ed. Ijuí: Unijuí, 2001.

Educação para a democracia no Brasil   193

democrática,[20] concebe-a como experiência ampliada de autodeterminação, conferindo destaque ao momento comunicativo da interação social que, enraizado no *mundo da vida*, distingue-se das estruturas *sistêmicas* do *mercado* e da *política*. Envolve, nessa medida, um *fluxo comunicacional* que se inicia com a atuação da *sociedade civil*, no âmbito da *esfera pública* – a "arena para a percepção, a identificação e o tratamento de problemas de toda a sociedade" –, encontrando *eco* no *sistema político*, onde podem ser institucionalmente solucionados, pelo *medium* do direito. Parte, assim, de processos e pressupostos comunicativos de formação democrática da opinião e da vontade. Eles funcionam como a "comporta mais importante para a racionalização discursiva das decisões de um governo e de uma administração vinculados ao direito e a lei". Formam o critério de que se dispõe, em condições pós-metafísicas, para a *legitimidade*, gerada a partir da *legalidade* democrática.[21]

E, com a aplicação, no campo da educação, dos conceitos habermasiano de *agir comunicativo, discurso, ética discursiva* e *desenvolvimento moral*, infere-se, por fim, a aludida *pedagogia da ação comunicativa*, como processo educacional dialógico na direção da experiência cognitiva e moral pós-convencional (autônoma) e, nessa medida, coadunada à convivência democrática.

Em todos os pontos, a despeito das diferenças entre os percursos teóricos pelos quais caminham e as tradições filosóficas em que se inserem – ambas, no final das contas, vinculadas à mesma "família

---

20   AVRITZER, Leonardo. *A moralidade da democracia: ensaios em teoria habermasiana e teoria democrática*. São Paulo: Perspectiva; Belo Horizonte: Editora UFMG, 1996, p. 19 e 20.

21   HABERMAS, Jurgen. *Direito e democracia: entre factibilidade e validade*. Volume 01. 2ª Ed. Trad. Flávio Beno Siebeneichler. Rio de Janeiro: Tempo Brasileiro, 2012, p. 188; HABERMAS, Jurgen. *Direito e democracia: entre factibilidade e validade*. Volume 02. 1ª Ed. Trad. Flávio Beno Siebeneichler. Rio de Janeiro: Tempo Brasileiro, 2011, p. 22, 23, 24 e 92; HABERMAS, Jürgen. *A inclusão do outro. Estudos de teoria política*. Trad. George Sperber, Paulo Astor Soethe e Milton Camargo Mota. 3ª ed. São Paulo: Loyola, 2007, p. 278 e 289.

intelectual",[22] o Iluminismo –, as convergências com filosofia social de John Dewey saltam aos olhos.

A modernidade e a crítica na filosofia social de Jürgen Habermas

A compreensão profunda do diagnóstico de modernidade e das perspectivas emancipatórias que nela se desenham, no âmbito da filosofia social habermasiana, exige, como tarefa inicial, a apreensão do conceito atribuído, pelo autor, à *racionalidade* que rege a reflexão, a ação e interação humana.

É em seu bojo que Habermas constrói seu entendimento sobre nossa sociedade e o descaminho em que, na modernidade, encontramo-nos paradoxalmente presos. Apoiado nela, em sua perspectiva comunicativa, configura o agir comunicativo e o *discurso*; a concepção moral discursiva; o processo de formação social da individualidade, num movimento de desenvolvimento moral cognitivista. A partir dela, entrevê a possibilidade da efetivação do projeto moderno inacabado.

1. A *racionalidade*, para Habermas, mantém estreita relação com o *saber*, concebido na mediação pela *comunicação*. Um saber que, na medida em que pode ser criticado e, com boas razões, fundamentado, indica uma *pretensão de validade*, à qual se reconhece o atributo da *confiabilidade*.[23]

Na mudança de perspectiva da *filosofia da consciência* para a *filosofia da linguagem* – tal como fizera Dewey, em sua reconstrução filosófica – pode superar o conceito *cognitivo-instrumental* de racionalidade, para o qual são paradigmáticos a relação que o sujeito *solitário* mantém com o

---

22   HOBSBAWN, Eric. *Sobre história. Ensaios*. Trad. Cid K. Moreira. São Paulo: Cia das Letras, 2013, p. 349.

23   HABERMAS, *Teoria do agir comunicativo*, Tomo 01, 2012, p. 31, 32, 34 e 45.

mundo *objetivado* e o uso *não comunicativo* do saber em ações orientadas à autoafirmação exitosa.[24]

Propugna a concepção de *racionalidade comunicativa* que, imanente à interação linguística, remete, fundamentalmente, à práxis argumentativa, orientada ao *entendimento* intersubjetivo. Remete ao "discurso em que os participantes da argumentação tematizam pretensões de validade controversas e procuram resolvê-las ou criticá-las com argumentos". Induz, enfim, a ideia de resgate discursivo de pretensões de validade criticáveis, que precisam "ao fim e ao cabo, sustentar-se sobre razões".[25]

Sendo assim, o predicado *racional* pode ser atribuído a dois sujeitos gramaticais. Racional pode ser a exteriorização, a fala, a ação, que concretiza um saber, em virtude de sua disposição à crítica e de sua capacidade de fundamentação. E pode ser, precipuamente, a pessoa que dispõe do saber e que se revela hábil a exteriorizações e comportamentos racionais, no sentido supramencionado. A predicação indica, assim, a disposição e a capacidade do sujeito de, frente à crítica à qual está aberto – e agora no âmbito da argumentação –, apresentar, *ele mesmo*, fundamentos na forma de boas razões[26]. É racional, em suma, a pessoa capaz de falar e agir que "pode prestar contas de sua orientação por pretensões de validade".[27]

Por tudo isso, a relação com a racionalidade faz pertencer à gramática do conhecimento a possibilidade de ser criticado e a exigência de que seja fundamentado. Na mesma linha do pragmatismo deweyano, o saber se apresenta, inevitavelmente, como pretensão falível, aberta à crítica potencial na intersubjetividade do discurso. A racionalidade, enfim, não demanda a verdade de um saber; apenas, sua confiabilidade, isto é, sua aceitabilidade fundamentada:

---

24   HABERMAS, *O discurso filosófico da modernidade*, 2002, p. 437.

25   HABERMAS, *Verdade e justificação*, 2009, p. 109; HABERMAS, *Teoria do agir comunicativo*, Tomo 01, 2012, p. 35, 47 e 48.

26   HABERMAS, *Teoria do agir comunicativo*, Tomo 01, 2012, p. 31, 32, 34, 39, 45, 47 e 56.

27   HABERMAS, *Verdade e justificação*, 2009, p. 102.

> Quem compartilha concepções que se revelam falsas não é *eo ipso* irracional; irracional é quem defende suas opiniões dogmaticamente, se prende a elas mesmo vendo que não pode fundamentá-las. Para qualificar uma opinião como racional basta que, no contexto de justificação dado, ela possa por bons motivos ser tida como verdadeira, ou seja, racionalmente aceita.[28]

A racionalidade comunicativa, nessa linha, é referida ao êxito – Habermas dirá *ilocucionário* – de processos linguísticos orientados ao *entendimento*, entre sujeitos comunicativamente competentes. O *entendimento* que, definido como processo de cooperativo de interpretação e de *unificação*, é apreendido como *telos* da linguagem.[29]

Citando Humbolt, Habermas destaca, na linguagem, o aspecto *pragmático* do "emprego vivo da fala". A *conversação* aparece em primeiro plano, como práxis na qual os falantes, superando o particularismo semântico, "querem se *compreender* mutuamente e ao mesmo tempo se *entender* a respeito de alguma coisa, ou seja, alcançar um possível acordo".[30]

Sem estabelecer um precipitado vínculo necessário entre *linguagem* e *entendimento*, defende, com amparo nos estudos de Austin e Strawson, o uso da linguagem orientado pelo entendimento como seu *modus* original. Frente a ele, a utilização subordinada a um fim que não se esgota na comunicação comporta-se de maneira *parasitária*.[31]

Austin distingue atos de fala *locucionários, ilocucionários e perlocucionários*. O termo *locucionário* remete ao teor da proposição ("p"), de modo que "Com *atos locucionários* o falante expressa estados de coisas; diz algo". Com os *atos ilocucionários*, por sua vez, "o falante executa uma

---

28   *Ibidem*, p. 104 e 105.

29   HABERMAS, *Teoria do agir comunicativo*, Tomo 01, 2012, p. 40, 42, 138, 497 e 498.

30   HABERMAS, *Verdade e justificação*, 2009, p. 65 e 69.

31   HABERMAS, *Verdade e justificação*, 2009, p. 124 e 125; HABERMAS, *Teoria do agir comunicativo*, Tomo 01, 2012, p. 500.

ação ao dizer algo. O papel ilocucionário fixa o *modus* de uma sentença ("M p"), empregada como asserção, promessa, comando, confissão, etc.". Finalmente, com os *atos perlocucionários*, "o falante almeja desencadear um efeito no ouvinte. Ao executar uma ação de fala, realiza algo no mundo". Assim, os atos de fala caracterizam-se por: "*dizer* algo; agir *enquanto* se diz algo; realizar algo *por meio de* se estar agindo enquanto se diz algo".[32]

Dessa forma, a *ação de fala ilocucionária* ("M p"), composta pelo elemento constitutivo ilocucionário e o proposicional, apresenta-se, para Austin, como um "ato perficiente, externado sempre com intenção comunicativa – ou seja, com o objetivo de que um falante queira compreender a externação proposta e aceitá-la". E isso, de modo tal que, nela, "a intenção comunicativa do falante e o objetivo ilocucionário por ele almejado resultam do significado manifesto do que se disse".[33]

Quanto aos efeitos *perlocucionários*, surgem quando as ações de fala desempenham um papel instrumental em contextos teleológicos de ação. O comunicante não persegue as metas ilocucionárias da comunicação "sem reservas". Nas *perlocuções*, "um falante age orientado pelo êxito e vincula, ao mesmo tempo, ações de fala a intenções, instrumentalizando-as (as ações de fala) para determinados fins que mantém uma relação apenas contingente com o significado do que se disse".[34] Em resumo:

> O fim ilocucionário que o falante persegue por meio de uma externação surge do próprio significado do que tenha dito, e tal significado é constitutivo para as ações de fala (...) Sua intenção comunicativa esgota-se no fato de que cabe ao ouvinte entender o teor manifesto da ação de fala. Ao contrário, o fim perlocucionário de um falante (...) não surge do teor

---

32   HABERMAS, *Teoria do agir comunicativo*, Tomo 01, 2012, p. 500 e 501.

33   *Ibidem*, 2012, p. 501.

34   HABERMAS, *Verdade e justificação*, 2009, p. 123; HABERMAS, *Teoria do agir comunicativo*, Tomo 01, 2012, p. 502.

manifesto da ação de fala; só se pode desvendar esse fim por meio da intenção de quem age.[35]

Nessa linha, Habermas acrescenta, agora com base em Strawson, que, diferentemente do que ocorre com os fins *ilocucionários*, os quais somente podem ser alcançados fazendo-se expressos – "Ilocuções são externadas abertamente" –, em relação aos fins *perlocucionários*, o falante, para que tenha êxito, não pode dar a conhecê-los, tampouco admiti-los como tais. Pois somente podem ser alcançados de maneira inconspícua; na medida em que permanecem latentes.[36]

De qualquer forma, tais efeitos *perlocucionários* não dispensam o auxílio das ações de fala "*incluídas como meios* em ações teleológicas orientadas ao êxito". E isso de maneira tal que o *fim não ilocucionário de influenciação do ouvinte* somente tem lugar caso a comunicação instrumentalizada seja *apropriada* à obtenção de fins *ilocucionários*[37].

É por isso, conclui Habermas, que o "'uso da linguagem orientado segundo consequências' não é um uso originário da linguagem, mas a subsunção, sob condições de um agir orientado pelo êxito, de ações que se prestem a fins ilocucionários". O *modus* original de uso da linguagem, repisa-se, remete à orientação ao entendimento, compreendido tão somente com base em atos *ilocucionários*: "Uma tentativa de entendimento feita com auxílio de um ato de fala obtém sucesso quando um falante alcança seu objetivo ilocucionário".[38]

O êxito ilocucionário do ato comunicativo, enfim, "mede-se pelo reconhecimento intersubjetivo que a pretensão de validade levantada por meio dele encontra".[39] Indica o *entendimento*: a consecução, portanto, do

---

35   HABERMAS, *Teoria do agir comunicativo*, Tomo 01, 2012, p. 503.

36   HABERMAS, *Verdade e justificação*, 2009, p. 121 e 122; HABERMAS, *Teoria do agir comunicativo*, Tomo 01, 2012, p. 506.

37   HABERMAS, *Teoria do agir comunicativo*, Tomo 01, 2012, p. 507.

38   *Ibidem*, p. 507 e 508.

39   HABERMAS, *Verdade e justificação*, 2009, p. 109.

Educação para a democracia no Brasil 199

objetivo precípuo e originário da linguagem, a que se volta a racionalidade comunicativa habermasiana.

Nessa perspectiva, a racionalidade adquire um sentido bastante ampliado, não se restringindo ao conhecimento e controle bem-sucedido do entorno físico, pelo sujeito. A apreensão fundamentada e, nessa extensão, verdadeira do ambiente e a ação eficiente sobre ele constituem, sem dúvida, sinais de racionalidade, no enfoque cognitivo-instrumental: "Denominamos racionais os sujeitos capazes de agir e falar que na medida do possível não se enganam quanto a fatos e relações entre meio e fim".[40]

Mas o desdobramento da razão, como antecipado, remete, ainda, a outros momentos. Há, de fato, outros tipos de manifestações e ações a que não se vinculam pretensões de *verdade* e *eficácia* e que, ainda assim, podem contar com o respaldo de boas razões, em contextos de comunicação. Desse modo, complementa Habermas:

> (...) também é assim chamado racional quem segue uma norma vigente e se mostra capaz de justificar seu agir em face de um crítico, tratando de explicar uma situação dada à luz de expectativas comportamentais legítimas. E é chamado de racional até mesmo quem exterioriza de maneira sincera um desejo, um sentimento ou um estado de espírito, quem revela um segredo, admite ter cometido um ato qualquer, etc., e então se mostra capaz de dar a um crítico a certeza dessa vivência relevada, tratando de tirar consequências práticas disso e comportar-se a partir dali de maneira consistente.[41]

Habermas fala, nesse sentido, em três mundos que constituem um *sistema de referências*, suposto nos processos de comunicação e com o qual os sujeitos comunicantes estabelecem *"sobre* o que é possível haver

---

40   HABERMAS, *Teoria do agir comunicativo*, Tomo 01, 2012, p. 34, 42 e 43.
41   *Ibidem*, p. 43 e 44.

entendimento": I) o *mundo objetivo*, enquanto "totalidade de estados de coisas existentes", o "conjunto de todas as entidades sobre as quais é possível haver enunciados verdadeiros"; II) o *mundo social*, como "conjunto de todas as relações interpessoais legitimamente reguladas" de um grupo social; e, por fim, III) o *mundo subjetivo*, como conjunto das vivências a que o falante tem um acesso privilegiado.[42] Afinal,

> Os atos de fala não servem apenas para a representação (ou pressuposição) de estados e acontecimentos, quando o falante se refere a algo no mundo objetivo. Eles servem ao mesmo tempo para a produção (ou renovação) de relações interpessoais, quando o falante se refere a algo no mundo social das interações legitimamente reguladas, bem como para a manifestação de vivências, isto é, para a autorrepresentação, quando o falante se refere a algo no mundo subjetivo, a que tem acesso privilegiado.[43]

Diante dessas referências ao mundo, o sujeito apresenta, com suas exteriorizações e comportamentos, três modalidades de *pretensões de validade*, suscetíveis de crítica e de fundamentação. São elas: I) pretensão de *verdade*, relativa "a fatos que afirmamos com referência a objetos no mundo objetivo"; II) pretensão de *correção* de "normas e pretensões, que merecem reconhecimento num mundo social intersubjetivamente partilhado"; e, finalmente, III) pretensão de *veracidade/sinceridade*, quanto a enunciados que revelam vivências subjetivas.[44]

Desse modo, a razão se abre às três dimensões constitutivas (*cognitivo-instrumental*; *prático-moral*; e *estético-expressivo*), no âmbito

---

42   HABERMAS, *Consciência moral e agir comunicativo*, 2003, p. 79; HABERMAS, *Teoria do agir comunicativo*, Tomo 01, 2012, p. 137, 162, 192, 193 e 533.

43   HABERMAS, *Consciência moral e agir comunicativo*, 2003, p. 167.

44   HABERMAS, *Consciência moral e agir comunicativo*, 2003, p. 79, 167 e 168; HABERMAS, *Verdade e justificação*, 2009, p. 109; HABERMAS, *Teoria do agir comunicativo*, Tomo 01, 2012, p. 192 e 193.

Educação para a democracia no Brasil 201

de um conceito procedural, referido à práxis linguística argumentativa, voltada ao entendimento sobre pretensões de *verdade proposicional, correção normativa* e *veracidade subjetiva* (Habermas fala, aqui, também, de adequação estética).[45]

2. Tal conceito ampliado de racionalidade estende-se, para além de proferimentos verbais, a ações e interações. Remete, assim, à concepção de agir comunicativo, orientado ao entendimento mútuo: a resposta mais adequada, para Habermas, em vista da coordenação social, numa perspectiva cooperativa e emancipatória.[46]

Na ação comunicativa, o entendimento linguístico aparece como o mecanismo de coordenação social que, "em face dos planos de ação e das atividades propositadas dos envolvidos, integra tais planos e atividades à interação".[47]

As interações, dessa forma, não se degeneram num conjunto de ações monologicamente orientadas e concatenadas a partir de cálculos egocêntricos de ganhos. Isso corresponde a importar, para o âmbito da experiência social, reificando-a, a racionalidade própria ao enfrentamento *cognitivo-instrumental* da natureza. É, afinal, o que se ocorre nas sociedades modernas.[48]

O agir comunicativo indica a experiência social em que os sujeitos, incorporando à sua fala e comportamento pretensões de validade criticáveis, "coordenam seus planos de ação mediante o entendimento mútuo linguístico". Vincula o processo de entendimento, em que os membros do grupo social, no *medium* linguístico e a partir do horizonte

---

45   HABERMAS, *O discurso filosófico da modernidade*, 2002, p. 437.

46   HABERMAS, *Consciência moral e agir comunicativo*, 2003, p. 164 e 165; HABERMAS, *Verdade e justificação*, 2009, p. 117.

47   HABERMAS, *Teoria do agir comunicativo*, Tomo 01, 2012, p. 182, 183, 184 e 191.

48   HABERMAS, *Consciência moral e agir comunicativo*, 2003, p. 165; HABERMAS, *Teoria do agir comunicativo*, Tomo 01, 2012, p. 132 e 496.

do *mundo da vida* compartilhado, referem-se a algo no mundo objetivo, social e subjetivo e, ao fazê-lo, manifestam pretensões de validade que podem ser aceitas ou contestadas[49].

Em síntese, Habermas fala em agir comunicativo quando "os participantes não se orientam em primeira linha pelo êxito de si mesmos". Eles se empenham em harmonizar seus planos de ação e somente perseguir seus respectivos fins sob a condição de um "acordo existente ou a se negociar sobre a situação e as consequências esperadas": um entendimento apoiado, ao mesmo tempo, "num saber proposicional, compartilhado intersubjetivamente, numa concordância normativa e numa confiança recíproca".[50]

Nesse quadro, somente são incluídos no conceito assim delineado, "as interações mediadas pela linguagem nas quais todos os participantes buscam atingir fins ilocucionários, *e tão somente fins como esses*"[51].

O assentimento, com o "sim", às pretensões de validade lançadas pelo participante da interação implica a continuidade da prática comunicativa da vida cotidiana, sob o pano de fundo do *mundo da vida*, constituído de convicções subjacentes mais ou menos difusas e isentas de problemas[52].

Entretanto, porque suscetível de crítica, o receptor pode, também, com um "não", rejeitar a oferta de fala, contestando sua validade sob o aspecto da verdade, da correção normativa e/ou da sinceridade. A pretensão de validade do ato de fala ofertado é *problematizada*, tornando-se objeto de uma controvérsia em que pode ser resgatada com base em

---

49   HABERMAS, *Verdade e justificação*, 2009, p. 118; HABERMAS, *Teoria do agir comunicativo*, Tomo 01, 2012, p. 183, 191, 528 e 529.

50   HABERMAS, *Consciência moral e agir comunicativo*, 2003, p. 165 e 167; HABERMAS, *Teoria do agir comunicativo*, Tomo 01, 2012, p. 496.

51   HABERMAS, *Teoria do agir comunicativo*, Tomo 01, 2012, p. 510.

52   HABERMAS, *Consciência moral e agir comunicativo*, 2003, p. 169; HABERMAS, *Teoria do agir comunicativo*, Tomo 01, 2012, p. 138.

Educação para a democracia no Brasil   203

argumentos. Os envolvidos, assim, "passam (mesmo que de modo rudimentar) do agir comunicativo para outra forma de comunicação, a saber, para uma práxis argumentativa em que desejam se convencer mutuamente, mas também aprender uns com os outros".[53]

A racionalidade inerente à ação comunicativa cotidiana traz consigo, desse modo, a possibilidade, a potencialidade da fundamentação ou *resgate discursivo* das pretensões de validade, pelo uso de argumentos, mesmo que não efetivado em todos os casos. Remete ao discurso, que funciona:

> (...) como instância de apelação que possibilita dar prosseguimento ao agir comunicativo com outros meios, quando não se pode mais abrandar um dissenso por meio das rotinas do dia a dia, mas ainda se deve, não obstante, decidir sobre ele sem o emprego imediato ou estratégico da violência.[54]

Eis os níveis implicados em toda comunicação orientada ao entendimento mútuo: o *agir* e o *discurso*. Este último, uma forma de *reflexão* do agir comunicativo, na qual "as pretensões de validade, pelas quais os agentes se orientam sem problemas na prática comunicacional quotidiana, são expressamente tematizados e problematizados". E, nesse sentido, tal como a *ação* que as vinculam, essas pretensões são deixadas em *suspenso*. Os conteúdos comunicados, desprendidos do "horizonte de obviedades inquestionadas, compartidas intersubjetivamente e não tematizadas" que compõe o *mundo da vida*, são feitos *possibilidades* de fatos, regulações ou vivências, em um dos três mundos (objetivo, social e subjetivo). Podem ou não ser o caso, conforme o potencial de razões que vinculam.[55]

---

53   HABERMAS, *Verdade e justificação*, 2009, p. 92.
54   HABERMAS, *Teoria do agir comunicativo*, Tomo 01, 2012, p. 48.
55   HABERMAS, *Verdade e justificação*, 2009, p. 92; HABERMAS, *Consciência moral e agir comunicativo*, 2003, p. 155 e 169; HABERMAS, *Teoria do agir comunicativo*, Tomo 01, 2012, p. 47.

O agir comunicativo, orientado ao entendimento, por tudo isso, apresenta-se como a alternativa emancipatória ao que Habermas denomina agir social *estratégico*. Neste último, orientados pelo êxito, os agentes "tentam alcançar os objetivos de sua ação influindo externamente, por meio de armas ou bens, ameaças ou seduções, sobre a definição da situação ou sobre a decisão ou motivos de seu adversário". A coordenação dos planos de ação, nesse caso, efetiva-se mediante a *influenciação recíproca*, "por meio de cálculos egocêntricos de êxito que se quer obter".[56]

Aqui, faz-se um uso instrumental e parasitário da linguagem, segundo o modelo de *perlocuções*, deixando inutilizado o potencial racional comunicativo. A comunicação linguística é "*subordinada* aos imperativos do agir racional orientado a fins", apropriado, em rigor, à apreensão e enfrentamento do mundo objetivo. Ocupado o ator social com a influenciação calculista sobre decisões de seu oponente (não parceiro de interação), "as *metas ilocucionárias* só são relevantes como condições de sucessos perlocucionários", almejados por meio da comunicação.[57]

Se, em toda forma de agir social, a estrutura *teleológica* é pressuposta, "na medida em que se atribui aos atores a capacidade de agir em vista de um objetivo e o interesse em executar seus planos de ação", na *ação estratégica*, o sujeito alça-a ao primeiro plano. Orienta-se para o *sucesso* individual, fazendo da linguagem, deturpada em *perlocução*, apenas meio disponível em vista de seu fim, a despeito do outro.[58]

3. A ação estratégica, orientada pelo êxito, com a utilização parasitária da linguagem, remete, pois, à realização desfigurada e empobrecida da razão na história da modernidade. Aferra-se ao "controle cognitivo-ins-

---

56   HABERMAS, *Verdade e justificação*, 2009, p. 118; HABERMAS, *Teoria do agir comunicativo*, Tomo 01, 2012, p. 495 e 496;

57   HABERMAS, *Verdade e justificação*, 2009, p. 118, 123 e 124; HABERMAS, *Teoria do agir comunicativo*, Tomo 01, 2012, p. 496, 498 e 501

58   HABERMAS, *Consciência moral e agir comunicativo*, 2003, p. 165.

trumental sobre a natureza (e sociedade) objetivada" e, com isso, a uma autonomia reduzida à autoafirmação egoísta com respeito a fins.[59] Os resultados do patológico predomínio de tal perspectiva racional, particularmente no âmbito da comunicação, são desastrosos. Conduziram ao empobrecimento e desumanização das relações sociais.[60] Pois "é só de maneira insatisfatória que as atividades do espírito humano podem ser restritas à confrontação cognitivo-instrumental com a natureza exterior".[61] Tal abordagem não é suficiente para dar conta de conflitos sociais e morais. Ao se intrometer na esfera das relações humanas, desconhece a intersubjetividade, deturpa o uso da linguagem, faz do outro objeto e, em seguida, *res*, meio para a execução de planos monológicos de ação.

Com isso, ao mesmo tempo em que revela o domínio de especialidades científicas e de técnicas cada vez mais sofisticadas para a autoafirmação e controle do mundo objetivo, o homem se vê incapaz de solucionar devidamente seus problemas de convivência. O diagnóstico harmoniza-se com o de Dewey. A técnica e a ciência moderna, que permitiram o crescente bem-estar e a melhoria das condições materiais de vida para grande parte da população, são também instrumentos para a dominação, a violência e a eficácia destrutiva da bomba atômica e da câmara de gás. Tudo isso numa caminhada histórica em que restaram desacoplados – muitas vezes, grandezas inversamente proporcionais – o progresso técnico-científico e o desenvolvimento moral e social.[62]

Tais descaminhos da modernidade, em que a ascendência e incremento da razão conduziram à sua própria deformação, traspassa, na filosofia habermasiana, uma história social de avanços e retrocessos, em

---

59 HABERMAS, *O discurso filosófico da modernidade*, 2002, p. 438.

60 BITTAR, *Justiça e emancipação*, 2011, p. 348 e 350.

61 HABERMAS, *Teoria do agir comunicativo*, Tomo 01, 2012, p. 161.

62 HABERMAS, *Teoría y praxis*, 1990, p. 324; BITTAR, Eduardo C. B. Justiça e liberdade na filosofia do direito de Jürgen Habermas . *Revista dos Tribunais*, ano 101, vol. 918, abril/2012, p. 236.

cujo curso a sociedade moderna ganhou complexidade e se diferenciou como *sistema* e *mundo da vida*.

Habermas apresenta o *mundo da vida* como conceito correlato dos processos comunicativos de entendimento. Constitui um reservatório de autoevidências e de convicções subjacentes mais ou menos difusas e isentas de problemas, que "acumula o trabalho interpretativo prestado por gerações anteriores". É dele que "os participantes da comunicação lançam mão quando se encontram em processos cooperativos de interpretação".[63]

Remete à perspectiva *participante*, "*de dentro* da sociedade", do sujeito inserido nas interações e situações cotidianas da vida social.[64] Corresponde ao horizonte onde os que agem comunicativamente se movem, formando o *contexto* da situação da ação e fornecendo, ao mesmo tempo, "os *recursos* para os processos de interpretação com os quais os participantes da comunicação procuram suprir a carência de entendimento mútuo que surgiu em cada situação de ação".[65] É, pois:

> (...) (...) de certa forma, o lugar transcendental em que os falantes e ouvintes se encontram; onde podem levantar, uns em relação aos outros, a pretensão de que suas exteriorizações condizem com o mundo objetivo, social ou subjetivo; e onde podem criticar ou confirmar tais pretensões de validade, resolver seu dissenso e obter consenso.[66]

---

63   HABERMAS, *Teoria do agir comunicativo*, Tomo 01, 2012, p. 138 e 139; HABERMAS, *Teoria do agir comunicativo*, Tomo 02, 2012 p. 227.

64   FREITAG, *Teoria crítica*, 2004, p. 61.

65   HABERMAS, *Teoria do agir comunicativo*, Tomo 01, 2012, p. 138; HABERMAS, *Teoria do agir comunicativo*, Tomo 02, 2012, p. 231; HABERMAS, *Consciência moral e agir comunicativo*, 2003, p. 167

66   HABERMAS, *Teoria do agir comunicativo*, Tomo 02, 2012, p. 231.

Habermas fala em três *componentes estruturais* do *mundo da vida*, correlatos aos três conceitos de mundos, a saber: a *cultura*, compreendida como "reserva de saber, do qual os participantes da comunicação extraem interpretações no momento em que tentam se entender sobre algo no mundo"; a *sociedade*, definida como as "ordens legítimas pelas quais os participantes da comunicação regulam sua pertença a grupos sociais, assegurando a solidariedade"; e, finalmente, a *personalidade*, interpretada como "conjunto de competências que tornam um sujeito capaz de fala e de ação – portanto, que o colocam em condições de participar de processos de entendimento, permitindo-lhe afirmar sua identidade".[67]

Assim estruturado, o *mundo da vida* se reproduz e se renova *simbolicamente* na prática comunicativa cotidiana. *Reprodução cultural*, a *integração social* e *socialização* são seus processos de reprodução (e renovação), correspondentes aos aludidos *componentes estruturais*, pelo caminho do agir comunicativo. Explica o filósofo:

> Sob o *aspecto* funcional *do entendimento*, o agir comunicativo se presta à transmissão e à renovação de um saber cultural; sob o aspecto da *coordenação da ação*, ele possibilita a integração social e a geração de solidariedade; e, sob o *aspecto da socialização*, o agir comunicativo serve à formação de identidades pessoais. As estruturas simbólicas do mundo da vida se reproduzem pelos caminhos que dão continuidade a um saber válido e que estabilizam a solidariedade grupal, formando atores imputáveis.[68]

Tais processos de reprodução que se estendem às estruturas *simbólicas* do mundo da vida podem, então, ser avaliados de acordo com a *racionalidade do saber* gerado e transmitido; os laços de cooperação e

---

67   *Ibidem*, p. 252 e 253.
68   *Ibidem*, p. 252.

solidariedade dos membros; e, finalmente, a responsabilidade, a *imputabilidade da personalidade adulta*.[69]

Ao lado deles, Habermas destaca, também, a necessidade de manutenção e reprodução do *substrato material* do *mundo da vida*. E este segue "outros caminhos": "A *reprodução material* se efetua, por seu turno, mediante a atividade teleológica, a qual permite aos indivíduos socializados uma intervenção no mundo para a realização de seus objetivos".[70]

Aqui, a ciência e a tecnologia, no enfrentamento cognitivo-instrumental da natureza, fornecendo meios para a melhoria das condições materiais de existência, revelam todo o seu potencial positivo. Mas isso de maneira que constituam instrumentos sujeitos aos sentidos traçados comunicativamente, na esfera do *mundo da vida*.[71]

A *diferenciação estrutural* do mundo da vida, nos componentes *cultura*, *sociedade* e *personalidade*, resulta de um processo histórico de *racionalização*, interpretado, por Habermas, como liberação do potencial de racionalidade contido no agir comunicativo. Nele, as decisões mediante "sim"/"não", no âmbito das práticas comunicativas cotidianas, paulatinamente, deixam de ser determinadas por um acordo normativo tradicional, já *concretizado* e *prescrito* no passado, e passam a surgir "dos próprios processos de interpretação cooperativa dos participantes".[72]

Com a atualização desse potencial, as instituições sociais vão se distinguindo das cosmovisões, diferenciando-se *cultura* e *sociedade*; amplia-se o espaço de contingência, na diferenciação estrutural entre *sociedade* e *personalidade*; e, por fim, na disjunção entre *cultura* e *personalidade*, a renovação da tradição passa a depender "cada vez mais da crítica e da capacidade inovadora dos indivíduos". Em consequência de tudo isso:

---

69   *Ibidem*, p. 252.

70   HABERMAS, *Teoria do agir comunicativo*, Tomo 02, 2012, p. 253.

71   HABERMAS, *Teoría y praxis*, 1990, p. 318, 319 e 331.

72   HABERMAS, *Teoria do agir comunicativo*, Tomo 01, p. 585 e 586; HABERMAS, *Teoria do agir comunicativo*, Tomo 02, 2012, p. 265 e 280.

Educação para a democracia no Brasil   209

> (...) a cultura se encontra num estado de perma-
> nente revisão de tradições, que se diluem paulati-
> namente, tornando-se reflexivas; a sociedade entra
> num estado de dependência de ordens legítimas,
> de processos formais de criação e fundamentação
> de normas; e a personalidade passa a ser um estado
> de estabilização permanente de uma "identidade-
> -eu" autodirigida.[73]

Em resumo, a racionalização do *mundo da vida*, a que se vincula
sua definição estrutural diferenciada, pode ser apreendida numa *dialética*
comunicativa em que, progressivamente, opõe-se à "concordância nor-
mativamente prescrita" o "entendimento comunicativamente alcançado".
Desse modo, "os contextos da interação passam a depender das condições de um entendimento motivado racionalmente, ou seja, da formação
de um consenso respaldado em *última instância*, no melhor argumento".
Renuncia-se, cada vez mais, à aceitação inquestionada dos valores, normas e consensos transmitidos pela tradição. Eles determinam, cada vez
menos, um adiantamento de consenso, uma decisão prévia sobre as pretensões de validade que devem prevalecer "e quando, onde, com que fim,
por quem e diante de quem".[74]

Nesse ponto, começa a ser entrevisto o *irônico paradoxo* da racionalidade, no processo do esclarecimento, descrito por Habermas.

Pois, com a atualização do potencial de racionalidade do entendimento linguístico, a práxis cotidiana se desprende, progressivamente,
da eticidade convencional, concreta e *heterônoma*, dos padrões comportamentais consensuais veiculados e ancorados na tradição.[75] Criam-se,
no interior da sociedade, "espaços cada vez mais amplos para o mundo

---

73   HABERMAS, *Teoria do agir comunicativo*, Tomo 02, 2012, p. 264 e 265.
74   HABERMAS, *Teoria do agir comunicativo*, Tomo 01, 2012, p. 139; HABER-
      MAS, *Teoria do agir comunicativo*, Tomo 02, 2012, p. 263 e 329.
75   HABERMAS, *Teoria do agir comunicativo*, Tomo 02, 2012, p. 325

da vida cultural, para a comunicação e entendimento racional entre os homens, para a configuração de sua identidade racional".[76]

Ao mesmo tempo, porém, transferido o *fardo* da *integração social*, sempre mais, aos processos de formação de consenso no interior da linguagem, a zona do aproblemático diminui. A "crescente pressão de racionalidade, exercida por um mundo da vida problematizado sobre os mecanismos de entendimento, eleva a necessidade de entendimento e, com isso, aumenta o ônus da interpretação e os riscos de dissenso".[77]

A carência de entendimento não pode mais ser atendida por aquele acervo de interpretações que, legitimadas na tradição cultural, permaneciam resistentes à crítica, funcionando como "contrapeso conservador que se opõe ao risco de dissenso". E, assim, por fim, o mecanismo de entendimento linguístico, "mais arriscado", cada vez mais exigido e onerado por expectativas de consenso, demandas sempre maiores de coordenação e riscos de dissensão, acaba sobrecarregado.[78] Ameaça ruir.

Aqui entra em cena a perspectiva da sociedade, influenciada por Luhmann e Parsons, como *sistema*: a ótica *objetivante* do *observador*, impregnada de racionalidade instrumental.[79]

Habermas interpreta a economia capitalista e a estrutura estatal moderna como *sistemas parciais* de agir teleológico que emergem, diferenciam-se e se autonomizam do *mundo da vida*, respectivamente, pelos meios de comunicação *dinheiro* e *poder*. Trata-se de meios que, destaca o autor, não necessitam mais da linguagem e a substituem enquanto mecanismo de coordenação de ações.[80]

---

76   SIEBENEICHLER, *Jürgen Habermas*, 1994, p. 40.

77   HABERMAS, *Teoria do agir comunicativo*, Tomo 02, 2012, p. 325 e 330.

78   HABERMAS, *Teoria do agir comunicativo*, Tomo 01, 2012, p. 139 e 587; HABERMAS, *Teoria do agir comunicativo*, Tomo 02, 2012, p. 280.

79   FREITAG, *A teoria crítica*, 2004, p. 61.

80   HABERMAS, *Teoria do agir comunicativo*, Tomo 01, 2012, p. 588 e 589; HABERMAS, *Teoria do agir comunicativo*, Tomo 02, 2012, p. 278, 280, 326,

Educação para a democracia no Brasil   211

Funcionam, enfim, *dinheiro* e *poder,* como mecanismos de desa-
fogo que atenuam os perigos e exigências da interação linguística orientada pelo entendimento.[81]

O processo de racionalização, que conduziu à diferenciação estrutural do mundo da vida, coincide com outro processo: a diferenciação e
autonomização sistêmica.[82] Como explica Habermas, a emancipação do
agir comunicativo, com a liberação de seu potencial racional e superação
da eticidade convencional, significa, também, a disjunção entre o agir
orientado pelo entendimento e o agir estratégico, orientado pelo êxito:
"Nessa polarização se reflete a separação entre integração social e integração pelo sistema".[83]

Nos subsistemas *economia* e *administração,* diferenciados pelos
meios *dinheiro* e *poder,* a coordenação da ação é desconectada da formação
linguística do consenso, desfazendo-se o liame entre agir social e entendimento. E, nesse processo, perde-se a ancoragem no *mundo da vida.*[84]

Por fim, na "disjunção entre sistema e mundo da vida", a perspectiva sistêmica volta-se, com efeitos distorcivos, sobre o próprio *mundo
da vida* do qual se desprendeu, "colonizando-o". Mais do que desafogar
os riscos e ônus da comunicação, os imperativos sistêmicos impõem-se
sobre o *mundo da vida,* reprimindo e desvirtuando a coordenação social
mediada pela linguagem e submetendo a práxis cotidiana ao padrão racional instrumental, ao agir estratégico. Enfim, "O mundo da vida racionalizado possibilita o surgimento e crescimento de certos subsistemas,

---

327, 330 e 576.

81 HABERMAS, *Teoria do agir comunicativo,* Tomo 02, 2012, p. 327 e 330.
82 PINZANI, *Habermas,* 2009, p. 110.
83 HABERMAS, *Teoria do agir comunicativo,* Tomo 02, 2012, p. 326.
84 HABERMAS, *Teoria do agir comunicativo,* Tomo 01, 2012, p. 590; HABER-
MAS, *Teoria do agir comunicativo,* Tomo 02, 2012, p. 280, 281, 330 e 331.

cujos imperativos, ao se tornarem autônomos, ricocheteiam de modo destrutivo sobre o próprio mundo da vida".[85]

Tal desvio e deformação patológica não faz Habermas, como adiantado, recusar as possibilidades da racionalidade, em vista à realização do projeto moderno emancipatório. Tampouco negar sua dimensão instrumental. Afinal, não desmerece, absolutamente, os progressos materiais que seu desempenho proporcionou à humanidade.

Descartando, porém, a identificação da emancipação, *sem mais*, com o progresso da ciência e da técnica,[86] refere-a à reativação do potencial da racionalidade comunicativa, revelado na própria modernidade: "Somente essa *racionalidade comunicativa*, que se reflete na autocompreensão da modernidade, confere uma lógica interna à resistência contra a mediatização do mundo da vida provocada pela dinâmica própria dos sistemas que se tornaram autônomos".[87]

A emancipação passa, assim, pela *descolonização* do *mundo da vida*, como "mecanismo reativo necessário para o processo de recuperação das formas comunicativas de interação que definem o modo de operar do mundo da vida".[88]

Com isso, Habermas pode destacar, na modernidade, duas experiências racionais fundamentais que, não obstante todos os retrocessos e descaminhos verificados, não devem ser abandonadas. De um lado, "a competência técnica e instrumental, desenvolvida pelos sistemas de reprodução material, graças à ciência e à técnica".[89] De outro, a racionalização do *mundo da vida* ao nível em que a práxis discursiva representa o mecanismo de coordenação da ação, frente a um cenário pós-metafísico,

---

85   HABERMAS, *Teoria do agir comunicativo*, Tomo 02, 2012, p. 281, 336, 355, 552 e 575.

86   HABERMAS, *Teoría y praxis*, 1990, p. 314 e 324.

87   HABERMAS, *Teoria do agir comunicativo*, Tomo 02, 2012, p. 601.

88   BITTAR, *Justiça e emancipação*, 2011, p. 350.

89   FREITAG, *A teoria crítica*, 2004, p. 64.

Educação para a democracia no Brasil   213

em que as tradições, a religião não resistem mais, como fonte hermenêutica que legitima e adianta interpretações situacionais e o direcionamento da interação social.[90]

A *descolonização* referida implica, nesse contexto, o resgate do terreno perdido pela razão comunicativa, privilegiando o entendimento no *mundo da vida* racionalizado, como espaço definidor da manutenção da sociedade como um todo. E isso, sem negar a perspectiva *sistêmica*. Apenas recolocando a razão instrumental em seu devido lugar, a saber, a reprodução do *substrato material*, de qualquer modo referida, entrelaçada e, principalmente, determinada pelos processos linguísticos orientados ao entendimento.[91]

4. Sendo assim, o resgate da comunicação orientada ao entendimento aparece, em Habermas, como a alternativa – ou, ainda, reviravolta – *racional* emancipatória ao processo histórico em que, paradoxalmente, a *racionalização* empobreceu e desativou o discurso.

O discurso a que remete a razão comunicativa e que dá continuidade, de modo *reflexivo*, à ação orientada ao entendimento, traz consigo dois imensos potenciais, também assimilados, como descrito, na filosofia deweyana. Primeiro, o sentido *cognitivo* de "filtrar contribuições e temas, argumentos e informações, de tal modo que os resultados obtidos por este caminho têm a seu favor a suposição da aceitabilidade racional". Segundo, o sentido *prático*, de produzir relações de entendimento, isentas de violência.[92]

Há, nesse sentido, uma promessa cognitiva vinculada à comunicação linguística, que, no pragmatismo norte-americano, efetiva-se na

---

90   HABERMAS, *Consciência moral e agir comunicativo*, 2003, p. 169; HABERMAS, *Teoria do agir comunicativo*, Tomo 01, 2012, p. 138 e 587.

91   HABERMAS, *Teoría y praxis*, 1990, p. 327, 328 e 334; HABERMAS, *Teoria do agir comunicativo*, Tomo 02, 2012, p. 253, 278 e 334; FREITAG, *A teoria crítica*, 2004, p. 63.

92   HABERMAS, *Direito e democracia*, Vol. 01, 2012, p. 190 e 191.

fórmula da pesquisa cooperativa da verdade. É ínsito ao discurso o significado de aprendizado mútuo. Na contradição de perspectivas e visões de mundo, os horizontes de sentido se ampliam e se imbricam cada vez mais, explodindo as limitações experienciais e superando particularismos semânticos.[93] Em virtude da "possibilidade de serem criticadas", as pretensões de validade, contidas na fala e na ação racional, são, ao mesmo tempo, "passíveis de correção". Por isso, ao conceito de argumentação e, nele, de fundamentação, num ambiente livre de coações e violência, liga-se, intimamente, a ideia de *aprendizado*:

> As argumentações tornam possível um comportamento considerado racional em um sentido peculiar, qual seja o aprendizado a partir de erros explícitos (...) os processos de aprendizado dependem de argumentações; e é por meio destes últimos que angariamos conhecimentos teóricos e discernimentos morais, renovamos e ampliamos a linguagem avaliativa e suplantamos autoenganos e dificuldades de entendimento.[94]

Ao lado do *discurso teórico*, em que são tematizadas pretensões de *verdade* controversas, sobre algo no mundo objetivo, Habermas destaca o *discurso prático*, "a forma de argumentação que permite tematizar pretensões à correção normativa".[95] Trata-se de tematização que, explica, "não é diversa da que tem lugar no caso das questões de verdade". Pois, nos discursos, "assim como os fatos se transformam em 'estados de coisas' que podem ser ou não o caso, assim também as normas habitualizadas socialmente transformam-se em possibilidades de regulação que podem aceitar como válidas ou recusar como inválidas".[96]

---

93   HABERMAS, *Verdade e justificação*, 2009, p. 71 e 95.
94   HABERMAS, *Teoria do agir comunicativo*, Tomo 01, 2012, p. 49 e 57.
95   *Ibidem*, p. 49 e 50.
96   HABERMAS, *Consciência moral e agir comunicativo*, 2003, p. 155.

Educação para a democracia no Brasil   215

Isso não implica, absolutamente, confusão entre os distintos mundos e pretensões sobre os quais incide cada um desses tipos discursivos. Não há dúvida:

> A objetividade do protesto de *um outro espírito* é feita de um material diferente do que compõe a objetividade de uma realidade surpreendente. Não é a contingência cega das circunstâncias decepcionantes que assinala o fracasso dos juízos e normas morais, mas antes a dor dos ofendidos, cuja voz se faz ouvir na contradição e na indignação dos adversários que esposam orientações de valor diferentes.[97]

Enfim, o que se tira disso tudo: pressuposto o potencial racional das manifestações e questões *prático-morais*, as pretensões de validade "ligadas a normas de ação e sobre as quais os mandamentos e as frases com sentido deôntico se apoiam" podem, também, ser resgatadas *discursivamente* e decididas com base em boas razões.[98]

Assim, a filosofia habermasiana trabalha a questão da moralidade, de modo "independente das suposições da metafísica e da religião",[99] dentro de uma perspectiva procedimental (formal) e cognitivista, preservando, na comunicação, a pretensão de unidade e universalidade da razão. Tal é a aposta da *ética do Discurso*: uma ética da interação linguística, pelo *medium* do discurso.[100]

Na ética discursiva, o critério último da moralidade radica no "processo argumentativo desencadeado pelo discurso prático".[101] O lugar

---

97   HABERMAS, Jürgen. *A ética da discussão e a questão da verdade.* Organização e introdução de Patrick Savidan. Trad. Marcelo Brandão Cipolla. 2ª ed. São Paulo: Martins Fontes, 2007, p. 66.

98   HABERMAS, *Teoria do agir comunicativo*, Tomo 01, 2012, p. 49 e 50.

99   HABERMAS, *Consciência moral e agir comunicativo*, 2003, p. 61.

100   BITTAR, *Justiça e emancipação*, 2011, p. 277 e 288; PINZANI, *Habermas*, 2009, p. 125.

101   FREITAG, Bárbara. A questão da moralidade: da razão prática de Kant à ética discursiva de Habermas. *Tempo social*. Revista de Sociologia da USP.

antes ocupado, em Kant, pelo *imperativo categórico* – "Age apenas segundo uma máxima tal que possas ao mesmo tempo querer que ela se torne lei universal"[102] – passa ao *procedimento* de argumentação.[103] É nele que se atualiza a ideia de autonomia moral.

Daí, Habermas estabelece o *princípio do discurso*, ao qual pode ser resumida sua filosofia moral: "somente podem pretender validade aquelas normas que possam contar com o assentimento de todos os atingidos, enquanto participantes de um discurso prático".[104] O princípio, assim, "submete a validade de qualquer tipo de norma de ação ao assentimento daqueles que, na qualidade de atingidos, tomam parte em 'discursos racionais'".[105]

Quanto ao *imperativo categórico*, perde seu status de um critério moral absoluto, aprioristicamente a disposição de uma razão prática "pura". Transmuda-se à condição de um *princípio da universalização* que funciona como *regra de argumentação* para a decisão racional, no âmbito de discursos prático-morais.[106] De acordo com ele, "os resultados e efeitos colaterais que, para a satisfação dos interesses de cada um, previsivelmente decorrem da observância geral da norma, tem de poder ser aceitos sem coação nenhuma, por todos".[107]

Volume 01, nº 02, São Paulo, 2º semestre de 1989, p. 36.

102   KANT, Immanuel. *Fundamentação da metafísica dos costumes*. Trad. Paulo Quintela. Lisboa:Edições 70, 2008, p. 62.

103   FREITAG, *A questão da moralidade*, 1989, p. 36; HABERMAS, *Escritos sobre moralidad y eticidad*, 1991, p. 101.

104   HABERMAS, Jürgen. *Escritos sobre moralidad y eticidad*. Barcelona: Paidós/Universidad Autónoma de Barcelona, 1991, p. 101; HABERMAS, *Consciência moral e agir comunicativo*, 2003, p. 86 e 116.

105   HABERMAS, *Direito e democracia*, Vol. 01, 2012, p. 142 e 199.

106   FREITAG, *A questão da moralidade*, 1989, p. 08 e 36; HABERMAS, *Escritos sobre moralidad y eticidad*, 1991, p. 101; HABERMAS, *Direito e democracia*, Vol. 01, 2012, p. 144 e 145.

107   HABERMAS, *Escritos sobre moralidad y eticidad*, 1991, p. 101 e 102; HABERMAS, *Consciência moral e agir comunicativo*, 2003, p. 86, 116 e 147.

Educação para a democracia no Brasil   217

Como esclarece Habermas, os dois princípios não se confundem.[108] O *princípio da universalização* "se limita a dizer quando uma norma é capaz de obter consenso; ele afirma com isso, quais são as condições para tal consenso". Já o do *discurso*, "afirma que uma norma deve obter consenso de todos os concernidos; ele possui, portanto, caráter normativo".[109]

A ética discursiva implica, desse modo, uma interpretação e aplicação intersubjetivista do *imperativo categórico*, que "não se esgota numa reflexão monológica segundo a qual determinadas máximas seriam aceitáveis como leis universais *do meu ponto de vista*".[110] Citando McCarthy:

> (...) ao invés de prescrever a todos os demais como válida uma máxima que eu quero que seja uma lei universal, tenho que apresentar minha máxima a todos os demais envolvidos no exame discursivo de sua pretensão de universalidade. O peso desloca-se daquilo que cada (indivíduo) pode querer sem contradição como lei universal para aquilo que todos querem de comum acordo reconhecer como norma universal.[111]

As normas de ação, na medida em que pretendem exteriorizar um "interesse *comum* a *todos* os atingidos" – e, dessa forma, *merecer* reconhecimento geral –, devem, no âmbito do *discurso prático* e, nele, ponderados os interesses envolvidos assim como analisadas as consequências e os efeitos colaterais que previsivelmente resultam de sua aplicação, encontrar o assentimento racional dos atingidos.[112]

No âmbito das normas propriamente *morais* isso vai remeter a uma pretensão de universalidade, que se desprende, no final das contas,

---

108   HABERMAS, *Consciência moral e agir comunicativo*, 2003, p. 86 e 116.

109   PINZANI, *Habermas*, 2009, p. 132.

110   HABERMAS, *A ética da discussão e a questão da verdade*, 2007, p. 08 a 10.

111   HABERMAS, *Consciência moral e agir comunicativo*, 2003, p. 88.

112   HABERMAS, *Consciência moral e agir comunicativo*, 2003, p. 86; HABERMAS, *Teoria do agir comunicativo*, Tomo 01, 2012, p. 50.

da eticidade concreta de um dado grupo social, demarcada no horizonte de um *mundo da vida*.[113] Nesse ponto, é importe destacar a distinção, apresentada por Habermas, entre o discurso prático *moral* e o *ético*. Este último, explica o autor, efetiva-se no interior das tradições, orientações axiológicas, perspectivas e fins que marcam a identidade de uma determinada coletividade, inseridas em seu *mundo da vida*. Remetem a questões do "bem viver", dos modos de agir "bons para nós", justificados no âmbito da autocompreensão de uma comunidade histórica, delimitada por uma forma de vida concreta, para fora da qual os participantes da comunicação não se catapultam.[114]

Já o discurso prático-moral, amparado no princípio da *universalização*, induz a formação imparcial do juízo, ou ainda, um acordo sobre uma norma que atende ao interesse simétrico de *todos*, para além do *meu* ou do *nosso* interesse. Referido a um círculo ilimitado de destinatários, elimina, "a título de conteúdos não passíveis de universalização", aquelas orientações axiológicas entrelaçadas e circunscritas a formas de vida particular ou a histórias de vida particular.[115]

Para isso, fazendo referência ao pensamento de Mead e Piaget, Habermas afirma cumprir aos participantes do discurso moral a assunção ideal da perspectiva de *todos os outros*, o que lhes assegura a "progressiva 'descentralização' da compreensão egocêntrica e etnocêntrica que cada qual tem de si mesmo e do mundo":[116]

---

113   HABERMAS, *Consciência moral e agir comunicativo*, 2003, p. 126 e 131; HABERMAS, *Direito e democracia*, Vol. 01, 2012, p. 193 e 205.

114   HABERMAS, *Consciência moral e agir comunicativo*, 2003, p. 131; HABERMAS, *Direito e democracia*, Vol. 01, 2012, p. 199, 201, 202 e 205.

115   HABERMAS, *Consciência moral e agir comunicativo*, 2003, p. 86 e 148; HABERMAS, *A ética da discussão e a questão da verdade*, 2007, p. 10; HABERMAS, *Direito e democracia*, Vol. 01, 2012, p. 191 e 199.

116   HABERMAS, *Consciência moral e agir comunicativo*, 2003, p. 86; HABERMAS, *A ética da discussão e a questão da verdade*, 2007, p. 10.

Educação para a democracia no Brasil · 219

(...) a perspectiva etnocentrista de uma determinada coletividade se alarga, assumindo a perspectiva abrangente de uma comunidade comunicativa não circunscrita, onde cada membro se coloca na situação, na compreensão e na autocompreensão do mundo de cada um dos outros.[117]

Sendo assim, o caráter procedimental formalista da moral habermasiana não significa, absolutamente, o alheamento a conteúdos: "Formal, por conseguinte, esse procedimento não o é no sentido de abstração de conteúdos". Implica, somente, a abdicação e, mais, a proibição de que se privilegiem e se fixem, em detrimento de outros e de *uma vez por todas*, determinados conteúdos morais.[118] Como pensamento *pós-metafísico*, "recusa a afirmação de conteúdos que possam estar além do tempo, do espaço, das condições sociais da comunidade que pretende ver uma norma ser inscrita como revelação da ideia de justiça".[119]

Rechaçada a autoridade apriorística de qualquer julgamento ou orientação *conteudista*, "*Todos* os conteúdos, mesmo os concernentes a normas de ação não importa quão fundamentais estas sejam, têm de ser colocados na dependência de Discursos reais".[120]

Nesse sentido, também as normas morais incorporarão interesses e valores. Porém, apenas na medida em que são generalizáveis e expressem, de modo fundamentado, no âmbito da argumentação, "o que é igualmente bom para todos", no universo não circunscrito de destinatários. Elas se destacam do conjunto de conteúdos contingentes (*candidatos* a normas que representam um interesse universal) que dão início ao

---

117   HABERMAS, *Direito e democracia*, Vol. 01, 2012, p. 203.

118   HABERMAS, *Consciência moral e agir comunicativo*, 2003, p. 117 e 149.

119   BITTAR, *Justiça e emancipação*, 2011, p. 266.

120   HABERMAS, *Consciência moral e agir comunicativo*, 2003, p. 149.

220　　　Guilherme Perez Cabral

discurso prático. Distinguem-se das perspectivas axiológicas e teleológicas particulares.[121]

Ao afirmar a validez *deontológica* da moral, a ética discursiva exclui "a interpretação que leva em conta a vantagem *relativa* de certos valores ou interesses". Demarca "o domínio do moralmente válido em face do domínio dos conteúdos de valor cultural".[122]

De qualquer forma, porque os participantes da comunicação estão inseridos no mundo da vida, que lhes molda o olhar, fornecendo os recursos para os processos de atribuição de sentido, é evidente a *dialética* permanente envolvida no discurso moral: um processo racional falível e contínuo de busca da *universalidade* a partir da *particularidade*.

Esvaziada "da pretensão de oferecer um conteúdo, uma semântica, uma substância"[123] a ética discursiva habermasiana detém-se à indicação de um *processo*: o *discurso prático*, "rico de pressupostos, que deve garantir a imparcialidade da formação do juízo".[124] Eis o lugar da *autonomia* moral.

Para tanto, porém, é pressuposto o cumprimento de requisitos bastante *exigentes*. Além da existência de uma linguagem comum, o discurso demanda, numa relação de enriquecimento recíproco, uma situação dialogal "ideal", livre de coações e violência, e a competência e disposição comunicativa dos participantes da comunicação:[125]

I) Em relação ao ambiente em que se efetiva o discurso, Habermas fala de uma *situação ideal de fala* que corresponde, em última análise, às

---

121　HABERMAS, *Consciência moral e agir comunicativo*, 2003, p. 117; HABERMAS, *Direito e democracia*, Vol. 01, 2012, p. 193.

122　HABERMAS, *Consciência moral e agir comunicativo*, 2003, p. 127 e 148; HABERMAS, *Direito e democracia*, Vol. 01, 2012, p. 193.

123　BITTAR, *Justiça e emancipação*, 2011, p. 288.

124　HABERMAS, *Consciência moral e agir comunicativo*, 2003, p. 126 e 148.

125　FREITAG, *A questão da moralidade*, 1989, p. 37.

Educação para a democracia no Brasil   221

"condições gerais de simetria que todo falante competente precisa supor suficientemente satisfeitas, tão logo ele pense em tomar parte de uma argumentação". Corresponde à estrutura comunicativa que assegura iguais chances de participação, sem repressão, e que, desse modo: "exclui toda a coação (quer ela atue a partir de fora sobre o processo de entendimento, quer se origine nele), exceto a coerção do melhor argumento (o que implica também a desativação de todos os motivos, exceto a procura cooperante da verdade)".[126]

Trata-se de um contexto de fala que, de fato, vê-se ameaçado diante da realidade histórico-social. Nos descaminhos da modernidade, lembra Habermas, as argumentações voltadas ao entendimento assemelham-se, muito mais, a "ilhas ameaçadas de se verem submersas pelas ondas no oceano de uma prática onde o modelo da solução consensual dos conflitos de ação não é de modo algum dominante". Enfim, "não cessam de se ver desalojados pelos instrumentos da violência".[127]

Isso não implica, contudo, negar sua possibilidade, sua prática e sua potencialidade. A situação dialogal "ideal" não indica, absolutamente, uma mera abstração teórica infundada.[128] Com efeito, o entendimento permanece presente nas práticas cotidianas, imersas no *mundo da vida*, em que se efetivam argumentações. E, nestas, definitivamente, ninguém ingressa "sem se apoiar intuitivamente numa forte pressuposição, a saber, que é possível chegar, em princípio, a um consenso fundamentado".[129]

A tensão entre o *real* e o *ideal*, sem dúvida, é constante. De um lado, "os participantes da argumentação não têm outra saída senão partir da pressuposição (frequentemente contrafactual) de que se cumpriram, em aproximação satisfatória, as condições de uma situação ideal de fala". Por outro, sabem que o discurso nunca será absolutamente purificado

---

126 HABERMAS, *Teoria do agir comunicativo*, Tomo 01, 2012, p. 60 e 61; HABERMAS, *Consciência moral e agir comunicativo*, 2003, p. 111 e 112.

127 HABERMAS, *Consciência moral e agir comunicativo*, 2003, p. 128.

128 FREITAG, *A questão da moralidade*, 1989, p. 37 e 39.

129 HABERMAS, *Teoria do agir comunicativo*, Tomo 01, 2012, p. 50.

222 Guilherme Perez Cabral

"de motivos ocultos e de pressões sobre a ação". De tudo isso, fica a pertinente advertência habermasiana de que "quanto menos supormos um discurso purificado, tanto mais teremos de nos contentar com o discurso 'contaminado'".[130] Esse é, afinal, o modelo estrutural de comunicação que, para Habermas, constitui o "único mecanismo de auto-organização que se encontra à disposição da comunidade. Por esse caminho, ela deve superar todos os conflitos sem o emprego da violência".[131]

II) Ao mesmo tempo, o discurso pressupõe a competência e a disposição comunicativa dos atores sociais. Demanda uma constituição *racional* da *personalidade*, no sentido de que o sujeito é *capaz* de agir e falar, em condições de participar de argumentações, voltadas ao entendimento. No sentido de que se orienta por pretensões de validade, das quais pode prestar contas, se necessário, no âmbito do discurso.[132]

Corresponde, nessa linha, ao desenvolvimento do sujeito de modo a atingir o estágio *pós-convencional* (*autônomo*) do juízo moral. Aqui, conforme analisado detidamente na sequência, o sujeito já dispõe de estruturas cognitivas que lhe permitem um olhar *distanciado* e, desse modo, uma *atitude hipotética* frente ao seu mundo social, passível de crítica quanto a sua *pretensão de validade* e carecedor de justificação. Na oposição entre *eticidade* e *moralidade*, entre *facticidade* (*positivação*) e *validade* (*legitimidade*) das normas sociais, o sujeito guarda consigo, como critério moral, o discurso prático de fundamentação das normas de ação.[133]

---

130   HABERMAS, *O discurso filosófico da modernidade*, 2002, p. 449; HABERMAS, *Teoria do agir comunicativo*, Tomo 01, 2012, p. 91.

131   HABERMAS, *Direito e democracia*, Vol. 02, 2011, p. 51.

132   HABERMAS, *Verdade e justificação*, 2009, p. 102; HABERMAS, *Teoria do agir comunicativo*, Tomo 02, 2012, p. 253.

133   HABERMAS, *Consciência moral e agir comunicativo*, 2003, p. 156, 199 e 212.

Educação para a democracia no Brasil   223

Mas não é só isso. À competência comunicativa vincula-se o hábito, a disposição para ingressar na argumentação, fazendo uso da *liberdade comunicativa*.

Por liberdade comunicativa, Habermas entende a "possibilidade –
pressuposta no agir que se orienta pelo entendimento – de tomar posição
frente aos proferimentos de um oponente e às pretensões de validade aí
levantadas, que dependem de um reconhecimento intersubjetivo". Atualiza-se, sempre, como na filosofia deweyana, no âmbito de uma relação
intersubjetiva, "entre atores que desejam entender-se entre si", contando,
para tanto, "com tomadas de posição perante pretensões de validade reciprocamente levantadas".[134]

Porém, o sujeito capaz de falar e agir, que pode se *distanciar* do
acervo de valores tradicionais, interpretações e certezas que integram
seu mundo da vida, pode, também, "abandonar a qualquer momento a
orientação pelo entendimento, adotando um enfoque estratégico e obje-
tivando contextos normativos como algo no mundo objetivo".[135]

A liberdade do sujeito, enfim, apresenta outro aspecto. Permite,
mesmo, a saída da esfera do agir comunicativo, autolibertando-se do
peso da liberdade comunicativa. Como destaca Habermas, vai tão longe
que o sujeito, adotando uma posição *estratégica*, não precisa nem sequer
prestar contas, com "boas razões", de seus planos de ação.[136]

A competência comunicativa imbrica-se, nesse sentido, com a
disposição ao diálogo, em que fins *ilocucionários* são perseguidos sem
reservas, fazendo-se uso da liberdade comunicativa. Sem tal referência,
decai ao uso parasitário da linguagem, no agir egocentricamente guiado.

---

134   HABERMAS, *Direito e democracia*, Vol. 01, 2012, p. 155 e 156.

135   HABERMAS, *Consciência moral e agir comunicativo*, 2003, p. 212; HABER-
       MAS, *Teoria do agir comunicativo*, Tomo 02, 2012, p. 279.

136   HABERMAS, *Direito e democracia*, Vol. 01, 2012, p. 156.

5. A competência e disposição do sujeito ao discurso prático, indicativa de sua racionalidade comunicativa, é resultado, para Habermas, de um processo *bem sucedido* de desenvolvimento moral.

Revisitando os estudos de Mead, Piaget e Kohlberg – e, desse modo, com aproximações significativas à teoria moral deweyana – o autor apresenta o desenvolvimento da consciência moral como um processo de aprendizagem, efetivado, por estágios, na direção da autonomia.

E isso de par com o desenvolvimento *cognitivo*, ou seja, a construção linguística, pelo sujeito em crescimento, de seu universo interno (mundo subjetivo), e, dele apartado, do universo externo, diferenciado num mundo objetivo, dos objetos perceptíveis e manipuláveis, e um mundo social, de relações intersubjetivas.[137] A partir das experiências com objetos físicos e com outras pessoas, o sujeito "não somente constrói e reconstrói seu conhecimento da natureza e da sociedade, mas elabora, na descoberta desses mundos e na ação e interação com eles, seus instrumentos de pensamento".[138]

O desenvolvimento moral cognitivista, nessa medida, atualizado no âmbito da constituição da individualidade na socialização, significa que, no enfrentamento e solução de problemas de coordenação da ação, a pessoa em crescimento vai reconstruindo continuamente seus recursos e estruturas racionais, que subjazem à faculdade de julgar. E pode, dessa forma, resolvê-los de forma melhor do que antes, percebendo em que medida os juízos que antes considerava corretos, perderam sua validade.[139]

As estruturas e os instrumentos do pensamento são apreendidos como o resultado da reorganização criativa de um inventário cognitivo preexistente, sobrecarregado por problemas morais, num contínuo processo *construtivista* de aprendizagem.[140]

---

137   HABERMAS, *Teoria do agir comunicativo*, Tomo 01, 2012, p. 136 e 137.

138   FREITAG, *A questão da moralidade*, 1989, p. 13.

139   HABERMAS, *Consciência moral e agir comunicativo*, 2003, p. 154 e 155.

140   *Ibidem*, p. 155.

Redefinindo, validando e aprimorando a acepção teórica de crescimento moral, proposta por Dewey, e, ainda, as pesquisas empíricas sobre o julgamento moral da criança, conduzidas por Piaget, Kohlberg concebe referido processo de desenvolvimento num percurso que abrange, também, três *níveis* de percepção, pelo sujeito em formação, das normas sociais (*pré-convencional, convencional* e *pós-convencional*). Subdivide, ainda, cada um deles, em dois *estágios*. Tudo isso, numa sequência invariante, para frente, sem saltos, em que "Pensar em um estágio superior requer pensar em um estágio inferior".[141]

Resumidamente, explica Kohlberg, no nível *pré-convencional*, a criança ainda não apreende o caráter convencional da norma, aceitando-a como um fato da natureza ou uma ordem de uma autoridade, de qualquer modo fora de sua consciência. Divide-o em dois estágios: o primeiro, da *orientação por castigo e obediência* e o segundo, da *orientação instrumental hedonista*, quando a ação é correta na medida em que atenda instrumentalmente às necessidades do Eu e, ocasionalmente, a dos outros. O *nível convencional* é aquele em que o caráter convencional da regra é reconhecido e respeitado. Aqui, aparecem o terceiro estágio, da orientação pelo ideal estereotipado de *bom menino, boa menina* e o quarto, da orientação pela ideia de *lei e ordem*, em que a conduta correta implica o cumprimento do dever e o respeito à ordem e à autoridade, enquanto tais. No nível *pós-convencional*, o sujeito já *abstrai* do caráter convencional das normas habitualmente praticadas, orientando-se por valores e princípios com validade à *margem* da autoridade do grupo e da identificação com ele. Subdivide-se, para Kohlberg, no quinto estágio, da *orientação contratual-legalista*, em que as normas sociais são compreendidas como convenção flexível, relativa, acordada e passível de correção pelo grupo. A obrigação é definida em termos de um contrato, um livre

---

141 KOHLBERG, Lawrence. *La democracia en la escuela secundaria: educando para una sociedad mas justa*. Trad. Maria Mercedes Oraison. Chaco: Universidad Nacional del Nordeste, 1992, p. 03 a 05.

acordo, superando a inflexibilidade e objetividade da perspectiva anterior da "lei e ordem". Por fim, o sexto estágio, da *orientação por princípios éticos* universais e abstratos, de justiça, reciprocidade, igualdade de direitos humanos e respeito à dignidade humana.[142]

Para Habermas, tal conceito de desenvolvimento moral cognitivista ajusta-se à sua proposta de ética discursiva. Revisita-o, então, para compreendê-lo no âmbito de um modelo comunicativo que, indiretamente referido à Dewey, abrange os estágios de *interação pré-convencional*, *convencional* (heterônomo) e, finalmente, abrindo-se ao discurso, *pós-convencional* (autônomo).[143]

Desse modo, num processo de formação da individualidade na socialização, o sujeito em crescimento pode ingressar *heteronomamente* no mundo social, para, finalmente, na continuidade da reconstrução de seus instrumentais e recursos cognitivos, atualizar a *mudança de atitude*, indispensável à práxis *discursiva*, em que assume uma *atitude hipotética* em face de seu contexto social normativo.[144]

A passagem ao plano *pós-convencional* do juízo moral é resumida, por Habermas, a partir de experiência imaginária em que condensa a fase de adolescência num "momento único crítico". Nele, adotada pelo adolescente, de modo totalizante, aludida *atitude hipotética*, "De um só golpe, o mundo social das relações interpessoais legitimamente reguladas – mundo esse ingenuamente habitualizado e reconhecido sem problemas – se vê desenraizado e despido de sua validade nativa". Diante disso, haja vista que *não pode* e *não quer* se contentar com o "tradicionalismo" e com a "identidade inquestionada" do contexto do qual emergiu, o sujeito em crescimento tem que, a partir dos "destroços das tradições desvalorizadas e devassadas como

---

142   FREITAG, *A questão da moralidade*, 1989, p. 3230, 31 e 33; KOHLBERG, *La democracia en la escuela secundaria*, 1992, p. 06 a 08; BITTAR, *Justiça e Emancipação*, 2011, p. 240 a 243.

143   HABERMAS, *Consciência moral e agir comunicativo*, 2003, p. 164 e 193.

144   *Ibidem*, p. 155.

Educação para a democracia no Brasil   227

meras convenções carentes de justificação", reconstruir, *discursivamente*, a esfera normativa desintegrada "diante da força desveladora de seu olhar hipotético". E isso de forma tal que:

> (...) o novo edifício possa resistir ao olhar crítico de uma pessoa que perdeu suas ilusões e que, de agora em diante, não pode mais fazer outra coisa senão distinguir entre normas em vigor numa sociedade e normas válidas, entre as que são de fato reconhecidas e as que são *dignas* de reconhecimento.[145]

No desenrolar desse processo de aprendizagem, o juízo moral desprende-se dos conteúdos preditos e imersos na eticidade concreta do *mundo da vida*. Revigora-se procedimentalmente, a partir da práxis argumentativa, na qual a pretensão de validade de tais conteúdos, passível de crítica, deve ser racionalmente fundamentada.[146]

Os estágios de interação que, abrangidos no percurso do desenvolvimento da consciência moral, culminam nessa passagem do "agir guiado por regras para o Discurso destinado ao exame das normas", são assim descritos por Habermas:

I) No estágio pré-convencional, o avanço significativo consiste em que a criança já distingue do mundo exterior não apenas o mundo interior próprio como o dos outros. Pode, nessa medida, "sair mentalmente fora de si e adotar uma perspectiva autorreflexiva ou na segunda pessoa", percebendo que o outro fará o mesmo. Assim, os papéis de primeira e segunda pessoa, as perspectivas *eu-tu* do falante e do ouvinte, vinculadas de maneira reversível, permitem já a *coordenação da ação*. Isso, porém, num contexto relacional de "relativo isolamento", sob o *olhar* da criança: "dois

---

145   HABERMAS, *Consciência moral e agir comunicativo*, 2003, p. 155 e 156.
146   *Ibidem*, p. 156.

indivíduos particulares vendo a si mesmo e o outro, mas não o sistema de relações entre eles".[147]

Habermas distingue, nesse estágio, das interações interpretadas pela criança como *simétricas*, as *interações governadas por autoridade*. Nestas últimas, as expectativas e os padrões *imperativos* de comportamento são referidos e vinculados a pessoas de referência concretas, singulares (o pai, a mãe, a pessoa mais velha em geral). E são experimentados como "algo externo, atrás do qual se esconde a autoridade da pessoa de referência". A *coordenação da ação* baseia-se na *força reguladora* da autoridade, de modo que a criança tenta resolver o eventual conflito entre suas necessidades e as imposições imperativas, evitando o *castigo*, as *sanções ameaçadas*.[148]

II) No estágio convencional, o sujeito *em* crescimento adquire a habilidade de assumir a perspectiva de *terceira pessoa*, de modo que pode *objetualizar* a interação entre os comunicantes, da qual é integrante, e – para além da dualidade do estágio *pré-convencional* – trazê-la à consciência dentro uma totalidade, um sistema de relações. Isto é, "o entrelaçamento recíproco das orientações de ação da primeira e segunda pessoa pode ser compreendido enquanto tal a partir da perspectiva de uma terceira pessoa", do *observador*.[149]

No processo de socialização, os padrões e expectativas de comportamento vão se desvinculando, tornando-se independentes do poder de sanção da pessoa concreta de referência e da interação específica em que atualizados. *Internalizadas*, isto é, integradas à personalidade em forma-

---

147   HABERMAS, *Consciência moral e agir comunicativo*, 2003, p. 176, 177, 179; HABERMAS, *Teoria do agir comunicativo*, Tomo 01, 2012, p. 137.

148   HABERMAS, *Consciência moral e agir comunicativo*, 2003, p. 181, 182, 186 e 188; HABERMAS, *Teoria do agir comunicativo*, Tomo 02, 2012, p. 65.

149   HABERMAS, *Consciência moral e agir comunicativo*, 2003, p. 177, 180 e 192.

ção, assumem a figura de normas sociais, expectativas de comportamento generalizadas a que *eu* e *tu* estão submetidos.[150]

A criança internaliza e ancora a violência, a imposição das instituições e das expectativas comportamentais em seu próprio *eu*, como um sistema interno de controle de comportamento (*superego*). Passa a considerar "as sanções do grupo *como suas* próprias sanções, dirigidas por ele mesmo contra si mesmo", pressupondo "seu assentimento em relação à norma, cuja infração ele penaliza dessa forma". A autoridade *imperativista* torna-se *normativa*. Nesse horizonte, as expectativas de comportamento, as normas e sanções passam a compor um mundo social de relações legitimamente ordenadas, do qual falante e ouvinte fazem parte e cuja validade remonta, ainda de modo inquestionado e ingênuo, "ao reconhecimento intersubjetivo, ao assentimento dos concernidos".[151]

A *moral convencional* move-se, destarte, no quadro da *facticidade inabalável*, da *validade objetiva* de uma eticidade concreta. Deve-se "à inserção em formas de vida concretas e ingenuamente habitualizadas, que permanecem às costas do sujeito agentes como um pano de fundo inquestionável e pré-reflexivamente presente". Assim, "os juízos morais tomam tanto a concretude quanto a força motivadora da ação à sua ligação intrínseca com as ideias do bem viver e à eticidade institucionalizada".[152]

Há, enfim, a *fusão* entre a *validade* e a *facticidade* do *mundo social*, entre a *legitimidade* e a *validade fática (positivação)* à qual o sujeito *heterônomo* está ajustado.[153]

III) Finalmente, o estágio pós-convencional do juízo moral, marcada pela *atitude hipotética*, do sujeito em crescimento, frente ao mundo so-

---

150 HABERMAS, *Consciência moral e agir comunicativo*, 2003, p. 188; HABERMAS, *Teoria do agir comunicativo*, Tomo 02, 2012, p. 66.

151 HABERMAS, *Consciência moral e agir comunicativo*, 2003, p. 188 a 190.

152 *Ibidem*, p. 211 a 213.

153 HABERMAS, *Consciência moral e agir comunicativo*, 2003, p. 130, 212 e 213; HABERMAS, *Direito e Democracia*, Vol. 01, 2012, p. 50.

230   Guilherme Perez Cabral

cial – no qual ingressara com a passagem para o estágio convencional. Permite-lhe, então, a continuação do agir comunicativo, no âmbito da práxis argumentativa do *Discurso*.[154] A força normativa fática, por si, das ordenações *esmorece*. Dissolve-se a fusão *convencional* entre *legitimidade* e *validade fática* das normas sociais, que marcara a heteronomia moral. Desprendido do contexto do mundo da vida e das certezas que dele afluem, o mundo social é *moralizado*, pelo participante do discurso. Posto à distância, como pretensão de validade, decompõe-se em convenções carentes de justificação.[155]

Diante desse quadro, torna-se necessário outro fundamento para os sistemas normativos que perderam a justificação em sua própria facticidade. O primeiro passo, destaca Habermas, é dado com a passagem à *orientação em função de princípios de justiça*: "As normas sociais são pensadas agora, de sua parte, como também normalizáveis; elas são subordinadas a princípios, isto é, a normas de nível superior".[156]

Porém, mesmo os princípios demandam de fundamentação. No final das contas, com a moralização do mundo social resta ao sujeito, como instância segura para sua orientação moral, apenas, o processo discursivo *em torno da fundamentação das normas*. Pois, o ponto de vista moral "não pode ser encontrado num 'primeiro' princípio ou numa fundamentação 'última', ou seja, fora do âmbito da própria argumentação. Apenas o processo discursivo de resgate de pretensões de validez normativa conserva uma força de justificação".[157]

Desse modo, na revisita ao modelo de Kohlberg à luz de sua ética procedimental discursiva, Habermas reinterpreta o nível *pós-convencional*. Distingue um primeiro momento marcado pela orientação *em função de princípios universais*, no qual "os princípios valem como algo últi-

---

154   HABERMAS, *Consciência moral e agir comunicativo*, 2003, p. 155 e 195; HABERMAS, *Teoria do agir comunicativo*, Tomo 01, 2012, p. 61.
155   HABERMAS, *Consciência moral e agir comunicativo*, 2003, p. 195, 196 e 199.
156   *Ibidem*, p. 195, 196 e 199.
157   *Ibidem*, p. 195, 197, 199 e 211.

Educação para a democracia no Brasil   231

mo, que não precisa de fundamentação"; e outro, posterior, da orientação *em função do processo de fundamentação de possíveis princípios*, quando "esses princípios são, não apenas manejados de maneira flexível, mas expressamente relativizados com os procedimentos de justificação".[158]

Enfim, no processo de desenvolvimento moral cognitivista, concebido por Habermas, a *autonomia* se realiza, no estágio de interação *pós-convencional*, como um agir *emancipado* da heteronomia convencional. Referida à atualização do potencial racional comunicativo, na práxis do diálogo, fazendo uso da *liberdade comunicativa*, induz o agir com *responsabilidade* e *discernimento*, de quem pode prestar contas de suas pretensões de validade normativas.[159] O binômio *liberdade* e *responsabilidade*, identificado no pensamento de Dewey, reaparece, na filosofia habermasiana, também referido à experiência moral da autonomia.

6. É com tal abordagem que a filosofia social crítica de Habermas diagnostica os descaminhos da razão – e da interação linguística – no percurso histórico da modernidade sem cair numa postura *antimodernista*. À luz da teoria da ação comunicativa e do discurso, revisita o projeto moderno inacabado de emancipação pela razão – agora referida à linguagem.

Propõe-se, nessa medida, como filosofia, o papel, mais *modesto*, de um "guardador de lugar", de *guardião* da racionalidade, cindida em seus momentos constitutivos e deformada na hipertrofia da perspectiva instrumental.[160]

A proposta filosófica de Habermas não traz consigo pretensões de fundamentação última, ontológica e substancial, e acesso privilegiado à *verdade* e à *moral*. A seu ver "Hoje, a filosofia já não pode remeter-se ao

---

158   *Ibidem*, p. 206.

159   *Ibidem*, p. 196.

160   HABERMAS, *O discurso filosófico da modernidade*, 2002, p. 438 e 439; HABERMAS, *Consciência moral e agir comunicativo*, 2003, p. 20, 32 e 34.

mundo, à natureza, à história ou à sociedade como um todo, no sentido de um saber totalizante".[161]

Destaca, na apresentação da ética procedimental discursiva, que nenhuma autoridade filosófica pode privilegiar de antemão, em sua teoria, determinados conteúdos normativos.[162] Pois, fazendo isso, não pode evitar o grave equívoco de atribuir validade universal a valores[163] que, "situados nos limites do horizonte do mundo da vida de determinada cultura (...) só podem se tornar plausíveis no contexto de uma forma de vida particular". Em suma, também o teórico moral deve participar dos discursos reais, "enquanto concernido, eventualmente enquanto perito, mas ele não proceder esses Discursos *por sua própria conta*".[164]

A filosofia habermasiana ocupa-se, então, com o resgate e a manutenção de uma *unidade e universalidade* da *razão*, somente possível na comunicação linguística orientada ao entendimento.[165] Volta-se, com isso, ao *diálogo emancipador*, de forma a "desobstruir o caminho da emancipação", identificando "aquilo que reprime ou distorce o diálogo e a comunicação", e reconstruindo-os, então, "seguindo os vestígios históricos do diálogo reprimido".[166]

A filosofia não pretende, absolutamente, se opor à ciência e técnica moderna, aparecendo, antes, como em Dewey, como um agente de ligação. Transmuda-se em "processo de cooperação interdisciplinar",[167] uma visão de trânsito dialógico intenso entre as diversas áreas do saber.

---

161   HABERMAS, *Teoria do agir comunicativo*, Tomo 01, 2012, p. 20 e 21.

162   HABERMAS, *Consciência moral e agir comunicativo*, 2003, p. 148.

163   BITTAR, *Justiça e emancipação*, 2011, p. 279.

164   HABERMAS, *Consciência moral e agir comunicativo*, 2003, p. 117; HABERMAS, *Teoria do agir comunicativo*, Tomo 01, 2012, p. 90.

165   SIEBENEICHLER, *Jürgen Habermas*, 1994, p. 52; BITTAR, *Justiça e emancipação*, 2011, p. 51.

166   SIEBENEICHLER, *Jürgen Habermas*, 1994, p. 47 e 50.

167   *Ibidem*, p. 52.

Desse modo, cumpre-lhe desempenhar um duplo papel de *mediação hermenêutica*: entre as esferas altamente especializadas da razão cindida, encapsuladas cartesianamente em "culturas de especialistas" – a *técnica* e a *ciência*; o *direito* e a *moral*; a *arte*; e, ainda, entre tais culturas e as estruturas do *mundo da vida*.[168]

Pode contribuir, assim, com a atualização, na interação social, do potencial da razão em toda sua extensão. Isso, num processo de *aprendizagem*, por meio do qual os processos linguisticos de entendimento, entre os sujeitos imersos no mundo da vida, podem prevalecer, impondo limites às dinâmicas próprias dos sistemas sociais parciais e da racionalidade neles efetivada.

É sob tal perspectiva filosófica que Habermas concebe a democracia. É, ademais, a partir de seus conceitos e elementos fundamentais que pode se entrever uma teoria pedagógica – correlata à convivência democrática – da ação comunicativa.

O modelo habermasiano de democracia

Apoiando-o na teoria do agir comunicativo e do discurso, Habermas apresenta seu modelo *procedimentalista* de democracia, definindo-o como uma experiência social de autodeterminação, de autolegislação, enfim, de autonomia, que se atualiza na formação racional-discursiva da opinião e vontade.[169]

Trata-se de experiência compreendida de forma ampliada, acompanhando preocupações e se aproximando muito, nas soluções propostas, da filosofia social de Dewey. Concebida a sociedade, ao mesmo tempo, como *mundo da vida* e *sistema*, a democracia não prescinde da esfera governamental (o *sistema político*) e de suas estruturas. E isso, de

---

168   HABERMAS, *Consciência moral e agir comunicativo*, 2003, p. 32 e 33.

169   HABERMAS, Jürgen. *A inclusão do outro*, 2007, p. 277, 278 e 287; HABERMAS, *Direito e democracia*, Vol. 01, 2012, p. 157; HABERMAS, *Direito e democracia*, Vol. 02, 2011, p. 21 a 23.

forma tal que, institucionalizado juridicamente o princípio do discurso, seja *amarrado* um procedimento que assegure a participação simétrica e eficaz dos cidadãos nos rumos e na normatização da sociedade – passando, para tanto, também, pelo sufrágio universal, pelos direitos fundamentais, pela regra da maioria, pelas eleições periódicas, etc. Contudo, a experiência democrática não pode ser limitada ao que ocorre na esfera *sistêmica*. Pois é apreendida na precedência de momento comunicativo anterior que, conduzido pela *sociedade civil*, tem lugar na *esfera pública*, enraizada no *mundo da vida* racionalizado:[170]

> (...) a democracia depende, para a sua reprodução, não apenas daqueles processos que ocorrem no sistema político *stricto sensu* – aglutinação da opinião pública em partidos, atividades parlamentares e eleições –, mas depende também dos processos de formação e renovação de uma cultura política democrática.[171]

Nesse sentido, para Habermas, o processo democrático constitui-se discursivamente, num fluxo de comunicação, que tem início, no âmbito da esfera pública, com a identificação e debate público de problemas relevantes, pela sociedade civil. Passa pela luta por reconhecimento de pretensões e pela formação da opinião pública. Desemboca no tratamento e solução institucional, pelo *medium* do direito, no âmbito do sistema político.[172]

A perspectiva *sistêmica*, assumida pela filosofia habermasiana, não se confunde, absolutamente, com a concepção *autopoiética* de Luhmann, de um sistema "funcionalmente especificado que se reproduz a si próprio, operando de modo autorreferencial, isto é, que só elabora informações exteriores na medida do próprio código".[173] Pois, os sistemas

---

170 HABERMAS, *Direito e democracia*, Vol. 01, 2012, p. 145, 146 e 158; HABERMAS, *Direito e democracia*, Vol. 02, 2011, p. 26, 27, 42 e 92.

171 AVRITZER, *A moralidade da democracia*, 1996, p. 20.

172 HABERMAS, *A inclusão do outro*, 2007, p. 289; HABERMAS, *Direito e democracia*, Vol. 02, 2011, p. 22, 23, 41 e 92.

173 HABERMAS, *Direito e democracia*, Vol. 01, 2012, p. 224.

Educação para a democracia no Brasil   235

sociais parciais – e isso vale para todos eles, destacando-se, aqui, além do *político*, o *jurídico* – são interpretados "como sistemas abertos que se mantêm numa relação com um entorno instável e supercomplexo, por meio de processos de troca que ultrapassam seus próprios limites".[174]

Sendo assim, o sistema político e, nele, o poder administrativo do Estado que nele se destaca, não devem se reproduzir-se a si mesmo. Devem constituir-se e se regenerar a partir do poder comunicativo, criado em esferas públicas que se instituem no mundo da vida, entre sujeitos que agem em conjunto, a partir da interação linguística voltada ao entendimento.[175]

Nota-se, aqui, que o autor não reduz a atuação central da sociedade civil à sociedade econômica capitalista, estruturada conforme as regras do mercado. A saída democrática para o totalitarismo do sistema político – o autoritarismo, à direita (nazi-fascismo) ou à esquerda (stalinismo), que marcara a história do século XX[176] – não o leva ao totalitarismo do capital.

Seu modelo normativo de democracia assimila aspectos dos modelos *liberal* e *republicano*. Como o primeiro, respeita as fronteiras entre Estado e sociedade. Do segundo, absorve a vantagem de colocar no centro o "processo político de formação da opinião e da vontade". Afirma-se, com isso, no sentido radicalmente democrático de uma práxis de autodeterminação, pelos cidadãos, que não dispensa a estrutura governamental e cujo "paradigma não é o mercado, mas sim a interlocução".[177]

Desse modo, a democracia desabrocha sobre uma base social que, contando com a intersubjetividade de processos linguisticos de

---

174   HABERMAS, *Teoria do agir comunicativo*, Tomo 02, p. 274.

175   HABERMAS, *A inclusão do outro*, 2007, p. 289; HABERMAS, *Teoria do agir comunicativo*, Tomo 02, 2012, p. 278 e 334; HABERMAS, *Direito e democracia*, Vol. 01, 2012, p. 185, 186, 187 e 190.

176   HOBSBAWN, Eric. *Era dos extremos. O breve século XX: 1914-1989*. 2ª ed. Trad. Marcos Santarrita. Rev. Téc. Maria Célia Paoli. São Paulo: Cia das Letras, 2000, 17.

177   HABERMAS, *Direito e democracia*, Vol. 02, 2011, p. 18 a 21; HABERMAS, *A inclusão do outro*, 2007, p. 278, 284 e 288.

entendimento – e, por conseguinte, baseando-se na cooperação e solidariedade que é própria – distingue-se e pode orientar tanto o sistema econômico, mediado pelo *dinheiro*, como o sistema político, regido pelo *poder*.[178] Em suma, pode reverter a contaminação e colonização sistêmica do mundo da vida.

E, assim, no cenário pós-metafísico, em que o direito positivo não pode mais "reclamar para si nenhuma validade moral ou jusnatural pré--ordenada à formação da vontade dos cidadãos", Habermas refere a legitimidade do sistema jurídico à abertura ao procedimento democrático da formação discursiva da opinião e da vontade. Uma legitimidade que, unindo soberania popular e direitos humanos, efetiva-se a partir da legalidade, amparada na racionalidade do direito, e, nessa linha, na *resgatabilidade discursiva* de sua pretensão de validade normativa.[179]

É com essa configuração que, na filosofia social habermasiana, a democracia é entrelaçada com os conceitos de *política*, *direito*, *razão* e *moral*[180] e aparece– como também havia vislumbrado Dewey – como o *locus* da realização do projeto moderno emancipatório.

1. O caminho comunicativo a ser percorrido na sociedade democrática, abrangendo distintos atores, espaços e estruturas, deve seguir uma direção *centrípeta*, que vai de "fora", da "periferia social" para o "centro" político. Começa, assim, na estrutura comunicacional da *esfera pública*, referida ao *mundo da vida*, através da *sociedade civil*.[181]

Habermas concebe a *sociedade civil* na perspectiva de movimentos, associações e organizações "não estatais e não econômicas, as quais

---

178   HABERMAS, *Direito e democracia*, Vol. 02, 2011, p. 22; HABERMAS, *A inclusão do outro*, 2007, p. 278 e 289.

179   HABERMAS, *Direito e democracia*, Vol. 01, 2012, p. 50, 133 e 188; HABERMAS, *Direito e democracia*, Vol. 02, 2011, p. 214.

180   HABERMAS, *Direito e democracia*, Vol. 02, 2011, p. 234.

181   *Ibidem*, p. 89, 92 e 115.

Educação para a democracia no Brasil 237

ancoram as estruturas de comunicação da esfera pública nos componentes sociais do mundo da vida". Eles "captam os ecos dos problemas sociais que ressoam nas esferas públicas, condensam-nos e os transmitem, a seguir, para a esfera pública política".[182] Constitui a base social que se distingue das estruturas sistêmicas da administração estatal e da economia de mercado e, dessa forma, *pode*, em práticas comunicativas orientadas ao entendimento, não se contaminar pelos meios *poder* e *dinheiro*.[183]

Também em Habermas, se, por um lado, a sociedade civil não se restringe à perspectiva liberal de indivíduos atomizados que, sem qualquer orientação axiológica comum, coordenam a ação concorrencial e estrategicamente em vista do êxito egoísta, por outro, não corresponde a uma visão totalizante de um ator coletivo *orgânico*. Afinal, a *identidade ética* do grupo faz-se na dialética da constituição social da personalidade. Remete, sem dúvida, a situações nas quais os atores sociais podem "dizer enfaticamente 'nós'"; porém, "ela não constitui uma identidade-eu em tamanho grande, e sim, o seu complemento".[184]

A sociedade civil se forma, então, a partir da interação social e de diversos modos de associação que funcionam como "substrato organizatório do público de pessoas privadas que buscam interpretações públicas para suas experiências e interesses sociais, exercendo influência sobre a formação institucionalizada da opinião e da vontade".[185]

Assim constituída, a sociedade civil atua no âmbito da *esfera pública*. Corresponde à estrutura intermediária que, reproduzindo-se por meio do agir comunicativo cotidiano, pode fazer a "mediação entre ao

---

182   *Ibidem*, p. 100.

183   HABERMAS, *A inclusão do outro*, 2007, p. 278.

184   HABERMAS, *Direito e democracia*, Vol. 01, 2012, p. 201; HABERMAS, *Direito e democracia*, Vol. 02, 2011, p. 20 e 21.

185   HABERMAS, *Direito e democracia*, Vol. 02, 2011, p. 100.

238 Guilherme Perez Cabral

sistema político, de um lado, e os setores privados do mundo da vida e os sistemas de ação especializados em termos de funções, de outro lado".[186] A esfera pública retira seus "impulsos" da assimilação pelos sujeitos privados de problemas sociais que repercutem em suas histórias particulares. E, em total harmonia com a proposta deweyana de demarcação *experimental* da linha entre o *público* e o *privado*, atualiza-se a partir do reconhecimento, pelo grupo, da dimensão social de questões individualmente percebidas.

Os conflitos sociais são, no início, elaborados de modo privado, interpretados "no horizonte de uma biografia particular, a qual se entrelaça com outras biografias, em contextos de mundos da vida comuns". As esferas da vida privada – "as densas redes de interação da família e do círculo de amigos e os contatos mais íntimos com vizinhos, colegas de trabalho, conhecidos, etc." – engatam-se, então, em canais ampliados, consolidando, finalmente, a "comunicação entre estranhos" desenvolvida na esfera pública.[187]

Na atuação dos movimentos e organizações sociais e no âmbito de uma pluralidade de vozes, a esfera pública constitui uma rede de comunicação de conteúdos, tomadas de posição e opiniões. Nela, os indivíduos identificam e reagem às situações sociais problemáticas, debatendo-as e filtrando-as em opiniões públicas. Num longo caminho de luta por reconhecimento e convencimento, temas são assimilados pelas esferas governamentais do sistema político – ao qual se reserva, no final das contas, a tomada da decisão institucional, pela linguagem do direito:

> Somente após uma "luta por reconhecimento", desencadeada publicamente, os interesses questionados podem ser tomados pelas instâncias políticas responsáveis, introduzidos nas agendas parlamen-

---

186   *Ibidem*, p. 92, 93 e 108.
187   *Ibidem*, p. 99.

Educação para a democracia no Brasil   239

tares, discutidos e, eventualmente, elaborados na
forma de propostas e decisões impositivas.[188]

No cenário assim traçado, a *qualidade* da opinião pública passa
a ser medida, não *per se* por sua generalidade, mas, fundamentalmente,
pelo nível racional-discurso, argumentativo, dos procedimentos de sua
formação. A influência *fática* e a *legítima* não se confundem. A qualidade procedimental discursiva da opinião pública, mantendo-a distante de
interesses econômicos e políticos privilegiados, torna-se a medida da *legitimidade* da influência e da pressão exercida sobre o sistema político.[189]

2. O fluxo comunicacional assim percorrido e o poder comunicativo nele
gerado legitimamente, apoiado no mundo da vida, podem "através das
comportas do processo democrático", ecoar e direcionar o *sistema político*. E, desse modo, problemas sociais são solucionados e pretensões
atendidas institucionalmente, na forma jurídica de resoluções legislativas, decisões judiciais e atos administrativos.[190]

O sistema político, incluindo a estrutura dos Poderes Executivo,
Legislativo e Judiciário, aparece, para Habermas, apenas, como um segmento – diz, inclusive, estreito – da vida pública. Trata-se de *"um sistema
de ação ao lado de outros*, não o centro, nem o ápice, muito menos o
modelo estrutural da sociedade".[191]

Não obstante, assume o fundamental papel garantidor em relação
a "perdas em termos de integração" em toda a sociedade. A política "tapa
buracos funcionais que se abrem devido à sobrecarga advinda de outros
mecanismos de integração social". Comunicando-se com os demais do-
mínios da interação, continua, no nível reflexivo –, e pelo filtro discur-

---

188   *Ibidem*, p. 23, 41, 92, 93 e 94.

189   HABERMAS, *Direito e democracia*, Vol. 01, 2012, p. 190; HABERMAS, *Direito e democracia*, Vol. 02, 2011, p. 95.

190   HABERMAS, *Direito e democracia*, Vol. 02, 2011, p. 23, 56, 92, 105 e 121.

191   *Ibidem*, p. 25, 91 e 220.

240   Guilherme Perez Cabral

sivo – a "integração social que outros sistemas de ação não conseguem mais desempenhar suficientemente".[192] O sistema político é concebido, em suma, como sistema parcial de ação que, através do *medium* do direito, é "responsável por problemas que atingem a sociedade como um todo", especializando-se "na produção de decisões que envolvem a coletividade". Vinculada discursivamente à esfera pública e à sociedade civil, a política e o direito fundem-se num "processo destinado a solucionar problemas":

> Onde outros reguladores fracassam – como é o caso dos padrões de coordenação que se apoiam em valores, normas e rotinas de entendimento convencionais – a política e o direito conseguem elevar, de certa forma, os processos solucionadores de problemas acima do limiar da consciência.[193]

3. É dessa forma que o processo de formação discursivo da opinião e da vontade, passando pelos espaços e atores da sociedade civil e da esfera pública, supõe e redunda, num movimento dialético de autolegislação, no direito legítimo. A *legitimidade*, em Habermas, dá-se partir da *legalidade* democrática.

O ordenamento jurídico – e, em seu interior, os direitos fundamentais e os procedimentos políticos-democráticos – garante condições comunicativas mínimas, na linha da *situação dialogal ideal*. Possibilita, sem impor, o arranjo discursivo em que se apoia a formação legítima do direito.

Nesse *medium*, o princípio da soberania popular, interpretado de modo intersubjetivista, pode "fazer-se valer como poder produzido comunicativamente". Ao atualizá-lo, os atores sociais movem-se no sistema jurídico democrático ao mesmo tempo em que o constroem e o renovam.[194]

---

192   *Ibidem*, p. 25, 45 e 46.

193   *Ibidem*, p. 45, 46 e 120.

194   HABERMAS, *Direito e democracia*, Vol. 01, 2012, p. 138; HABERMAS, *Direito e democracia*, Vol. 02, 2011, p. 24 e 45.

Educação para a democracia no Brasil 241

A ideia de autolegislação, afirma Habermas, "exige que os que estão submetidos ao direito, na qualidade de destinatários, possam entender-se também enquanto autores do direito". Isso, a partir da efetivação do princípio do discurso, de modo que "somente podem pretender validade legítima as leis jurídicas capazes de encontrar o assentimento de todos os parceiros do direito, num processo jurídico de normatização discursiva". Resume: o *princípio da democracia*, legitimador do processo de normatização, resulta do entrelaçamento entre o princípio do discurso e a forma jurídica.[195]

Tal movimento *espiral* aparece na interpretação habermasiana dos direitos fundamentais, referida ao discurso, composta por cinco categorias.

Habermas apresenta, em primeiro lugar, a categoria dos direitos a *iguais liberdades subjetivas de ação* – configurados historicamente nos direitos liberais à vida, à integridade, à liberdade, à propriedade, dentre outros – e, a eles correlatos, os direitos de *associação*, em que se concretiza o *status* de um membro da sociedade (os direitos de nacionalidade), e de *garantias do caminho do direito*, atualizados em direitos processuais.[196]

Assim reconhecidos reciprocamente pelos sujeitos, enquanto *destinatários* do direito, tais categorias fundam, em conjunto, um *medium* jurídico, erigindo um *status* pessoal garantidor da integridade e autonomia privada. A partir de então, os sujeitos podem assumir, também, o papel de *autores* do direito, regulando autônoma e legitimamente sua convivência e, por conseguinte, entendendo-se quanto aos "direitos aos quais desejam submeter-se como destinatários".[197]

Isso ocorre pela via da quarta categoria habermasiana, dos direitos fundamentais de *participação*, em igualdade de condições, dos processos de formação da opinião e da vontade, fazendo uso público

---

195   HABERMAS, *Direito e democracia*, Vol. 01, 2012, p. 138, 145, 157 e 158.

196   *Ibidem*, p. 159 e 162.

197   *Ibidem*, p. 121, 159, 162, 163 e 165.

242 Guilherme Perez Cabral

de sua liberdade comunicativa. Trata-se dos direitos políticos, os quais
devem assegurar:

> (...) a participação em todos os processos de deli-
> beração e de decisão relevantes para a legislação,
> de modo que a liberdade comunicativa de cada um
> possa vir simetricamente à tona, ou seja, a liberda-
> de de tomar posição em relação a pretensões de va-
> lidade criticáveis. À juridificação simétrica do uso
> político de liberdades comunicativas corresponde
> o estabelecimento de uma formação política da
> opinião e da vontade, na qual o princípio do dis-
> curso encontra aplicação.[198]

Enquanto os direitos a *iguais liberdades subjetivas de ação* e os correlatos de direitos de *associação* e de *garantias do caminho do direito* situ-
am-se precipuamente no âmbito da autonomia privada dos sujeitos de direito, os direitos de *participação*, fundamentando o *status* de cidadão, têm
a ver com a autonomia política. Todos eles implicam, por último, a quinta
categoria dos "Direitos fundamentais a condições de vida garantidas social,
técnica e ecologicamente". Concretiza-se, por exemplo, em direitos à educação, à saúde, à cultura, ao desenvolvimento científico e tecnológico, ao
meio ambiente ecologicamente equilibrado, dentre tantos outros, sempre
na medida em que necessários para o aproveitamento, em condições de
igualdade, dos direitos referentes às quatro categorias anteriores.[199]

Referida, assim, a essas cinco categorias fundamentais, a práxis de
autolegislação adquire sentido no âmbito de um sistema jurídico, em que
são garantidas condições para sua própria (re)construção discursiva.[200]

Opondo-se a qualquer "duplicação" metafísica do direito, legada do
platonismo, Habermas desloca a legitimidade do sistema jurídico para o
procedimento discursivo da opinião e da vontade, juridicamente institu-

---

198   *Ibidem*, p. 159 e 164.
199   *Ibidem*, p. 160.
200   *Ibidem*, p.163 e 164.

Educação para a democracia no Brasil   243

cionalizado, no fluxo comunicacional e racional que vai da sociedade civil ao sistema político. Pode conceber a legitimidade, referida ao exercício
intersubjetivo e democrático da soberania popular, na legalidade. Sem se
perder, por conseguinte, em perspectivas positivistas e sistêmicas, nas quais
o direito, legitimando-se a si mesmo, *desengata-se* de questões morais.[201]

O direito, instrumentalmente referido à *política*, mantém-se, também, *entrelaçado* com a moral. Para o autor, a intuição platônica, em que
se opõem experiências concretas a modelos ideais, "não é de todo falsa".
No debate da *legitimidade*, "o direito adquire uma relação com a moral".
Uma relação, contudo, que "não deve levar-nos a subordinar o direito à
moral, no sentido de uma hierarquia de normas".[202] Complementa:

> (...) as ordens modernas do direito só podem ser
> legitimadas a partir de fontes que não o colocam
> em contradição com as ideias de justiça e os ideais
> de vida pós-tradicionais que se tornaram decisi-
> vos para a cultura e a conduta de vida. Argumen-
> tos em prol da legitimidade do direito devem ser
> compatíveis com os princípios morais da justiça e
> da solidariedade universal (...) bem como com os
> princípios éticos de uma conduta de vida autor-
> responsável, projetada conscientemente, tanto de
> indivíduos, como de coletividades.[203]

O *discurso jurídico* é *permeável* ao *discurso moral*, em que se busca a regulação da convivência no *interesse simétrico de todos*, para além
da perspectiva etnocêntrica do participante. Mas ele, absolutamente, não
se reduz a isso. A formação da vontade política, pela linguagem do direito, envolve outras modalidades de argumentações. Abrange *discursos*

---

201   *Ibidem*, p. 118, 140 e 168.

202   HABERMAS, *Direito e democracia*, Vol. 01, 2012, p. 140 e 141; HABER-
      MAS, *Direito e democracia*, Vol. 02, 2011, p. 218 e 234.

203   HABERMAS, *Direito e democracia*, Vol. 01, 2012, p. 132 e 133.

éticos, em que, trazido o horizonte ético de orientações axiológicas para dentro do procedimento argumentativo, são fundamentados programas e normas de ação, "na medida em que eles são adequados e, num sentido amplo, bons para nós". E isso pelo caminho do autoentendimento que se apropria das tradições e da forma de vida, sem, todavia, para fora delas se catapultar.

Inclui, ainda, *discursos pragmáticos*, destinados à ponderação e escolha de meios para a realização de fins pré-dados ou, ainda, à avaliação racional de fins coletivos, sem problematizar, em nenhuma medida, orientações axiológicas assumidas pelo grupo.[204]

Habermas fala, finalmente, em *negociações* equitativas entre partidos e grupos que agem estrategicamente. Têm lugar quando não é possível neutralizar as relações de poder, como pressuposto no discurso racional. As vias argumentativas não estão suficientemente abertas. Nas interações negociais, introduz-se um "poder de negociação que vem acompanhado de ameaças e promessas, que pode extrair da linguagem utilizada em comum as energias ilocucionárias e limitar o uso da linguagem à obtenção estratégica de efeitos perlocucionários".[205]

Contudo, também aqui, destaca Habermas, o princípio do discurso atua, mesmo que por um caminho moralizador indireto. Afinal, os compromissos obtidos exprimem-se em termos de um acordo, que equilibra interesses conflitantes, motivado racionalmente:

> Se a negociação de compromissos decorrer conforme procedimentos que garantem a todos os interesses iguais chances de participação nas negociações e na influenciação recíproca, bem como na concretização de todos os interesses envolvidos, pode-se alimentar a suposição plausível de que os pactos a que se chegou são conformes à equidade.[206]

---

204 HABERMAS, *Direito e democracia*, Vol. 01, 2012, p. 143, 199, 200,202, 203 e 205; HABERMAS, *Direito e democracia*, Vol. 02, 2011, p. 216.

205 HABERMAS, *Direito e democracia*, Vol. 01, 2012, p. 208.

206 *Ibidem*, p. 207 e 208.

Educação para a democracia no Brasil 245

As negociações, na medida em que pressupõem o discurso, não o destroem. Ele vale, ainda que *indiretamente* e com ressalvas, também aqui. Sem isso, estaríamos diante do uso puro e imediato, sem disfarce, da "linguagem" da *violência*.[207]

Por tudo isso, o entrelaçamento entre o sistema jurídico e a moral, para Habermas, efetiva-se no sentido de uma moralidade que "não paira mais *sobre* o direito", enquanto conteúdos normativos determinados. Ela migra para o direito e nele se estabelece de modo *procedimental*: a moralidade da práxis do discurso, inerente às argumentações morais, mas presente também nas argumentações éticas e pragmáticas. Não se perde, como visto, em absoluto, nem mesmo nas negociações estrategicamente orientadas.[208]

4. Não são poucos, porém, os obstáculos que, no plano fático, podem ser opostos à efetivação desse modelo procedimental-discursivo de democracia. Ligam-se, fundamentalmente, aos exigentes pressupostos da práxis argumentativa do discurso, com a presença de atores comunicativamente competentes numa situação ideal de fala.[209]

Destacam-se, em primeiro lugar, as dificuldades para se atualizar, na esfera pública, uma ambiência discursiva livre de coações, ameaças, engodo e violência, caracterizada por efetivas e iguais oportunidades de participação e pela compreensão esclarecida, pelos envolvidos, das questões debatidas.[210] Eis padrões ideais que, lembra Dahl,[211] talvez, nunca sejam plenamente satisfeitos.

---

207   *Ibidem*, p. 207 e 209.
208   HABERMAS, *Direito e democracia*, Vol. 02, 2011, p. 218.
209   *Ibidem*, p. 09.
210   HABERMAS, *Direito e democracia*, Vol. 02, 2011, p. 42, 43 e 215.
211   DAHL, Robert. A. *A democracia e seus críticos*. Trad. Patrícia de Freitas Ribeiro. São Paulo: Editora WMF Martins Fontes, 2012, p. 171, 172, 176 e 179.

O processo histórico de colonização do mundo da vida, pelos imperativos sistêmicos da política e do mercado capitalista, dá uma medida do problema. O *dinheiro* e o *poder* substituem a linguagem como mecanismo de coordenação da ação, solapando a interação social linguisticamente orientada ao entendimento, em favor do agir estratégico, orientado ao êxito individual. A esfera pública esvazia-se, reprimida por coações sistêmicas e contaminada por interesses políticos e econômicos.[212]

Habermas destaca, nesse ponto, os prejuízos à comunicação numa esfera pública sempre mais dominada "pelos meios de comunicação de massa e pelas grandes agências, observada pelas instituições encarregadas da pesquisa de opinião e do mercado, e sobrecarregada com o trabalho de publicidade e de propaganda dos partidos e organizações políticas". Um espaço onde, ademais, na concorrência entre programas de várias "emissoras" e mídias e a fim de ganhar a atenção do público:

> (...) a apresentação de notícias e comentários segue conselhos e receitas dos especialistas em propaganda. A personalização das questões objetivas, a mistura entre informação e entretenimento, a elaboração episódica e a fragmentação de contextos formam uma síndrome que promove a despolitização da comunicação pública.[213]

Num ciclo *vicioso*, os processos públicos de comunicação são submetidos a distorções e manipulações oriundas do "uso não declarado do dinheiro e do poder organizacional" e de influências político-publicitárias, que somente discursivamente, na esfera pública, podem ser desmascaradas e neutralizadas. Esvaziados e enfraquecidos, não se efetivam como mecanismos discursivos de reconhecimento, interpretação e tratamento de problemas sociais e, desse modo, como fonte de poder

---

212   HABERMAS, *Direito e democracia*, Vol. 02, 2011, p. 09 e 107; HABERMAS, *Teoria do agir comunicativo*, Tomo 01, 2012, p. 589; HABERMAS, *Teoria do agir comunicativo*, Tomo 02, 2012, p. 587 e 588.

213   HABERMAS, *Direito e democracia*, Vol. 02, 2011, p. 100, 111 e 114.

Educação para a democracia no Brasil 247

comunicativo que, apoiada no mundo da vida, fundamenta e legítima a atuação do sistema político.[214]

Do lado dos atores que compõem a *sociedade civil*, a participação competente nos discursos racionais exige, como lembra Habermas, um nível mínimo de escolaridade, um satisfatório grau de informação e esclarecimento e, ainda, uma capacidade cognitiva e moral do sujeito para o enfrentamento, crítica e fundamentação de temas e questões polêmicas.[215]

Requer, por conseguinte, *personalidades*, num mundo da vida racionalizado, capazes de, comunicativamente, "farejar problemas latentes de integração social (cuja elaboração é essencialmente política), identificá-los, tematizá-los e introduzi-los no sistema político, passando pelas comportas do complexo parlamentar (ou dos tribunais)".[216]

Habermas não está sugerindo, absolutamente, uma sociedade civil composta de *especialistas*. Também aqui seu pensamento coaduna-se com a filosofia deweyana. Afirma, aliás, contra a *tecnocracia*, que "Quando o discurso dos especialistas está desvinculado da formação democrática da opinião e da vontade, ele se afirma contra as pessoas privadas". E complementa: "O fato de o público ser composto de leigos e de a comunicação pública se dar numa linguagem compreensível não significa necessariamente um obscurecimento das questões essenciais ou das razões que levam a uma decisão".[217]

Pois, valendo-se da *linguagem comum* que, para além da "diferenciação dos códigos especializados", circula em toda a sociedade, os atores sociais podem se opor às interpretações e aos programas do sistema político, mobilizando um *saber alternativo* e elaborando *traduções* próprias, também apoiadas em avaliações técnicas especializadas.[218]

---

214   *Ibidem*, p. 24, 97, 109, 113 e 121.
215   *Ibidem*, p.220.
216   *Ibidem*, p. 91.
217   *Ibidem*, p.83 e 107.
218   *Ibidem*, p.84 e 107.

A atuação comunicativamente competente da sociedade civil passa, ainda, pela propensão do cidadão ao uso público da liberdade comunicativa, participando dos discursos sobre questões sociais relevantes. A práxis de autolegislação "ensina serem os destinatários simultaneamente os autores de seus direitos". Não abre mão da participação dos sujeitos de direito como seus *autores*, confrontando-os em suas expectativas e pretensões e extraindo a "força legitimadora do processo de um *entendimento* dos cidadãos sobre as regras de sua convivência".[219]

Esse exercício ativo e discursivo da cidadania constitui, contudo, "fardo" do qual, paradoxalmente, o sujeito é *aliviado* ao fazer uso de sua liberdade subjetiva, de sua autonomia privada, *conforme* garantido pelo próprio ordenamento jurídico.[220]

Em termos kantianos, a norma jurídica, diferentemente da moral, estende-se, ao *aspecto exterior* do agir, "não abrangendo, pois, motivos e sentimentos que não podem ser forçados".[221] Reclama, no final das contas, "menos consciência e mais obediência".[222] Com isso, *libera* o sujeito dos "motivos para um comportamento conforme a regra", tolerando, portanto, o enfoque estratégico.[223]

Nesse sentido, a liberdade subjetiva, juridicamente garantida, pode aparecer com um significado negativo, em oposição à liberdade comunicativa. Fundamenta uma privacidade que "libera do peso da liberdade comunicativa atribuída e imputada reciprocamente". Para o ator "que toma as suas decisões em força da liberdade subjetiva, pouco im-

---

219 HABERMAS, *Direito e democracia*, Vol. 01, 2012, p. 115 e 139.

220 HABERMAS, *Direito e democracia*, Vol. 02, 2011, p. 114, 150, 151 e 164.

221 *Ibidem*, p. 217.

222 BITTAR, Eduardo C. B. A discussão do conceito de direito. Uma reavaliação a partir do pensamento habermasiano. *Boletim da Faculdade de Direito*. Vol. LXXXI (separata). Universidade de Coimbra, Coimbra, 2005, p. 810.

223 HABERMAS, *Direito e democracia*, Vol. 01, 2012, p. 115.

Educação para a democracia no Brasil 249

porta se os argumentos que são decisivos para ele, também poderiam ser aceitos por outros".[224]

A democracia e o direito democrático, enfim, não obrigam (nem podem) o processo comunicativo do qual se alimentam. Não forçam ocupação da esfera pública pela sociedade civil. Os direitos políticos "têm de ser formulados numa linguagem que permite aos sujeitos autônomos do direito escolher se e como vão fazer uso deles". Compete:

> (...) aos destinatários decidir se eles, enquanto autores, vão empregar sua vontade livre, se vão passar pela mudança de perspectivas que os faça sair do círculo dos próprios interesses e passar para o entendimento sobre normas: capazes de receber o assentimento geral, se vão ou não fazer um uso público de sua liberdade comunicativa.[225]

Por fim, quanto ao *sistema político*, Habermas ressalta sua posição embaraçosa de um sistema parcial que continua uma integração social que outros subsistemas não puderam desempenhar suficientemente. Sofre a pressão de problemas oriundos da complexidade social. Enfrenta restrições à capacidade de regulação ante a força de grandes organizações e de "outros sistemas de funções que obedecem à sua própria lógica, fechando-se, pois, a intervenções diretas". Há, ademais, de se manter aberto à esfera pública, "ficando na dependência das fontes do poder comunicativo que se apoia no mundo da vida".[226]

O sistema político consegue se mover, apenas, num espaço extremamente restrito: "parece que age mais no nível reativo de uma política que tenta contornar crises do que de uma política que planeja". E atua, assim, tentando combinar *efetividade e legitimidade*.[227]

---

224 HABERMAS, *Direito e democracia*, Vol. 02, 2011, p. 52, 155 e 156.

225 HABERMAS, *Direito e democracia*, Vol. 01, 2012, p. 167.

226 HABERMAS, *Direito e democracia*, Vol. 01, 2012, p. 168; HABERMAS, *Direito e democracia*, Vol. 02, 2011, p. 48, 61, 120 e 121;

227 HABERMAS, *Direito e democracia*, Vol. 02, 2011, p. 61 e 121.

Arrisca fracassar em termos de *efetividade* de sua regulação e de suas realizações, nas situações de *irrelevância, orientação errônea* e *autodestruição*, as quais podem acumular-se na forma *aguda* de um "trilema regulatório":

> O sistema político fracassa em sua competência reguladora quando os programas jurídicos implementados ficam sem efeito, quando as realizações de orientação e ordenação desencadeiam efeitos desintegradores nos sistemas de ação carentes de regulação ou quando os meios utilizados sobrecarregam o próprio *medium* do direito e, com isso, a constituição normativa do próprio sistema.[228]

Arrisca fracassar, também, em termos de *legitimidade*, quando o sistema político rompe com a formação discursiva da opinião da vontade, proveniente da sociedade civil. Pois, dessa maneira, as decisões institucionais "não importa quanto sejam efetivas, se distanciam do direito legítimo". Isso ocorre quando:

> (...) o sistema administrativo se torna independente em relação ao poder produzido comunicativamente, quando o poder social de sistemas de funções de grandes organizações, inclusive os meios de comunicação de massa, se transforma em poder ilegítimo ou quando as fontes do mundo da vida, que alimentam comunicações públicas espontâneas, não são mais suficientes para garantir a articulação livre de interesses sociais.[229]

A prevalência do *poder ilegítimo* combinada com a fraqueza da *sociedade civil* e da *esfera pública* podem configurar, somadas, o que Habermas denomina *dilema legitimatório*. E este, combinado com o *trilema regulatório*, pode resultar num desastroso *ciclo vicioso*, a partir do qual "o

---

228   *Ibidem*, p. 121.
229   *Ibidem*, p. 89, 121.

Educação para a democracia no Brasil 251

sistema político é absorvido por déficits de legitimidade e de regulação que se reforçam mutuamente".[230]

5. Sendo assim, Habermas não negligencia em relação às dificuldades inerentes à implantação radical da democracia, apoiada no conceito de discurso. Identifica, nos agrupamentos da sociedade civil, fragilidades quanto à capacidade de organização e ação, reconhecendo, ainda, que, embora sensíveis aos problemas sociais, "os sinais que emitem e os impulsos que fornecem são, em geral, muito fracos para despertar a curto prazo processos de aprendizagem no sistema político ou para reorientar processos de decisão".[231]

Não perde de vista que, reduzido o nível discursivo da comunicação, no espaço público, os temas em geral tendem a ser dirigidos numa direção *centrífuga*, do "centro político" para fora. Perpetua-se, com isso, o modo *rotineiro* e *ilegítimo* de atuação governamental que, "sob a pressão do tempo, têm pouca sensibilidade para problemas latentes, que não são captados pelas rotinas normais ou (são) captados de modo insuficiente, e quase nenhuma iniciativa para a elaboração dramática bem-sucedida de novos problemas".[232]

Ainda assim, para o autor, os conceitos de sociedade civil e esfera pública "não representam apenas postulados normativos, pois têm referências empíricas". O *ceticismo* quanto às possibilidades de que determinem o fluxo da comunicação, direcionando a atuação do sistema político, vale, muito mais, para o que denomina *esfera pública em repouso*. Contudo, "a partir do momento em que acontece uma mobilização, as estruturas sobre as quais se apoia a autoridade de um público que toma posição começam

---

230   *Ibidem*, p. 121 e 122.
231   *Ibidem*, p. 107 e 116.
232   *Ibidem*, p. 90 e 115.

a vibrar. E as relações de forças entre a sociedade civil e o sistema político podem sofrer alterações".[233]

Enfim, "os *atores da sociedade civil*, até agora negligenciados, *podem* assumir um papel surpreendentemente ativo e pleno de consequências, quando tomam consciência da situação de crise". Podem "*em certas circunstâncias*, ter opiniões públicas próprias, capazes de influenciar o complexo parlamentar (e os tribunais), obrigando o sistema político a modificar o rumo do poder oficial". Apesar de suas limitações, têm a chance de "*inverter* a direção do fluxo convencional da comunicação na esfera pública e no sistema político, transformando destarte o modo de solucionar problemas de todo o sistema político".[234]

Trata-se, contudo, como em Dewey, de uma *possibilidade* experiencial. No cenário pós-metafísico, nenhum esforço emancipatório pode ser inscrito numa *meta-história* prescrita. Também para Habermas, o fortalecimento da democracia aparece intimamente vinculado à sua experiência histórica, pelos sujeitos, no horizonte de seu mundo da vida.

A partir da experiência individual dos problemas sociais, as biografias particulares *podem* entrelaçar-se numa rede comunicativa, gerando a mobilização dos atores da sociedade civil e a ocupação da esfera pública. Essa organização e movimentação social é uma possibilidade emancipatória falível, tentada, abandonada e renovada historicamente, ora frustrada, ora bem-sucedida:

> "Através de uma ofensiva", eles (os movimentos sociais) tentam lançar temas de relevância para toda a sociedade, definir problemas, trazer contribuições para a solução de problemas, acrescentar novas informações, interpretar valores de modo diferente, mobilizar bons argumentos, denunciar argumentos ruins, a fim de produzir uma atmosfera consensual, capaz de modificar parâmetros legais de formação

---

233   *Ibidem*, p. 23, 107 e 114.

234   *Ibidem*, p. 107, 115 e 116.

Educação para a democracia no Brasil 253

> da vontade política e exercer pressão sobre os parlamentos, tribunais e governos em benefício de certas políticas. Ao passo de "defensivamente", eles tentam preservar certas estruturas da associação e da esfera pública, produzir contraesferas públicas subculturais e contrainstituições, solidificar identidades coletivas e ganhar novos espaços na forma de direitos mais amplos e instituições reformadas.[235]

E, assim, o potencial cognitivo e prático imanente ao discurso pode ser atualizado, de modo sempre renovado, num processo de aprendizagem em que as condições exigentes de sua efetivação se fortalecem, de forma contínua, propiciando o amadurecimento progressivo dos hábitos, práticas e instituições democráticas. É nesse percurso de fortalecimento e consolidação da experiência da democracia, que se afirma o papel central a educação.

Uma concepção de educação a partir de Habermas

Como mais de uma vez mencionado, Habermas não possui uma teoria acabada e sistematizada sobre a *educação*. Isso, contudo, não torna *desconfortante*, em nenhuma medida, a referência a uma *pedagogia da ação comunicativa*, promotora da convivência democrática. Empurram-nos a uma teoria educacional, mesmo que não elaborada, em termos definitivos, pelo autor, a perspectiva comunicativa de *racionalidade* e de *ação*, voltadas ao entendimento e referidas ao discurso; a teoria *intersubjetivista* e *cognitivista* da *ética discursiva*; a concepção de *desenvolvimento da consciência moral*, sob o enfoque de um processo de aprendizagem; e, por fim, o modelo ampliado e exigente de democracia como práxis de autodeterminação, resultante da combinação de todas as construções teóricas antes aludidas.

---

235 *Ibidem*, p. 104.

Refletir sobre a educação à luz do pensamento habermasiano permite localizá-la, de modo bastante fecundo, no âmbito de uma teoria social maior, amarrada à retomada crítica do projeto moderno emancipatório e à luta contra a colonização sistêmica do mundo da vida.

Sob tal enfoque teórico, a educação, no seu sentido mais amplo, passa a ser compreendida como *espaço privilegiado do agir comunicativo*, em que se preservam e podem ser ampliados (não sem resistência) processos linguísticos voltados ao entendimento. Isso, de maneira a reproduzir e renovar, como componentes estruturais do mundo da vida racionalizado: as tradições culturais, os padrões normativos, solidários e cooperativos, de convivência social e personalidades cognitiva e moralmente capazes.[236]

Os momentos educacionais, formais e informais, remanescem como "nichos" em que é válida a aposta na autocompreensão ampliada e esclarecida da razão: em sua dimensão comunicativa, portanto. A partir deles, vislumbra-se a possibilidade da expansão da razão comunicativa a todos os momentos da interação humana – destacada, aqui, a esfera pública democrática – habilitando-nos à coordenação da ação social pela via do entendimento. Um processo experiencial de aprendizagem, em que se possa denunciar, sempre mais, o emprego da violência, velado ou não, e o uso parasitário da linguagem, reorientando a razão instrumental, como um momento subordinado apenas, àqueles limites "dentro dos quais é imprescindível e pode fornecer uma contribuição inestimável para assegurar a organização e sobrevivência das modernas sociedades de massa".[237]

A pedagogia da ação comunicativa, assim cogitada, pode ser apreendida dentro das seguintes premissas e diretrizes.

1. O estreitamento da racionalidade ao momento cognitivo-instrumental, assim levada ao campo das interações sociais, transpôs para a relação

---

236 BOUFLEUER, *Pedagogia da ação comunicativa*, 2001, p. 17; HABERMAS, *Teoria do agir comunicativo*, Tomo 02, p. 252 e 253.

237 FREITAG, *A teoria crítica*, 2004, p. 62.

Educação para a democracia no Brasil   255

sujeito-sujeito, a perspectiva objetivante (sujeito-objeto). O objeto cognoscível e manipulável, agora, pode ser a natureza, uma norma ou seres humanos. No passo seguinte, o *outro*, feito *objeto*, torna-se *res*, em planos egoístas de ação orientados ao êxito. Eis o efeito patológico da realização deturpada da racionalidade, solipsista, restrita ao paradigma da filosofia da consciência, na história da modernidade.

A reprodução desse paradigma, nos processos de socialização, desliga-os da atualização do potencial comunicativo da racionalidade. Perde-se o diálogo como experiência fundamental para processos de aprendizagem cognitiva e moral.

A razão centrada no sujeito, que se autoafirma no mundo objetivado, possibilitou, sim, progressos técnico-científicos, para o enfrentamento e disponibilização da natureza. Habermas não nega isso. Porém, concomitantemente, refreou a si mesma ao desconhecer o diálogo interdisciplinar e as aprendizagens que disso podem resultar. Desenvolveu-se encapsulada em culturas de especialistas,[238] na retalhadura cartesiana da realidade, anulando "o potencial da razão (fragmentada), que somente pensa por nichos afunilados de conhecimento, sem a capacidade *re-integrativa* do pensamento".[239]

E mais, nesse percurso racional deformado, os avanços científicos e tecnológicos desligaram-se de *sentidos* atribuídos comunicativamente. Voltam-se, em seu *automatismo* sem sentido[240] (em Dewey, a *instrumentalidade* que se torna *senhor*) contra o próprio homem *dessignificado*, ainda incapaz de promover progressos análogos no campo moral: a química de armas e gases tóxicos; a física da bomba atômica; a economia da guerra; o direito nazista; a matemática de homens "mortos ou abandonados

---

238   HABERMAS, *Consciência moral e agir comunicativo*, 2003, p. 33.
239   BITTAR, *Justiça e emancipação*, 2011, p. 77.
240   HABERMAS, *Teoría y praxis*, 1990, p. 319.

à morte por decisão humana", vista no Século XX, mas sem precedente na história.[241]

Em contraposição a tudo isso, uma pedagogia da ação comunicativa há de se consolidar, necessariamente, de acordo com a ideia do diálogo, da práxis discursiva, apostando em seu sentido cognitivo e prático. Reitera-se. A *intersubjetividade* da argumentação atualiza a *promessa cognitiva* – e moral cognitivista –, a partir de relações de *entendimento*. É na dialética da crítica e fundamentação que podemos, superando os autoenganos a que está sujeita a razão solitária e os particularismos experienciais, corrigir e renovar nossos conhecimentos teóricos e discernimentos morais.

Disso decorre, sob o *ponto de vista da relação entre os sujeitos* envolvidos no processo educacional, a recusa ao paradigma pedagógico unilateral e impositivo, intitulado, por Dewey, *tradicional*. Pois nele, relido por Paulo Freire, sob a denominação *educação bancária*, o processo de ensino-aprendizagem restringe-se à transmissão de conhecimentos, do educador ao educando. Deturpada a bilateralidade da comunicação, "Em lugar de comunicar-se, o educador faz 'comunicados' e depósitos que os educandos, meras incidências, recebem pacientemente, memorizam e repetem".[242]

O resultado de uma experiência que, assim concebida, desconhece o outro e suas experiências, valorizando a passividade, a unilateralidade, o solilóquio, não pode ser outro senão a (de)formação de uma personalidade passiva, heterônoma e egocêntrica, habituada a não mais que o empobrecido exercício monológico e objetivante da razão.

Sob a perspectiva comunicativa, o processo educativo pode ser compreendido, em contrapartida, em termos de uma experiência linguística de entendimento e, portanto, de um processo cooperativo de

---

241   HOBSBAWN, *Era dos extremos*, 2000, p. 21.
242   FREIRE, Paulo. *Pedagogia do Oprimido*. 50ª ed. rev. e atual. Rio de Janeiro: Paz e Terra, p. 80.

Educação para a democracia no Brasil   257

interpretação e definição intersubjetiva de fatos do mundo objetivo, normas do mundo social e vivências do mundo subjetivo.[243] A "razão comunicativa produz verdades a partir do exercício da interlocução", num "processo de produção de sentido que se dá em comum entre falantes".[244] Com isso, como diálogo, a relação educacional tem de se atualizar bilateralmente, entre sujeitos, falantes e ouvintes, de forma tal que todos, destacando-se aqui os educadores, renunciem a qualquer superioridade de uma posição privilegiada. Afinal,

> (...) eles próprios se veem envolvidos nas negociações sobre o sentido e a validez dos proferimentos. Ao tomarem parte em ações comunicativas, aceitam por princípio o mesmo status daqueles cujos proferimentos querem compreender. Eles não são mais imunes às tomadas de posição por sim/não dos sujeitos de experiência ou dos leigos, mas empenham-se num processo de crítica recíproca.[245]

A conclusão, que segue daí, merece o destaque: "No quadro de um processo de entendimento mútuo – virtual ou atual – não há nada que permita decidir a priori quem tem de aprender de quem".[246] Assegurado ao educando o *direito fundamental ao por quê?*, o ponto central da práxis comunicativa desloca-se da unilateralidade da "mera reprodução (repetição, cópia) de conhecimentos", à bilateralidade de sua apropriação crítica e fundamentada,[247] na experiência participativa e dialógica, que *inclui o outro*:

> Ora, quem argumenta reconhece implicitamente cada parceiro de argumentação como alguém capaz de captar sentido e de pautar seu comporta-

---

243   HABERMAS, *Teoria do agir comunicativo*, Tomo 01, 2012, p. 138.
244   BITTAR, *A discussão do conceito de direito*, 2005, p. 808.
245   HABERMAS, *Consciência moral e agir comunicativo*, 2003, p. 43.
246   *Ibidem*, p. 43.
247   BOUFLEUER, *Pedagogia da ação comunicativa*, 2001, p. 77.

mento a partir do sentido captado (...) A abertura da linguagem a um processo de argumentação revela algo fundamental na vida humana: a argumentação pressupõe como sua condição de possibilidade, o reconhecimento recíproco de todos os seus membros como parceiros de igual direito, ou seja, o reconhecimento universal dos homens entre si como sujeitos.[248]

Sob o *ponto de vista do conteúdo*, o conceito de discurso, aplicado à educação, demanda a fixação do *diálogo interdisciplinar* como premissa da organização didático-pedagógica.

Para tanto, a filosofia sobressai. Pode, na esfera educacional, desempenhar todo seu papel de *mediação hermenêutica*, contendo a especialização cientificista, da qual o próprio pensamento filosófico acabou vitimado.

A interdisciplinaridade implica a renúncia a "grades" de disciplinas, cujas linguagens não se traduzem entre si, em favor do contato e da cooperação entre os diferentes campos do saber, consolidados sob as distintas dimensões da razão, agora *re*unidas em sua definição comunicativa. Desse modo, as perspectivas e experiências científicas, morais e também artísticas podem remeter umas às outras, interpenetrando interpretações cognitivas, expectativas normativas e expressões subjetivas. Tudo isso, sem perder o contato, ainda, com as questões e tematizações oriundas da prática comunicativa cotidiana, no horizonte do mundo da vida.[249]

Com o *diálogo emancipador*, reverte-se a degeneração pela singularização e especialização, possibilitando, na socialização, no encontro com o outro, na troca, na reciprocidade, a permanente crítica e revisão do conhecimento produzido e transmitido às novas gerações.

---

248 OLIVEIRA, Manfredo Araújo de. Escola e sociedade: questão de fundo de uma educação libertadora. *Revista de Educação AEC*. Brasília, ano 18, nº 71, jan/mar. 1989, p. 23.

249 HABERMAS, *Consciência moral e agir comunicativo*, 2003, p. 32 e 33.

Educação para a democracia no Brasil 259

2. A participação em discursos, como destacado, passa pelo exigente pressuposto da competência comunicativa, em nenhuma medida inata à personalidade. Não se espera de uma criança as habilidades e o inventário racional necessários para a práxis da argumentação racional, com o educador, em que pretensões de validade são criticadas e argumentos apresentados, na construção de um entendimento. Isso é o resultado, não o ponto de partida, de um processo de aprendizagem.

Dessa forma, a pedagogia da ação comunicativa, ambientada no diálogo e orientada à sua efetivação, em seu melhor sentido cognitivo e prático, corresponde a um processo de desenvolvimento cognitivo e moral. Envolve a gradual construção e reconstrução linguística, pelo sujeito em crescimento, de um mundo subjetivo, descortinando e ingressando, concomitantemente, nos mundos objetivo e social. Tudo isso, com base em seus recursos cognitivos, em permanente reorganização criativa. Afinal, é no percurso de descoberta e reelaboração, com cada vez mais significação, dos objetos e relações intersubjetivas experienciados, que a criança vai construindo os instrumentos de pensamento adequados para apreendê-los.[250]

Destarte, citando Sérgio Alexandre da Rocha, Boufleuer ressalta a impropriedade de uma situação ideal de fala nos níveis mais elementares do processo educacional: "por hipótese, o instrutor sabe e ensina, e o educando aprende (...) o educando não problematiza a verdade; ele a recebe". O sujeito em crescimento precisa, antes, suficientemente, ingressar no universo linguístico e participar da experiência de vida compartilhada. Para que possa, no momento seguinte, produzir, de forma sempre mais competente, uma argumentação racional, "é necessário que quem a produz participe do consenso estabelecido em alguma medida, sem o que não haveria linguagem para formular essa mesma argumentação".[251]

---

250 FREITAG, *A questão da moralidade*, 1989, p. 13.
251 BOUFLEUER, *Pedagogia da ação comunicativa*, 2001, p. 78.

Todavia, já aqui, há, do lado do educador, uma *mudança de perspectiva* fundamental: a sabedoria e experiência que transmite não o imuniza da condição de participante da interação linguística em construção. Seu papel educador se ampara, apenas, "em ser ele o porta-voz de consenso já estabelecido acerca de determinados fatos, inclusive os triviais, e das regras com eles compatíveis de uso de linguagem".[252]

Com isso, apesar da distância entre os participantes, em termos de experiências e habilidades cognitivas e comunicativas, forma-se uma ambiência que é plenamente compatível com discurso, na medida em que o antecipa. Afinal, pressupõe a validade do consenso transmitido, apenas, "até que se produzam argumentos em contrário".[253]

Assim, integrando o universo linguístico e o horizonte de um mundo da vida racionalizado, o educando pode, pouco a pouco, aquilatar a *atitude hipotética* e crítica diante do mundo. Pode formar sua identidade pessoal num processo educacional que envolve a *capacitação para* assim como a *participação habitual em* processos linguisticos de entendimento. Uma educação, portanto, orientada ao desenvolvimento de personalidades cognitivamente competentes não só numa dada ciência ou especialidade, mas, principalmente, no sentido moral *pós-convencional*, construído no discurso.

3. Assim configurada, a educação toma forma orientada à reprodução e renovação dos componentes estruturais do mundo da vida racionalizado. E fomentando a comunicação orientada ao entendimento mútuo, a partir de sua experiência, pode atuar, enfim, na *descolonização do mundo da vida* pelos imperativos e processos não pedagógicos, provenientes dos sistemas econômico e político.[254]

---

252   *Ibidem*, p. 78.

253   *Ibidem*, p. 78.

254   BOUFLEUER, *Pedagogia da ação comunicativa*, 2001, p. 90; HABERMAS, *Teoria do agir comunicativo*, Tomo 02, 2012 p. 587 e 667.

Educação para a democracia no Brasil   261

Nessa referência ao mundo da vida, podem ser identificadas, como grandes tarefas educacionais,[255] a *reprodução cultural* de forma racional; a *integração social* solidária e cooperativa; e a *socialização*, enquanto formação de identidades pessoais cognitiva e moralmente competentes, fomentando e recuperando a autonomia crítica dos sujeitos. Não se trata, portanto, à evidência, de doutrinação, mera repetição, reprodução invariável. A "individuação que se torna possível pela socialização",[256] ainda que constitua o sujeito, num primeiro momento, *convencional* e *heteronomamente*, não se restringe, absolutamente, a sua padronização; não esmaga a individualidade. Na referência a Mead:

> O fato de todos os "si mesmos" serem constituídos por meio ou em termos de processo social e constituírem reflexos individuais dele (...) não é de maneira nenhuma incompatível com, ou destrutivo de, o fato de que cada "si mesmo" individual tem sua individualidade peculiar, seu próprio padrão único.[257]

A personalidade, refletindo de um ponto de vista idiossincrático, único, os valores, atitudes e crenças comuns, incorporados na interação social, reage, criativamente, em alguma medida, sobre as tradições e as experiências sociais das quais emerge. Assim,

> À medida que os participantes da interação se entendem entre si sobre a situação concreta, encontram-se numa tradição cultural, a qual renovam à proporção que se servem dela; enquanto os participantes da interação coordenam suas ações pelo reconhecimento intersubjetivo de pretensões de validade criticáveis, eles se apoiam em pertenças a grupos sociais, o que fortalece sua integração; à proporção que as crianças tomam parte em inte-

---

255   BOUFLEUER, *Pedagogia da ação comunicativa*, 2001, p. 56.
256   HABERMAS, *Teoria do agir comunicativo*, Tomo 02, 2012, p. 78.
257   MEAD, *Mind, self and society*, 1992, p. 201.

rações com pessoas de referência dotadas da competência de agir, elas internalizam as orientações axiológicas de seu grupo social e adquirem capacidades de ação generalizadas.[258]

Sendo assim, a pedagogia da ação comunicativa fomenta um processo educativo que traz consigo o *aguilhão* autocrítico,[259] renovador dos atores, interações e instituições que movimenta. Implica, como destaca Boufleuer, citando Mário O. Marques, "um alargamento do horizonte cultural, relacional e expressivo", que aparece na permanente revisão criativa dos saberes e tradições culturais, das formas de convivência e integração social, dos mecanismos socializantes por meio dos quais personalidades são formadas e dos modos de pensar, agir e conviver de cada um.[260]

Em aludido processo de aprendizagem, entrevê-se a atuação da educação na descolonização do mundo da vida. E isso, sob duas perspectivas complementares.

Habermas, não permite o descuido de se perder de vista que a educação, instituída socialmente, está, inevitavelmente, submetida aos imperativos sistêmicos. Mas identifica, também, nos ambientes em que se desenvolve, o agir comunicativo, sem o qual a tarefa educativa não se realiza.[261] Assim, sob um ângulo interno, a ampliação dos espaços comunicativos, no cotidiano da práxis educacional, possibilita que, ao abrigo de sua própria experiência sempre renovada, a linguagem voltada ao entendimento adquira *gradualmente* primazia como padrão de interação, definidor dos conteúdos e práticas no mundo social (democrático) da educação. Pode, então, sobrepor-se aos enfoques sistêmicos, incluindo o fim lucrativo, a organização hierárquica e burocrática da estrutura edu-

---

258   HABERMAS, *Teoria do agir comunicativo*, Tomo 02, 2012, p. 252.

259   HABERMAS, *Direito e democracia*, Vol. 02, 2011, p. 228.

260   BOUFLEUER, *Pedagogia da ação comunicativa*, 2001, p. 57.

261   HABERMAS, *Teoria do agir comunicativo*, Tomo 02, 2012, p. 668.

Educação para a democracia no Brasil 263

cacional, as demandas imediatistas das organizações empresariais e do mercado de trabalho, as pressões e interesses de poder político.[262]

O outro ângulo é o da sociedade em que o processo educacional tem lugar e para a qual espraia em seus efeitos. As experiências educacionais orientadas pelo agir comunicativo que "tornam um sujeito capaz de falar e agir – e, portanto, que o colocam em condições de participar de processos de entendimento",[263] não o fazem restritivamente para os momentos educacionais institucionalizados. Dispõem racionalmente a isso, em todas as esferas da vida social. A educação, desse modo, pode-se dizer, atualiza-se como experiência fundamental de *entrada* e de *preparação para a entrada* no *espaço público*.[264]

E, assim, numa correlação de enriquecimento mútuo, o agir comunicativo, a partir do qual a personalidade é formada, esparrama-se, levado pelos sujeitos formados comunicativamente, à interação social, de um modo geral, Orienta-a ao entendimento mútuo e subordina, à dinâmica comunicativa, a racionalidade e os mecanismos que determinam a organização da sociedade sob a ótica sistêmica (a administração pública, o mercado capitalista, o direito). A coordenação linguística da ação social, por sua vez, promove qualitativa e quantitativamente espaços educacionais, coadunados com a reprodução simbólica dos componentes estruturais do mundo da vida racionalizado. Com isso, "em vez de uma colonização do mundo da vida pela racionalidade sistêmico-instrumental, teremos um sistema condicionado e legitimado pela racionalidade comunicativa, própria do mundo da vida".[265]

---

262 BITTAR, Eduardo C. B. *O direito na pós-modernidade* (e reflexões frankfurtianas). 2ª ed. rev. atual. e amp. Rio de Janeiro: Forense, 2009, p. 381.

263 HABERMAS, *Teoria do agir comunicativo*, Tomo 02, 2012, p. 253.

264 ALMEIDA, Guilherme de Assis. Aula ministrada na disciplina *Direitos humanos fundamentais* do Programa de Pós-Graduação *Stricto Sensu* em Direito da Universidade de São Paulo. São Paulo, 29/04/2013.

265 BOUFLEUER, *Pedagogia da ação comunicativa*, 2001, p. 96.

Trata-se, não há dúvida, de um processo complexo, árduo, delicado de *aprendizagem*, sem metagarantias de êxito. Opõe duas formas de integração social. E não desconhece que, na sociedade moderna, tem prevalecido, sobre o entendimento linguístico, a integração sistêmica que dispensa a linguagem e admite, na ação estratégica, o enfoque objetivador da sociedade e do outro reificado.

A reversão da colonização do mundo da vida passa, assim, pela sua renovação, sob a racionalidade comunicativa, num cenário experiencial precário em que tal perspectiva racional claudica. Não há saída metafísica, além dos esforços dos próprios homens que se educam. Nesse contexto, envolve aprendizagens – pode-se dizer, no *continuum* experiencial deweyano – que passam por mudanças profundas no olhar sobre as tradições culturais que são reproduzidas; na forma de se interagir socialmente; e nos contornos, estimulados pelos processos de socialização, da individualidade.

4. Porque está claro que a educação não pode ser tragada pelo sistema político, tampouco pelo econômico, ganha destaque a participação da sociedade civil. A educação não deve ser tratada como exclusividade do Estado, muito menos como propriedade privada. É fundamental que acompanhe o fluxo da comunicação das sociedades democráticas. Com isso, tem seu lugar na *esfera privada* e na *esfera pública*, complementares entre si.[266]

A partir dos espaços, privados e públicos, pode-se pensar a "estruturação pedagógica da educação", restringindo os influxos sistêmicos e implementando a descolonização do mundo da vida.[267]

Isso, seja por meio da educação promovida por agentes e associações não estatais e não econômicas, seja por meio da participação ativa e consistente da sociedade civil na definição, organização e execução das políticas e programas educacionais, libertando-a de demandas e pressões

---

266   HABERMAS, *Teoria do agir comunicativo*, Tomo 02, 2012, p. 576 e 577.
267   *Ibidem*, p. 667.

Educação para a democracia no Brasil 265

do poder político e da burocracia. De qualquer forma, em qualquer espaço pedagogicamente concebível, impondo limites à *instrumentalização* da educação pela lógica do capital, do dinheiro, do lucro.

5. Por tudo isso, pensar a educação, a partir de Habermas, implica apoiá-la no diálogo e ressaltar, no processo social de formação da individualidade, a consolidação, de modo sempre mais enriquecido de sentido, dos potenciais cognitivos e práticos imanentes à comunicação linguística voltada ao entendimento.

A pedagogia da ação comunicativa caminha, de modo bastante próximo à filosofia educacional progressiva de Dewey, na direção de uma educação para a qual o desenvolvimento cognitivo e moral dos sujeitos dá no mesmo que a preparação para a democracia. Afinal, a democracia projetada por Habermas também pode ser lida, *adequadamente*, na linguagem deweyana de um modelo social e moral, em que se pode atualizar, comunicativamente, a autonomia que resulta da formação social bem sucedida da individualidade.

No percurso formativo, o sujeito atualiza sua racionalidade, em seu significado mais autêntico e profundo, o comunicativo, na práxis argumentativa. Primeiro, nos espaços institucionais da educação. Depois, nas demais esferas de interação social, destacando-se, aqui, a esfera pública democrática, ela mesma, por excelência, *medium* educacional da vida solidária, racionalmente guiada.

A pedagogia da ação comunicativa efetiva-se, enfim, como educação *na* e *para* a convivência democrática. Envolvendo a experiência da participação, da inclusão do outro, na experiência do diálogo, pode marcar fundo que "agir no mundo é sobretudo inter-agir com o outro, a partir da consideração do outro".[268]

Permite promover a democracia, para além da dimensão político-sistêmica, como espaço racional-comunicativo em que, no respeito ao

---

268   BITTAR, *O direito na pós-modernidade*, 2009, p. 397 e 398.

outro, na renúncia à violência, no pluralismo, na igualdade de condições de participação, na efetividade dos direitos humanos, na solidariedade, efetiva-se, a partir do mundo da vida racionalizado, o projeto moderno revisitado de emancipação.

IV.
Educação para a democracia no Brasil: aproximações entre John Dewey e Jürgen Habermas

Democracia e *educação* são inscritas, na Constituição Federal de 1988, de modo bastante vigoroso. A primeira adjetiva a República, constituindo-a, já no dispositivo inaugural, como Estado Democrático de Direito. A segunda, compondo, como direito social fundamental, o conteúdo da dignidade humana – erigida a fundamento do Estado –, é tratada com grande desvelo em seção própria. Visa, nos termos do Art. 205, ao pleno desenvolvimento da pessoa, à qualificação para o trabalho e ao preparo para o exercício da cidadania. E, assim, volta-se, ante este último escopo mencionado, à promoção da organização democrática da sociedade.[1] Está prevista, constitucionalmente, a educação para a democracia.

A partir daí, ambas são preenchidas de conteúdos que passam por todos os âmbitos da experiência comunicativa do direito, compondo, renovando e efetivando – em leis, regulamentos, atos administrativos, políticas públicas, decisões judiciais e, também, na convivência do dia a dia – *versões discursivas* que "constroem os objetos sobre os quais se discorre".[2]

Falar em democracia e em educação, apoiando-se na filosofia social de John Dewey e Jürgen Habermas, exige o olhar atento sobre essa

---

1   RANIERI, Nina Beatriz Stocco. *O estado democrático de direito e o sentido da exigência de preparo para o exercício da cidadania, pela via da educação.* Tese (Livre-docência) – Faculdade de Direito – Universidade de São Paulo. São Paulo, 2009, p. 380.

2   HESPANHA, António Manuel. *O caleidoscópio do direito. O direito e a justiça nos dias e no mundo de hoje.* 2ª ed. Coimbra: Almedina, 2009, p. 657.

experiência, no horizonte do mundo da vida, em que os significados das instituições são formados e reconstruídos hermeneuticamente, a partir das tradições culturais (também elas em permanente transformação). Tudo isso, numa práxis histórico-cultural que "*vive* e *revive* quotidianamente o sentido jurídico".[3]

O texto constitucional não é um objeto inerte tampouco unívoco. É um *projeto de sentidos* que refletem a ambiência social da qual emergem.[4] Quanto à qualidade desse trabalho hermenêutico, na perspectiva comunicativa dos dois filósofos, pode ser medida pelo nível mais ou menos racional-discursivo de sua elaboração por seus de intérpretes (legisladores, aplicadores e destinatários).

Sendo assim, pensar a democracia e a educação para sua consolidação não permite o *descuido* de se perder de vista o lugar do qual se fala. No contexto brasileiro, implica refletir sobre a construção de um sentido sobre o chão de uma história de inexperiência da democracia e de profundo desrespeito aos direitos humanos.

Trata-se de passado *pesado*[5] que, no *continuum* experiencial, faz-se, ainda, muito presente. Vivemos o processo de aprendizagem da democracia, a partir de sua própria experiência incipiente. Nele, convivem com a ordem jurídica constituída em 1988, na esfera da sociedade civil, o frágil engajamento comunicativo combinado com a cidadania eleitoral; no âmbito do sistema político, práticas autoritárias, paternalistas e patrimonialistas, avessas à república e à democracia; no distanciamento entre ambos, relações caracterizadas pela verticalidade, pelo não diálogo.

Nesse passo, tem-se exigido pouco, um mínimo procedimental, para a *adjetivação* da organização social como democrática. Os sentidos desfocam, distorcem, obscurecem o texto constitucional. Restringe-se a

---

3   BITTAR, Eduardo C. B. *Linguagem jurídica*. 5ª Ed. São Paulo: Saraiva, 2010, p. 142.

4   *Ibidem*, p. 124 e 125.

5   FAORO, Raymundo. *Os donos do poder. Formação do patronato político brasileiro*. Volume 02. 11ª Ed. São Paulo: Globo, 1995, p. 748.

Educação para a democracia no Brasil 269

leitura enriquecida que a experiência democrática, constitucionalmente arquitetada, pode compreender.

É diante desse cenário que, com o amparo da filosofia social de Dewey e de Habermas, são descortinadas perspectivas hermenêuticas às instituições e procedimentos democráticos e educacionais, alinhadas com a tradição da modernidade, revisitada criticamente. Tradição que, afinal, inscreveu a democracia e a educação na Constituição.

Abrem-se horizontes de experimentação social e política, sob o Estado Democrático de Direito, que, orientados à práxis emancipatória, partem do reconhecimento da incompletude de nosso percurso histórico.[6] Buscam, para além de entender os fracassos, aprender com os erros, valendo-se, também, dos progressos e instrumentais proporcionados pela modernidade.[7]

1. A Constituição Federal de 1988 coaduna-se com o projeto moderno de emancipação. Toma o homem e sua dignidade como *valor-fonte* da experiência jurídica[8], fundamento e fim da organização estatal.[9] Reconhecendo extensas propriedades caracterizadoras do ser humano, incorpora, de forma robusta, todas as três *dimensões* dos direitos fundamentais: as cinco categorias afirmadas por Habermas, à luz do conceito de discurso. Protege a vida, a privacidade, a propriedade, a segurança, a igualdade, conferindo amplo campo de liberdades subjetivas (liberdade de pensa-

---

6   HABERMAS, Jürgen. "Modernidade – um projeto inacabado". In: ARANTES, Otília B. Fiori e ARANTES, Paulo Eduardo. *Um ponto cego no projeto moderno de Jürgen Habermas*: arquitetura e dimensão estética depois das vanguardas. São Paulo: Brasiliense, 1992, p. 118.

7   MOTA, Carlos Guilherme. *Viagem incompleta. A experiência brasileira. Formação: histórias.* 3ª ed. São Paulo: Editora SENAC, 2009, p. 23.

8   LAFER, Celso. *A reconstrução dos direitos humanos: um diálogo com o pensamento de Hannah Arendt.* São Paulo: Cia das Letras, 1988, p. 15 e 19.

9   PIOVESAN, Flávia. *Temas de direitos humanos.* 2ª ed. rev. amp. e atual. São Paulo: Max Limonad, 2003, p. 339; SARLET, Ingo Wolfgang. *Dignidade da pessoa humana e direitos fundamentais na Constituição Federal de 1988.* Porto Alegre: Livraria do advogado, 2011, p. 91.

270   Guilherme Perez Cabral

mento, de expressão, de atividade intelectual, de trabalho, de associação, dentre outras). Prevê direitos processuais (ampla defesa, contraditório, devido processo legal, etc.). Resguarda a pertença ao Estado (direitos de nacionalidade). Assegura direitos sociais, como educação, moradia, saúde, trabalho, previdência e assistência social. Protege os direitos transindividuais ao meio ambiente equilibrado, à preservação da cultura e ao desenvolvimento científico e tecnológico. E estabelece, finalmente, direitos de participação política.

Garantindo a constituição racional da personalidade, tais direitos são integrados, sob o princípio da soberania popular, ao Estado Democrático de Direito. E, desse modo, direciona uma práxis de autogoverno, de autolegislação, em que os sujeitos de direito, renunciando ao uso da violência e da arbitrariedade, movem-se num *medium* jurídico do qual são também autores.[10]

Para sua efetivação, o regime democrático, de acordo com a Constituição Federal, é *semidireto*. Combina procedimentos de *representação*, com as eleições periódicas dos representantes políticos integrantes dos Poderes Executivo e Legislativo, e mecanismos de *participação direta* (*plebiscito, referendo e iniciativa popular*). Mas seu *dever ser* não se esgota aí. Não se trata de uma configuração pronta, "congelada". A organização constitucional democrática do Estado brasileiro irradia a outros momentos e espaços sociais que precedem, envolvem e vão além de tais instrumentos. O próprio texto constitucional dá exemplo disso, no campo da educação, ao tratar da gestão democrática do ensino público (Art. 206, inciso IV). A democracia, nesse sentido, pode significar, além da mera ocupação de espaços já institucionalizados, a criação, reconstrução e ocupação de múltiplos espaços públicos para a participação popular.[11]

---

10   HABERMAS, Jürgen *Direito e democracia: entre factibilidade e validade*. Volume 01. 2ª ed. Trad. Flávio Beno Siebeneichler. Rio de Janeiro: Tempo Brasileiro, 2012, p. 159.

11   BENEVIDES, Maria Victoria de Mesquita. *A cidadania ativa. Referendo, plebiscito e iniciativa popular*. 3ª ed. São Paulo: Ática, 2003, p. 15, 18 e 19;

Projeta-se, assim, a emancipação, que, ambientada na democracia e apoiada em amplo rol de direitos fundamentais, não opõe indivíduo (*eu*) e sociedade (*nós*). Induz, antes, entre eles, uma complementaridade fundamental. Resguarda-se, no plano jurídico-constitucional, a formação da individualidade e a esfera de autonomia privada, garantindo, ao mesmo tempo, a participação política na formação racional da opinião e da vontade.

Promulgado na virada para o Século XXI, o ordenamento constitucional direciona um caminho pelo qual podem ser evitados os extremos que marcaram a história do breve Século XX.[12] Afasta-se do individualismo e abstencionismo estatal liberal, que levou ao totalitarismo de mercado, impedindo a formação de uma identidade coletiva. Isso, sem cair, na outra ponta, na hipertrofia, no paternalismo, no totalitarismo do Estado, que sufocou a individualidade: a "visão do coletivismo que absorve por completo a esfera do indivíduo".[13]

A Constituição justifica, nessa linha, sua compreensão dinâmica, como projeto (de país) inacabado de sentido que, no curso do projeto inacabado de modernidade, funciona e se enriquece na medida em que é atualizado.[14] A filosofia social de Dewey e a de Habermas apresentam contributos bastante frutíferos nessa tarefa. Permitem, como destaca o segundo, apreender o Estado Democrático de Direito, sim, como empreendimento "arriscado, delicado e, especialmente falível e carente de revisão", mas que, também, "tende a *reatualizar*, em circunstâncias precárias, o sistema de direitos, o que equivale a interpretá-los melhor e

---

SILVA, José Afonso da. *Curso de direito constitucional positivo.* 33ª ed. rev. e atual. São Paulo: Malheiros, 2010, p. 110.

12   HOBSBAWN, Eric. *Era dos extremos. O breve século XX: 1914-1991.* 2ª ed. Trad. Marcos Santarrita. Rev. Téc. Maria Célia Paoli. São Paulo: Cia das Letras, 2000.

13   BITTAR, Eduardo C. B. *Justiça e emancipação: reflexões jusfilosóficas a partir do pensamento de Jürgen Habermas.* Tese (Concurso de Professor Titular) – Faculdade de Direito – Universidade de São Paulo, São Paulo, 2011, p. 489.

14   BITTAR, *Linguagem jurídica,* 2010, p. 125.

institucionalizá-los de modo mais apropriado e a esgotar de modo mais radical o seu conteúdo".[15]

2. Tudo isso, debruçando-se sobre um texto constitucional promulgado no curso de um processo histórico de inexperiência da democracia e da cultura de direitos humanos. Cumpre rememorar. A Constituição marca, na curta e complicada história da democracia no Brasil, a afirmação de instituições com ela condizentes e de um sistema vigoroso de direitos. Rompe com os vinte anos de discurso cínico da Ditadura Militar, em relação à experiência democrática,[16] e de uso do ordenamento jurídico como instrumento autoritário de coordenação social.[17] Opõe-se, enfim, ao passado que sobrecarrega o presente de tarefas democratizantes.

Ocorre que, se não dispensa a institucionalização jurídica de mecanismos que lhe amparem, a democracia não adquire sentido ampliado e profundo como reflexo imediato e necessário de leis. O fim da Ditadura e a vigência da nova ordem não significaram a consolidação, muito menos o esgotamento do projeto constitucional que os antecedentes históricos negaram ou, simplesmente, não puderam afirmar.

Nesse ponto, a perspectiva meadiana da constituição social da individualidade, presente em Dewey e Habermas, é esclarecedora. Demonstra que os hábitos de pensar, agir e interagir são constituídos comunicativamente, em interação com o outro. É pela mediação da linguagem – e, com ela, da tradição cultural, dos padrões normativos e das orientações axiológicas do grupo social – que a personalidade surge como um objeto para si

---

15   HABERMAS, Jürgen *Direito e democracia: entre factibilidade e validade.* Volume 02. Trad. Flávio Beno Siebeneichler. Rio de Janeiro: Tempo Brasileiro, 2011, p. 119.

16   WEFFORT, Francisco C. *Por que democracia?* 2ª ed. São Paulo: Brasiliense, 1984, p. 33.

17   LAFER, *A reconstrução dos direitos humanos*, 1988, p. 78.

Educação para a democracia no Brasil   273

mesmo.[18] O mundo da vida no qual se está inserido e as formas de vida que o conformam, internalizados pelo sujeito, determinam experiencialmente, até certo ponto, o olhar sobre o mundo e o modo como pensará e atuará. No contexto brasileiro, isso implica, em grande medida, nas "idas e vindas" do processo democrático, o avesso da democracia e do respeito aos direitos humanos que esta supõe e atualiza.

Tal é a estrutura *convencional* da personalidade (o *me*), fruto da socialização, que, sem poder ser simplesmente apagada, forma, em Mead, a moldura do *eu*:

> (...) o indivíduo, não importa quão original ou criativo possa ser no seu pensamento ou comportamento, assume, sempre e necessariamente uma relação definitiva – que reflete na estrutura de seu ego ou personalidade – com o padrão organizado geral da experiência e com a atividade exibida ou característica do processo social de vida em que está envolvido e do qual seu ego ou personalidade é essencialmente uma expressão ou personificação criativa. Nenhum indivíduo tem uma mente que opera simplesmente em si mesma, isolada do processo de vida social do qual emergiu.[19]

O *eu*, por sua vez, não fica passivo. Como lembra Dewey, nem o ajustamento adaptativo é totalmente passivo em relação ao ambiente: "Mesmo um molusco atua sobre o ambiente e o modifica em alguma medida".[20] O *eu* reagirá, com maior ou menor nível de novidade, de forma mais ou menos racional.

---

18   MEAD, George Herbert. *Mind, self and society: from the standpoint of a social behaviorist*. Edited and with a introduction by Charles W. Morris. Chicago/London: The University of Chicago Press, 1992, p. 225 e 253.

19   MEAD, *Mind, self and society*, 1992, p. 222.

20   DEWEY, John. *Reconstruction in philosophy*. Mineola/New York: Dover Publication, 2004, p. 48 e 49.

Nesse sentido, as experiências que tecem o processo de vida são concebidas, pela teoria deweyana, como a interação contínua e próxima entre o sujeito e seu ambiente linguisticamente apreendido. Atuando um sobre o outro, ambos, em alguma extensão, situação e agente, são modificados. Nesse *continuum*, que reflete o conteúdo da existência humana, o modo como a experiência vai se configurando historicamente, dentro de certos valores e instituições, direciona os horizontes de possibilidades experienciais do sujeito. Ele, então, reflete e (re)age sobre o ambiente comunicativo do qual emergiu, alimentando o processo de reconstrução das experiências humanas.[21]

É nessa linha, aliás, que, defendendo a tradição pragmatista norte-americana, Dewey diz que não se limita a repetir as tendências do ambiente social em que se insere. No entanto, em seu "protesto", não deixa de assimilar aspectos da "vida de seu tempo".[22]

Diante disso, na cognição do texto constitucional e da sociedade brasileira que vislumbra para o futuro, os atores sociais trazem consigo o passado habitual, inexperiente da democracia. Utilizam os "velhos" instrumentos, recursos cognitivos e morais a partir dele construídos, inclusive para a formulação e assimilação de novas ideias. Deles não se livram facilmente. Muito menos de uma vez só.[23]

Por outro lado, não estão presos, inexoravelmente, a eles. O enriquecimento dos significados da democracia constitucionalmente afirmada, superando o passado antidemocrático, passa pela construção de *novos* hábitos, atitudes e práticas, a partir da continuidade de sua ex-

---

21 DEWEY, *Reconstruction in philosophy*, 2004, p. 49; DEWEY, John. *Experiência e natureza*. Trad. Murilo Otávio Rodrigues Paes Leme, Anísio S. Teixeira e Leônidas Gontijo de Carvalho. Coleção Os Pensadores. São Paulo: Abril Cultural, 1980, p. 52.

22 DEWEY, John. "O desenvolvimento do pragmatismo americano". Trad. Renato Rodrigues Kinouchi. *Scientiae Studia*. São Paulo, v. 5, n° 2, junho/2007, p. 230.

23 DEWEY, *Reconstruction in philosophy*, 2004, p. 43.

Educação para a democracia no Brasil   275

periência renovada. A experiência social democrática (e seu conteúdo hermenêutico) aparece numa correlação de influência recíproca com os hábitos democráticos de pensar, agir e conviver de cada cidadão. Um pressupõe e enriquece o outro.

A consolidação da democracia exige, por isso, para além de sua constituição jurídica, a relação experiencial e processual de mútua projeção e implicação entre *ego* e *alter*, em função da qual "as conquistas institucionais e sociais repercutem na dimensão da vida dos indivíduos e as conquistas dos indivíduos podem reverberar em aquisições significativas para a vida coletiva".[24]

Não há – e a história do Brasil é testemunho disso – natureza humana democrática, para a qual o sujeito tenda, como também não há disposição inata no sentido inverso do autoritarismo.[25] A *personalidade democrática* decorre de processos de aprendizagem que precisam ser atualizados na própria experiência e reconstrução da experiência democrática, com todos seus vícios e imperfeições. Em suma, pensar a educação *para* a democracia é pensar a educação *na* democracia.

E isso, sem que nenhuma metafísica ou metahistória possa predizer ou determinar o resultado necessário do processo. Sem que a solução aos problemas da democracia possa, de qualquer forma, ser colocada (ou imposta) a partir de fora. A democracia, como caminho emancipatório, depende, fundamentalmente, do conjunto atores sociais interessados.

3. Daí o cuidado com o diagnóstico, na continuidade histórica brasileira, da permanência de vícios anteriores à ordem constitucional de 1988, mas que a ela se acomodam, limitando o alcance das transformações. Eis um legado que dá a medida do problema, complexo e ingente, da consolidação da democracia no país.

---

24   BITTAR, *Justiça e emancipação*, 2011, p. 655.
25   DEWEY, John, *Freedom and culture*. Nova York: Prometheus Books, 1989, p. 88 e 97.

É verdade, o Brasil vivenciou *progressos* significativos nestes quase trinta anos de democracia. Disputou com o Reino Unido a posição de sexta maior economia do mundo. Experimentou sensíveis avanços no campo dos direitos fundamentais, elevados, a partir de 1996, pelos *Planos Nacionais de Direitos Humanos*, ao *status* de política pública. Atualiza um inegável nível de *institucionalização* dos procedimentos político-eleitorais, superando, até agora, a tradição brasileira de usurpação *golpista* do poder. Fez do diálogo e da participação *método de governo*, nos termos da *Política Nacional de Participação Social*.

Mas o país convive, ainda, com graves e históricos problemas sociais. Traz os infortúnios da aguda exclusão e desigualdade social; da pobreza extrema; dos altos índices de violência; da falta de moradia digna; da oferta inadequada de serviços públicos como saúde, saneamento básico e educação. Moldam o cenário de desarticulação social, de degeneração dos laços de solidariedade e de abertura à linguagem da violência.

O retrato da sociedade brasileira não reflete, suficientemente, as exigentes condições para a vivência comunicativa da democracia. Pois, com Dewey e Habermas, esta não prescinde de sujeitos dispostos a fazer uso de sua liberdade comunicativa no enfrentamento racional e cooperativo dos problemas comuns. E isso, num espaço público que se aproxime, ao máximo, de uma situação dialógica de simetria, livre de coações, de ameaças, do engodo.

Ocorreram, certamente, "momentos de fusão",[26] na história recente do país, fazendo transparecer um poder comunicativo igualmente latente na sociedade civil: os movimentos das *Diretas Já*, ainda antes da redemocratização, dos *Caras Pintadas* e, recentemente, os "protestos de junho", em 2013. Ainda que se aponte seu caráter "espasmódico",[27] isso não pode ser olvidado.

---

26   SOUSA JUNIOR, José Geraldo. *Sociologia jurídica*: condições sociais e possibilidades teóricas Porto Alegre: Sergio Antonio Fabris Editor, 2002, p. 64.

27   DEMO, Pedro. *Cidadania menor. Algumas indicações quantitativas de nossa pobreza política*. Petrópolis: Vozes, 1992, p. 102.

Educação para a democracia no Brasil 277

Todavia, no final das contas, a coordenação social tem se dado *mais* a partir da ambiência do não diálogo, na unilateralidade e verticalidade das relações com o Estado, casada com a interação social estratégica, impregnada do uso parasitário da linguagem, ou decaída na violência escancarada. *Menos* por meio da práxis argumentativa, voltada ao entendimento, na esfera pública.

Sobressaiu, sempre, o peso do aparelho governamental na moldagem da nação, ocupando o lugar tradicional, na política nacional, de "polo condutor da sociedade".[28] Não se destaca como instrumento do público para a mediação, a organização e a proteção de suas pretensões e de seus interesses compartilhados.[29] O sistema político segue preeminente, personificado, no "hiperpresidencialismo" brasileiro, na figura chefe do Poder Executivo federal.[30]

A colagem patrimonialista ao poder, sob a "ética governista" imediatista – ocupada com a (re)eleição –, e seu exercício paternalista, clientelista, com traços populistas mais ou menos acentuados, revivem a antipatia à ampliação e ao fortalecimento dos procedimentos democráticos de participação popular. Chama a atenção, no Brasil, "a mesmice histórica das elites (...) Há famílias reais na política, governadores quase vitalícios, congressistas cativos".[31] Renovando lideranças políticas identificadas, com frequência, como *salvadores da pátria*,[32] apoderam-se, por fim, "dos processos espontâneos de formação da opinião e da vontade, privando-os de seu conteúdo".[33]

---

28   FAORO, *Os donos do poder*, 1995, p. 740.

29   DEWEY, *The public and its problems*, 1991, p. 33.

30   RANIERI, *O estado democrático de direito e o sentido da exigência de preparo para o exercício da cidadania, pela via da educação*, 2009, p. 384 e 385.

31   DEMO, *Cidadania menor*, 1992, p. 103.

32   CARVALHO, *Cidadania no Brasil*, 2010, p. 221.

33   HABERMAS, Jürgen. *Teoria do agir comunicativo. Sobre a crítica da razão funcionalista*. Tomo 02. Trad. Flávio Beno Siebeneichler. São Paulo: WMF Martins Fontes, 2012, p. 588.

Mas não é só isso. A concepção habermasiana de *colonização* sistêmica do *mundo da vida* demanda a referência fundamental, também, diante da formatação econômica adotada pelo Estado brasileiro, à contaminação da práxis linguística cotidiana pelos imperativos do mercado capitalista. Correm paralelamente às coações historicamente levadas a cabo pelo sistema político e se perfazem no sentido da *monetarização*, do *consumismo*, do *individualismo*, da *competitividade*, da *lucratividade*.[34]

Por todos os lados, enfim, solapa-se o agir comunicativo, orientado ao entendimento, atropelando seu potencial racional. Prejudica-se o alargamento e a reprodução crítica dos elementos estruturais do mundo da vida racionalizado: a *cultura*, a *sociedade* e a *personalidade*.

Nesse esvaziamento da esfera pública, confusão de espaços do mercado, da política e do mundo da vida, e deformação da razão, Habermas destaca os prejuízos à qualidade discursiva da comunicação pública. É objeto de distorções, manipulações e influxos do poder ilegítimo e do dinheiro, cuja denúncia e neutralização demandariam, justamente, o discurso *evitado*. Submetida ao poder e à dominação dos meios de comunicação de massa, o espaço público é *despolitizado*.[35] O cidadão figura muito mais como *consumidor* submetido à estrutura econômica do mercado, à "estética das vitrines e dos balcões de ofertas de novidades de consumo",[36] do que como *ator político*. Vê "notícias sobre acontecimentos políticos no formato de entretenimento. A informação política se torna mercadoria, até a propaganda eleitoral não se distingue da comercial".[37]

Apoiado o convencimento no trabalho de publicidade de partidos e de organizações políticas e empresariais – na fala de Freud, "um convenci-

---

34   HABERMAS, *Teoria do agir comunicativo*, Tomo 02, 2012, p. 587.

35   HABERMAS, *Direito e democracia*, Vol. 02, 2011, p. 111.

36   BITTAR, Eduardo C. B. *O direito na pós-modernidade* (e reflexões frankfurtianas). 2ª ed. rev. atual. e amp. Rio de Janeiro: Forense, 2009, p. 381.

37   PINZANI, Alessandro. *Habermas*. Porto Alegre: Artmed, 2009, p. 42.

Educação para a democracia no Brasil 279

mento que não se baseia na percepção e no trabalho do pensamento"[38] –, via de regra:

> (...) o que decide o destino de uma pessoa que concorre na eleição não é sua excelência tampouco seus defeitos políticos. A corrente segue a favor ou contra o partido no poder e o candidato afunda ou nada conforme a correnteza. Às vezes, há um sentimento consensual, uma tendência definida em favor da "legislação progressiva" ou um desejo de "retorno à normalidade" (...) Outras vezes, o hábito, os fundos partidários, a habilidade dos gerenciadores da máquina, o retrato do candidato com seu maxilar firme, sua amável esposa e filhos, e uma multidão de outras irrelevâncias determinam a questão.[39]

É bastante adequado ao cenário brasileiro, nesse sentido, o diagnóstico deweyano de desarticulação ou "eclipse do público".[40] Não se reconhece como tal de modo a se organizar comunicativamente, promovendo interpretações públicas às experiências sociais e direcionando a institucionalização de políticas e direitos.

Diante do déficit de engajamento discursivo da sociedade civil, o debate público, as questões políticas se reduzem, como já indicava Dewey, à escolha entre dois (ou alguns) candidatos ao cargo eletivo.[41] A eleição, no final das contas "mesmo formalmente livre, lhe reserva (ao povo) a escolha entre opções que ele não formulou".[42]

---

38 FREUD, Sigmund. "Psicologia das massas e análise do eu". In *Obras completas. Volume 15. Psicologia das massas e análise do eu e outros textos* (1920-1923). Trad. Paulo César de Souza. São Paulo: Cia das Letras, 2011, p. 43 e 92.

39 DEWEY, *The public and its problems*, 1991, p. 122.

40 *Ibidem*, p. 33 e 126.

41 *Ibidem*, p. 119 e 120.

42 FAORO, *Os donos do poder*, 1995, p. 748.

E isso, no mutualismo nada republicano da "esquizofrenia"[43] que se cola à política do país: cético e desconfiado em relação à participação democrática e as reformas sociais tão necessárias, o cidadão atomizado – Demo dirá "menor" – deposita as últimas esperanças nas respostas unilaterais, simplistas e imediatistas do líder taumaturgo. Vota em troca de obtenção de proteção (oposta à pretensão emancipatória), vantagens, favores e privilégios,[44] na "dualidade (que) oscila entre a decepção e o engodo".[45]

Enfim, a participação política no Brasil, no mais das vezes, reduz-se ao exercício isolado e periódico do voto. Decaída no *eleitorismo*, não rompe com o passado constitucional da democracia formal-representativa. Afinal, o poder que emana do povo permanece a ele ligado, muito mais, na retórica política cínica, autolegitimadora. E dele pode se descolar, em seu exercício pelos agentes governamentais,[46] no âmbito de uma formalidade democrática que se não se atualiza na horizontalidade da linguagem, mas coabita com padrões de conduta unilateralizados e verticalizados.[47]

A aprendizagem da democracia, no Brasil, só tem lugar no *continuum* de uma (in)experiência, até agora, bastante contida, que combina o desrespeito sistemático aos direitos fundamentais, a exclusão social, a desintegração, pela violência, dos laços de cooperação, a coordenação social viciada e reticente ao diálogo voltado ao entendimento.

Faz presente o "dilema legitimatório" que soma a "fraqueza da sociedade civil e da esfera pública", em termos racionais-discursivos, à primazia do poder ilegítimo, desvinculado do fluxo comunicacional que

---

43   CARVALHO, *Cidadania no Brasil*, 2010, p. 224.

44   DEWEY, *The public and its problems*, 1991, p. 118; DEMO, *Cidadania menor*, 1992, p. 103; FAORO, *Os donos do poder*, 1995, p. 740; CARVALHO, *Cidadania no Brasil*, 2010, p. 07.

45   FAORO, *Os donos do poder*, 1995, p. 744.

46   WEFFORT, *Por que democracia?*, 1984, p. 53; MOISÉS, José Álvaro. *Os brasileiros e a democracia. Bases sócio-políticas da legitimidade democrática*. São Paulo: Ática, 1995, p. 35.

47   KELSEN, Hans. *A democracia*. Trad. Ivone C. Benedetti e outros. São Paulo: Martins Fontes, 2000, p. 189.

Educação para a democracia no Brasil   281

daqueles haveria de provir.[48] Distante da situação dialógica ideal, nossa hermenêutica constitucional tem se conformado com pouco, quando o assunto é democracia.

4. De qualquer forma, se a inexperiência que empobrece o conteúdo da democracia, no Brasil, é fruto de um *continuum* histórico-cultural, a experiência enriquecida, na moldura jurídico-constitucional de 1988, também o é. Ao menos, *pode ser*.

Sob a perspectiva hermenêutica apoiada na filosofia social de Dewey e Habermas, pode, então, apropriar-se de um sentido que não é, absolutamente, estranho à modernidade assimilada na Constituição Federal.

Afinal, os autores propugnam a reflexão crítica que, operando no interior da tradição moderna, não pretende, absolutamente, dela se desvencilhar, negando-a a partir de fora. Isso não afigura possível. Fugindo ao que Dewey intitulou a filosofia de extremos opostos, que "pensa e age em termos de 'ismos'",[49] valem-se, no diagnóstico dos descaminhos da modernidade e na retomada do projeto emancipatório, dos recursos, instrumentos, experiências e aprendizagens por ela proporcionados. Vendo-a, enfim, na sua dialética de avanços e retrocessos, não se posicionam como *antimodernidade*. Não caem em *antimodernismos*.

Aprendem com os desacertos, cientificistas, tecnicistas, especialistas, presos à filosofia da consciência. A realização deformada da razão cindida, reduzida ao momento cognitivo-instrumental,[50] se possibilitou inegáveis progressos materiais, não capacitou a humanidade ao enfrentamento de questões sociais e morais que a afligem. Foram desastrosos os resultados de seu predomínio no campo das interações humanas,[51] decaídas em relação *solipsista* "ego/isso", tendo por "isso" "indiferente-

---

48   HABERMAS. *Direito e democracia*, Vol. 02, 2011, p. 121 e 122.

49   DEWEY, John. *Experiência e educação*. Trad. Renata Gaspar. Petrópolis/RJ: Vozes, 2010, p. 14 e 19.

50   HABERMAS, *O discurso filosófico da modernidade*, 2002, p. 439.

51   BITTAR, *Justiça e emancipação*, 2011, p. 348 e 350.

mente, 'ele' (outro sujeito humano qualquer) ou 'aquilo' (outra matéria não humana qualquer)". *Reificou* o objeto do conhecimento, como "algo servível (e utilizável) ou a algo inservível (e descartável)".[52]

Na *Dialética do esclarecimento*, o irrefreável progresso foi de par com o regresso irrefreável,[53] desligada a *instrumentalidade* das tecnologias de *sentidos* atribuídos socialmente.[54] Deixa claro, para os filósofos, que não é mais admissível a crença otimista e ingênua do Iluminismo de que "a ciência e a liberdade humana avançariam de mãos dadas, prenunciando a era da infinita perfectibilidade humana".[55]

Não por isso abandonam a razão, a ciência, a modernidade. Nelas identificam, criticamente, elementos que confirmam os potenciais emancipatórios e que equipam de instrumentos, tipicamente modernos, para enfrentar os descaminhos diagnosticados. Primeiro, a filosofia reconstruída pragmatista deweyana. Assimila a atitude investigativa, experimental, metódica e falibilista própria à ciência moderna, orientando-a, comunicativamente, ao esclarecimento do significado das experiências humanas cotidianas e à solução inteligente dos conflitos sociais e morais. Depois, a teoria social crítica habermasiana. De modo não distante, destaca a comunicação orientada ao entendimento como o lugar intersubjetivo da racionalidade: a razão comunicativa, referida à suscetibilidade à crítica e à capacidade fundamentação de pretensões de validade e ampliada, de modo a agregar o momento instrumental, sem a ele se reduzir. É a partir do potencial racional embutido na prática linguística cotidiana, que

---

52   FERRAZ JUNIOR. Tércio Sampaio. "Responsabilidade sem culpa, culpa sem responsabilidade na sociedade tecnológica". In: FABIANI, Emerson Ribeiro (org.). *Impasses e aporias do direito contemporâneo*. Estudos em homenagem a José Eduardo Faria. São Paulo: Saraiva, 2011, p. 140.

53   ADORNO, Theodor W. & HORKHEIMER, Max. *Dialética do Esclarecimento*. Fragmentos Filosóficos. Trad. Guido Antonio de Almeida. Rio de Janeiro: Zahar, 1985, p. 41.

54   HABERMAS, Jürgen, *Teoría y praxis: estudios de filosofia social*. Trad. Salvador Más Torres e Carlos Moya Espí. 2a ed. Madrid: Tecnos, 1990, p. 314 e 319.

55   DEWEY, *Freedom and culture*, 1988, p. 102 e 106.

Educação para a democracia no Brasil   283

Habermas entrevê o percurso emancipatório de reversão da colonização sistêmica do mundo da vida e, com isso, da contaminação dos processos de entendimento que nele se desenrolam. Por fim, o pensamento de ambos, atribuindo valor essencial à linguagem como ambiência fundamental da aprendizagem. Atualizando seus sentidos cognitivo/instrumental e prático/consumatório, ela sedia a constituição social da individualidade, a construção cooperativa do conhecimento e, na redefinição dialógica do imperativo categórico[56], a definição da moralidade.

Tudo isso reflete na proposição de modelos de democracia e de educação, apreendidos, na revisita ao projeto moderno, como experiências indissociáveis na direção *iluminista* da emancipação humana, por meio da razão (agora, comunicativa).

Nesse sentido, conceber a educação para a democracia, à luz das filosofias de Dewey e de Habermas não foge do horizonte de experimentação jurídica, aberto pelo texto constitucional de 1988, de um Estado Democrático de Direito, fortemente apoiado nos direitos humanos, dentre os quais a educação. As propostas deweyanas, na tradição no pragmatismo norte-americano da primeira metade do século passado, e a teoria social crítica habermasiana, representando a "segunda geração" da Escola de Frankfurt, revelam-se, certamente, muito mais alinhadas com o projeto constitucional brasileiro do que as heranças autoritárias, verticalizadas, não-dialógicas que insistem em perverter seu sentido.

Fazem do texto constitucional, de acordo com seu conteúdo, um ponto de partida, um projeto de sentido, marcadamente histórico – que não ignora o *passado* nem os desafios do *presente* –, para o esforço de uma experiência democrática a ser processualmente construída, vivida e aprendida, para além do sentido formal.

5. A democracia se configura, no pensamento de Dewey e no de Habermas, como experiência social – e também racional e moral cognitivista – de au-

---

56   BITTAR, *Justiça e emancipação*, 2011, p. 235.

todeterminação, autolegislação, autonomia, em que pode ser atualizado o projeto moderno emancipatório.

Efetiva-se como um processo bastante ampliado de encaminhamento, enfrentamento e solução racional, cooperativa e conjunta de problemas comuns. Nessa extensão, um processo de formação discursiva da opinião e da vontade; de deliberação e tomada de decisões coletivas.

5.1. A experiência democrática assume, como paradigma, o discurso. Orienta-se pela institucionalização de ambientes, mecanismos e procedimentos coadunados com a práxis argumentativa orientada ao entendimento. Uma práxis que permite às ideias por meio delas comunicadas o cumprimento do "pressuposto central da racionalidade: elas podem ser fundamentadas e criticadas".[57] É sob a ideia de discurso que se consolida, na democracia, a noção de autolegislação, de autonomia.

Assim, em termos metodológicos *pragmatistas*, trazidos para a vida social e em vista de sua coordenação, a referência passa a ser a *busca cooperativa da verdade* (e da *correção*, da *justiça social*), no enfrentamento de conflitos e questões com que a sociedade se depara no curso das interações humanas. Promove-se a aliança potencial entre o *método científico* e o *democrático*, "nas técnicas de legislação e administração".[58]

Invoca-se, como modelo de interação social – a colar em todos as instituições e momentos da vida democrática –, a estrutura comunicativa que, renunciando à violência e ao uso parasitário da linguagem (perlocucionário, unilateralizado ou impositivo) dê guarida e vasão às boas razões, ao melhor argumento: a única coação admitida.[59]

Dessa forma, o discurso pode institucionalizar seu enorme potencial *cognitivo* e *prático/consumatório*. A linguagem a partir da qual se forma a individualidade (o *eu*), sem perder a referência ao grupo social

---

57   HABERMAS, *Teoria do agir comunicativo*, Tomo 01, 2012, p. 45.
58   DEWEY, *Freedom and culture*, 1989, p. 81.
59   HABERMAS, *Direito e democracia*, Vol. 01, 2012, p. 283 e 284.

Educação para a democracia no Brasil   285

e suas formas de vida (o *nós*), realiza-se, ao mesmo tempo, como o instrumento por meio do qual o universo linguístico e cultural do grupo
se aperfeiçoa. Na contraposição racional de crítica e fundamentação de
pretensões de validade que se tornaram problemáticas, os saberes podem
ser permanentemente revisitados ante as exigências da conversação. Os
horizontes experienciais egocêntricos e contextualizados podem se am-
pliar cada vez mais, na contradição e complementaridade de abordagens
da realidade e de sentidos atribuídos. As argumentações, em suma, cor-
relatas à aprendizagem, trazem consigo a permanente correção e enriquecimento do conhecimento.[60]

A concepção moral cognitivista dos dois filósofos permite trazer
para a esfera da razão, construída no diálogo, o debate e a solução de
questões práticas, atinentes ao *mundo social*. O discurso confere à democracia recursos para dirimir consensualmente os conflitos de ação, reconhecida a possibilidade de julgamento inteligente do *valor* das condutas
humanas e de distinção, nessa matéria, entre juízos *corretos* e *errados*.[61]

Tudo isso no âmbito de uma interação em que os comunicantes
optam pela solução pautada no entendimento, na razão imanente à linguagem, abrindo-se ao outro como parceiro de comunicação, que compartilha o sentido do que fora dito[62]. Faz-se, assim, da instrumentalidade
incomparável, que caracteriza o discurso, concomitantemente, um incomparável fim em si. A linguagem, destaca Dewey, não encontra rival,
em seu sentido recompensador e satisfatório, de um repartir, de uma
comunhão de significados, ampliados, aprofundados e consolidados na

---

60   DEWEY, *Experiência e natureza*, 1980, p. 29 e 39; HABERMAS, *Direito e
      democracia*, Vol. 01, 2012, p. 190 e 191.

61   DEWEY, John. *Ethics. The Later Works 1925-1953*. Volume 07 (1932). Edi-
      ted by Jo Ann Boydston. Southern Illinois University, 2008, p. 09; HABER-
      MAS, Jürgen. *Consciência Moral e Agir Comunicativo*. Trad. Guido A. de
      Almeida. Rio de Janeiro: Tempo Brasileiro, 2003, p. 87 e 147.

62   OLIVEIRA, Manfredo Araújo de. "Escola e sociedade: questão de fundo de
      uma educação libertadora". *Revista de Educação AEC*. Brasília, ano 18, n°
      71, jan/mar. 1989, p. 23.

medida da participação. No *medium* linguístico, a personalidade – que não se efetiva monologicamente, em isolamento – pode se realizar na perspectiva existencial da participação e contribuição particular, conscientemente afirmada, na experiência social comunicativa.[63]

5.2. Para tanto, a democracia não abre mão dos procedimentos e dos mecanismos participativos, diretos e indiretos, previstos no texto constitucional, na extensão em que positivam os pressupostos e exigências do discurso. Lembre-se: o princípio da democracia, para Habermas, é a forma assumida pelo princípio do discurso, pela via da institucionalização jurídica, de modo a "amarrar um procedimento de normatização legítima do direito".[64]

Compõe-se, nesse sentido, como um processo comunicativo que passa, sem dúvida, pela *democracia política*, amparada em direitos fundamentais, em todas as suas dimensões, a permitir o exercício da soberania popular. Envolve, necessariamente, as instituições e regras procedimentais, próprias ao jogo democrático, como o sufrágio universal, a regra da maioria, as eleições periódicas para a escolha dos ocupantes de cargos políticos e assim por diante. Não dispensa, em suma, o *mínimo procedimentalista*.[65]

Todavia, a democracia "não pode, agora, depender ou ser expressa, apenas, em instituições políticas".[66] Estas não esgotam seu conteúdo normativo. O problema da democracia não se restringe à questão do funcionamento minimamente adequado de mecanismos institucionais, estendidos à existência de partidos políticos, à liberdade de expressão em seu sentido mais *lato*, à realização das eleições e à atuação rotineira dos órgãos governamentais. Liga-se, também e fundamentalmente, às

---

63   DEWEY, *Experiência e natureza*, 1980, p. 30, 36, 39, 40 e 51; DEWEY, *The public and its problems*, 1991, p. 150 a 152.

64   HABERMAS, *Direito e democracia*, Vol. 01, 2012, p. 145 e 158.

65   DEWEY, *The public and its problems*, 1991, p. 144 e 145; HABERMAS, *Direito e democracia*, Vol. 02, 2011, p. 26 e 27.

66   DEWEY, *Freedom and culture*, 1988, p. 97.

Educação para a democracia no Brasil 287

práticas cotidianas do sistema político; dos movimentos e agrupamentos sociais; e às relações entre ambos, no *medium* jurídico-constitucional.[67]

Torna-se elementar à experiência democrática os hábitos comunicativos de pensar, agir e conviver dos atores sociais, possibilitados, promovidos e atualizados com o amparo das instituições político-democráticos.[68] Habermas atribui a Dewey o mérito de ter sublinhado essa ideia.

De fato, referindo-se ao processo eleitoral – a que tem se reduzido, em grande medida, a democracia brasileira –, o filósofo pragmatista ressalta que seu dado mais significativo "é que a contagem de cabeças força o recurso prévio aos métodos de discussão, consulta e persuasão".[69]

Nesse sentido, o ato de *votar* nas eleições para os cargos políticos do Poder Executivo e Legislativo dos três níveis da federação significa um momento, sem dúvida fundamental, dentre tantos outros que compõem a experiência dialógica e participativa da democracia. Não pode ser visto como *o* momento do exercício da cidadania: "*democracia* é muito mais do que a formalidade do voto".[70]

É a experiência *precedente*, então, que sobressai e dá vigor ao exercício dos canais institucionais de participação direta e dos mecanismos de *representação*. A democracia não pode perder de vista a compatibilização "entre a operação de instituições políticas e os valores de uma esfera societária na qual predominem práticas democráticas".[71] Todo o apara-

---

67   HABERMAS, *Direito e democracia*, Vol. 02, 2011, p. 90; SARAMAGO, José. *As palavras de Saramago: catálogo de reflexões pessoais, literárias e políticas.* Sel. e Org. Fernando Gómez Aguilera. Trad. Rosa Freire d'Aguiar e outros. São Paulo: Cia das Letras, 2010, p. 384.

68   HABERMAS, *Direito e democracia*, Vol. 02, 2011, p. 27.

69   DEWEY, *The public and its problems*, 1991, p. 207.

70   DALLARI, Dalmo de Abreu. Educação e preparação para a cidadania. In BENEVIDES, Maria Victoria de Mesquita; BERCOVICI, Gilberto; MELO, Claudinei de. *Direitos humanos, democracia e república*: homenagem a Fábio Konder Comparato. São Paulo: Quartier Latin, 2009, p. 345.

71   AVRITZER, Leonardo. *A moralidade da democracia: ensaios em teoria habermasiana e teoria democrática.* São Paulo: Perspectiva; Belo Horizonte: Editora UFMG, 1996, p. 149.

to político perde seu sentido sem a ambiência democrática de discussão de questões públicas, pela sociedade civil, irradiada aos mais diversos âmbitos da vida social, passando pelos movimentos sociais e populares, pelos agrupamentos culturais, políticos e econômicos, pelas associações de bairro, pelos meios acadêmicos, etc. Antecipando mecanismos previstos na Política Nacional de Participação Social, Maria Victoria Benevides cita, como exemplos de cidadania ativa, a participação dos usuários na gestão dos serviços públicos e dos alunos, pais e professores na gestão da instituição escolar; as experiências de orçamento participativo; a criação de ouvidorias populares em órgãos do Poder Público.[72]

Na prática *semidireta* da democracia, inscrita na Constituição de 1988, isso implica que "Em qualquer hipótese, conselhos populares, conselhos de empresa, etc. têm de conviver com partidos e parlamentos. A participação popular que se dá, de modo direto, nas ruas e nas praças tem de conviver com a participação em eleições para o parlamento e para os governos".[73]

5.3. A democracia valoriza a intersubjetividade mediada pela linguagem, que, afinal, distingue a vida em sociedade. Envolve, assim, um fluxo comunicacional que se ancora no público de pessoas privadas, que compõe a sociedade civil e que atuam na esfera pública. Depende dessa base comunicativa, enraizada no horizonte experiencial de um mundo da vida racionalizado, no qual são continuamente retomadas experiências de identificação, debate e tratamento de problemas da sociedade como um todo; de articulação de demandas; de luta por reconhecimento

---

72   BENEVIDES, *A cidadania ativa*, 2003, p. 18; BENEVIDES, Maria Victoria de Mesquita. Em defesa da república e da democracia. In: BENEVIDES, Maria Victoria de Mesquita; BERCOVICI, Gilberto; MELO, Claudinei de. *Direitos humanos, democracia e república*: homenagem a Fábio Konder Comparato. São Paulo: Quartier Latin, 2009, p. 728.

73   WEFFORT, *Por que democracia?*, 1984, p. 125

Educação para a democracia no Brasil 289

e convencimento de pretensões; de construção de opiniões públicas e de soluções compartilhadas.[74]

Esse fluxo comunicacional desemboca, então, sistema político, composto pelos órgãos governamentais dos Poderes Legislativo, Executivo e Judiciário. Nele, através de um filtro discursivo, os problemas tematizados, elaborados e interpretados publicamente encontram eco, recebendo tratamento e solução institucional, pela linguagem do direito.[75] A atuação do sistema político é definida, portanto, como um momento vinculado e *instrumental* da democracia,[76] necessariamente referido à experiência comunicativa anterior, protagonizada pela sociedade civil. Mantém, assim, o nexo com fontes do mundo da vida do qual não pode prescindir: a cultura política crítica, a socialização cooperativa e solidária, a personalidade racional e esclarecida.[77]

No oposto da configuração histórica da política brasileira, o aparelho governamental não conforma, não se impõe, não esvazia de conteúdo a esfera pública. Ele emerge e é direcionado pelo público formado pela sociedade civil. Corresponde a uma dimensão importante do espaço público político. Todavia, não ocupa o lugar do todo, nem mesmo o papel central:[78] "O governo não é o Estado, pois este inclui o público, assim como os governantes (...) que agem como representantes dos interesses públicos". O sistema político existe para servir à comunidade da qual emerge. Seu propósito "não pode ser

---

74   MEAD, *Mind, self and society*, 1992, p. 235 e 237; HABERMAS, *Teoria do agir comunicativo*, 2012, p. 22; HABERMAS, *Direito e democracia*, Vol. 02, 2011, p. 22, 24, 41, 92 e 100.

75   *Ibidem*, p. 46, 91 e 121.

76   DEWEY, *The public and its problems*, 1991, p. 69 e 146.

77   HABERMAS, *Direito e democracia*, Vol. 02, 2011, p. 23 e 25; HABERMAS, *Teoria do agir comunicativo*, Tomo 02, 2012, p. 260 e 577.

78   DEWEY, *The public and its problems*, 1991, p. 146; AVRITZER, *A moralidade da democracia*, 1996, p. 150; HABERMAS, *Direito e democracia*, Vol. 02, 2011, p. 25 e 220.

atingido a menos que a comunidade tome parte na seleção de seus governantes e na determinação de suas políticas".[79]

Atua, então, na elaboração jurídica de decisões coletivas em relação a problemas que afetam a sociedade como um todo, mas que as demais esferas e padrões de interação não puderam solucionar. A política "mantém uma relação com os problemas da sociedade em seu conjunto, ou seja, ela continua num nível reflexivo uma integração social que outros sistemas de ação não conseguem mais desempenhar suficientemente".[80]

Para tanto, apoiado discursivamente, o exercício do poder político deve se constituir a partir do poder comunicativamente gerado. Privilegiam-se, assim, contra a colonização do espaço público pelo sistema político, os processos de entendimento, que "constituem o centro do mundo da vida", como ambiência definidora da manutenção do sistema.[81]

5.4. O caminho, dessa forma percorrido, possibilita a construção, no cenário pós-metafísico, da legitimidade a partir da legalidade democrática. A legitimidade se desliga da referência a um metadireito sem, com isso, perder-se num sistema positivista que se reproduz autorreferencialmente. Doravante, é vinculada à ideia de autolegislação, concreta e contextualmente experimentada, de acordo com a qual os sujeitos de direito, na condição de destinatários, ocupam os espaços públicos e se entendem, concomitantemente, como seus autores. Apoia-se, portanto, no engajamento e no arranjo racional-comunicativo, sob o princípio do discurso: "enquanto participantes de discursos racionais, os parceiros do direito devem examinar se uma norma controvertida encontra ou poderia encontrar o assentimento de todos os possíveis atingidos".[82]

---

79   DEWEY, *The public and its problems*, 1991, p. 27, 28 e 146.

80   HABERMAS, *Direito e democracia*, Vol. 02, 2011, p. 45, 46, 120 e 121.

81   HABERMAS, *Teoria do agir comunicativo*, Tomo 02, 2012, p. 278, 334 e 588.

82   HABERMAS, *Direito e democracia*, Vol. 01, 2012, p. 138, 140, 157, 168 e 190; HABERMAS, *Direito e democracia*, Vol. 02, 2011, p. 218 e 224.

Educação para a democracia no Brasil 291

O direito permanece inegavelmente um instrumento da política, no âmbito do qual e por meio do qual são enfrentados institucionalmente conflitos de coordenação social. Todavia, segue, também, entrelaçado à moral, procedimentalizada e racionalizada no discurso. Enfim, "O direito situa-se entre a política e a moral".[83]

Para que não perverta o sentido *democrático* e para que se distinga, como conceito específico, da arbitrariedade, da "experiência pura e crua do poder", seja lá sob qual justificação, é indispensável que o direito traga consigo a *resgatabilidade* (e, nessa medida, a *corrigibilidade*) discursiva de sua pretensão de correção normativa.[84]

E assim, pela via do procedimento discursivo de autolegislação, a legitimidade da legalidade democrática realiza-se, de acordo com a tradição jurídica da modernidade, a partir do nexo entre soberania popular e direitos humanos,[85] dois conceitos, como já destacado, resguardados pelo sistema constitucional instituído em 1988.

O sistema jurídico assegura direitos fundamentais que permitem a participação em igualdade de condições nos processos, diretos e indiretos, de formação da opinião e da vontade. Nele amparado, os atores sociais atualizam-no, reconstroem-no, enriquecem-no, exercendo intersubjetivamente a soberania popular.

No âmbito de uma sociedade inexperiente da democracia e do respeito aos direitos humanos, como a brasileira, os cidadãos podem, então, atuando *dentro* do direito, experienciar progressivamente (não sem resistências, é claro), o fluxo comunicacional na direção "centrípeta": isto é, o tratamento institucional das questões públicas a partir dos processos linguisticos que tem lugar na esfera pública. Podem, no aprendizado que

---

83   HABERMAS, *Direito e democracia*, Vol. 02, 2011, p. 218 e 234.

84   BITTAR, Eduardo C. B. "A discussão do conceito de direito: uma reavaliação a partir do pensamento habermasiano". *Boletim da Faculdade de Direito.* Universidade de Coimbra. Vol. LXXXI, 2005, p. 820 e 823.

85   HABERMAS, *Direito e democracia*, Vol. 01, 2012, p. 133 e 138.

292 Guilherme Perez Cabral

acompanha a continuidade dessa experiência, consolidar e renovar o sistema de direitos, legitimamente.[86]

A ampliação do círculo de cidadãos *capazes de falar e agir*, envolvidos no processo cooperativo de interpretação pública das experiências sociais, conferindo-lhes sentido e dando-lhes solução, no âmbito do Estado de Direito, aparece como fator que dá a medida da qualidade da democracia e do direito democraticamente gerado. Uma qualidade aferida em termos racionais-discursivos.[87] Já se disse, com Habermas, "o nível discursivo do debate público constitui a variável mais importante".[88]

5.5. De qualquer forma, ainda na linha dos referenciais teóricos, é de se destacar que tal configuração discursiva da democracia não sugere uma ambiência homogênea, com rígida conformação *ética, organicamente* autodirigida.

A rede de comunicação que sobressai da experiência democrática não remete à sociedade econômica liberal, individualista, cujo paradigma é o mercado capitalista e na qual a ideia do todo não diz mais que a somatória de indivíduos que lutam separadamente por seus fins egoístas e incongruentes uns com os outros.[89] Mas também não induz um percurso comunicativo que, de acordo com uma abordagem comunitarista republicana, caminha *diretamente* do autoentendimento ético de um ator coletivo para a autoadministração política do Estado.

---

86   HABERMAS, *Direito e democracia*, Vol. 02, 2011, p. 115.

87   BITTAR, *Justiça e emancipação*, 2011, p. 584; HABERMAS, *Direito e democracia*, Vol. 01, 2012, p. 278; HABERMAS, *Direito e democracia*, Vol. 02, 2011, p. 100.

88   *Ibidem*, p. 28.

89   FRIEDMAN, Milton. *Capitalismo e Liberdade*. Trad. Luciana Carli. São Paulo: Abril Cultural, 1984, p. 11.

Educação para a democracia no Brasil 293

Não se negligencia, portanto, quanto ao momento *intermediário* do exercício (incerto) da liberdade comunicativa no espaço público e da pluralidade de vozes e interesses em conflito que nele tem lugar.[90] A noção deweyana de público e, com ela totalmente compatibilizada, a imagem da esfera pública ocupada pela sociedade civil – extraída de Habermas –, funcionam, nessa matéria, como componente teórico fundamental, empiricamente referido à práxis social. Permitem identificar, no movimento dialético entre o indivíduo e seu ambiente social, o protagonismo dos sujeitos históricos na transformação do *status quo*. Isso, num percurso gradual, complexo, conflituoso, contingencial, em que os processos de aprendizagem e desenvolvimento da personalidade vão de par com os de reconstrução e reforma social.[91]

De acordo com Dewey, é a existência de dificuldades no curso da experiência que movimenta o pensar, como atividade mental solucionadora de problemas. À luz do pragmatismo, a reflexão não se dicotomiza da ação. No curso da interação social, os sujeitos enfrentam problemas, são atingidos por consequências invasivas do comportamento alheio, vivenciam conflitos. Tais perturbações atuam prática e emocionalmente sobre as pessoas, funcionando como "choques de mudança, devidos à interrupção de um ajustamento (mental) prévio. São sinais para o redirecionamento da ação". Tem aí espaço para o pensamento.[92]

A partir daí, a experiência e a elaboração das dificuldades, no horizonte das biografias particulares, podem imbricar-se, de modo a, no âmbito da história plural, superar a esfera privada e alcançar os canais comunicativos de esferas públicas cada vez mais amplas. Com esse fluxo comunicacional, os atores sociais podem, fazendo uso de sua liberdade comunicativa, encontrar-se, mobilizando e diferenciando a sociedade civil

---

90 HONNETH, Axel. Democracy as reflexive cooperation: John Dewey and the theory of democracy today. *Political Theory*, vol. 26, nº 06, Dez/1998, p. 770, 771 e 774.

91 MEAD, *Mind, self and society*, 1992, p. 214 e 309.

92 DEWEY, *Reconstruction in philosophy*, 2004, p. 50 e 51.

autônoma – baseada em associações, agrupamentos e movimentos sociais –, que não se confunde com o Estado nem com a economia. Reconhece-se e se delineia, processual e experimentalmente, o espaço, os temas, as pretensões, as interpretações, as opiniões e as vontades do público.[93] Tudo isso, de qualquer forma, na contradição de perspectivas, interesses, orientações axiológicas e teleológicas, referidos a grupos específicos, formas de vida particulares e histórias de vida individuais. A imagem proposta por Habermas, aproximando-se das contribuições do também frankfurtiano Axel Honneth,[94] não exclui o conflito: "A controvérsia em torno de normas permanece arraigada, mesmo quando é conduzida com meios discursivos, na 'luta pelo reconhecimento'".[95]

A concepção de discurso não se confunde com unanimidades espontâneas; não nega o dissenso, o conflito social de opiniões e interesses. Na realidade, o supõe. É em decorrência dele, do "não" à pretensão de validade trazida na oferta de fala, que o discurso se abre, afinal, como "instância de apelação" do agir comunicativo. Destina-se aos que "precisam ser convencidos sem apelar para a força bruta".[96]

Em virtude dessa práxis comunicativa, renova-se a cultura política, em meio à sua tradição; fortalecem-se os laços de cooperação, como decorrência da interação social; colocam-se os sujeitos, sob o aspecto da socialização, em condições de participação no universo de linguagem e nos processos de entendimento. Resumindo, é o agir comunicativo, com todo seu traço conflituoso – mas não por isso violento

---

93   DEWEY, *The public and its problems*, 1991, p. 34 e 35; HABERMAS, *Direito e democracia*, Vol. 02, 2011, p. 24.

94   HONNETH, Axel. *Luta por reconhecimento: a gramática moral dos conflitos sociais*. 2ª ed. Trad. Luiz Repa. São Paulo: Editora 34, 2009.

95   HABERMAS, *Consciência moral e agir comunicativo*. 2003, p. 128; HABERMAS, *Direito e democracia*, Vol. 02, 2011, p. 41.

96   HABERMAS, *Consciência moral e agir comunicativo*. 2003, p. 126 e 128; HABERMAS, *Direito e democracia*, Vol. 02, 2011, p. 53; HABERMAS, *Teoria do agir comunicativo*, Tomo 01, 2012, p. 48.

Educação para a democracia no Brasil   295

–, que possibilita a renovação dos componentes simbólicos do mundo da vida racionalizado e solidário.[97]

Promovida, portanto, com o uso público da liberdade comunicativa e mediada pela comunicação pública levada a cabo pela sociedade civil, a atualização do processo democrático soma, à complexidade e elevado grau conflituoso, ora referidos, todo seu teor *contingencial*.

Com efeito, depende, primeiro, da experiência do problema, como tal, pelo sujeito, de modo a causar-lhe incômodo, perturbar seu equilíbrio, impulsionando-o à solução.[98] Honneth fala, aqui, do desrespeito que funciona como impulso motivacional que pode conduzir do sofrimento à ação.[99]

Depende, nesse sentido, da capacidade e, mais, da disposição comunicativa dos sujeitos para a exposição da questão em espaços públicos, pelos canais comunicativos de que dispõe, superando seu círculo privado, lançando-a ao debate, reivindicando o reconhecimento de suas pretensões, propondo interpretações e soluções.

Depende, ainda, de uma rede comunicacional aberta, ampla, "capaz de ressonância", de modo que o problema, inicialmente experienciado de forma particular, possa ser percebido no quadro de uma interpretação intersubjetiva, pública.[100] Novamente na linguagem de Honneth, implica um "processo prático no qual experiências individuais de desrespeito são interpretadas como experiências cruciais típicas de um grupo inteiro, de forma que elas podem influir, como motivos diretores da ação, na exigência coletiva por relações ampliadas de reconhecimento".[101] Depende,

---

97   HABERMAS, *Direito e democracia*, Vol. 02, 2011, p. 91; HABERMAS, *Teoria do agir comunicativo*, Tomo 02, 2012, p. 252, 253 e 265.

98   DEWEY, John. *How we think*. Mineola, New York: Dover Publications, 1997, p. 12.

99   HONNETH, *Luta por reconhecimento*, 2009, p. 224.

100   HABERMAS, *Direito e democracia*, Vol. 02, 2011, p. 98 a 100.

101   HONNETH, *Luta por reconhecimento*, 2009, p. 257.

296   Guilherme Perez Cabral

pois, da capacidade de comunicação, de organização e de articulação de demandas da sociedade civil. Afinal,

> Na perspectiva de uma teoria da democracia, a esfera pública tem que reforçar a pressão exercida pelos problemas, ou seja, ela não pode limitar-se a percebê-los e a identificá-los, devendo, além disso, tematizá-los, problematizá-los e dramatizá-los de modo convincente e eficaz, a ponto de serem assumidos e elaborados pelo complexo parlamentar.[102]

E isso, sabendo-se de antemão que nem mesmo a inscrição de determinado tema na agenda política "significa necessariamente que a decisão final das autoridades ou que a atual política de implementação corresponderão às pretensões do grupo que formulara a demanda".[103]

Enfim, no âmbito do emaranhado plural que define as interações sociais, não há qualquer relação de *necessidade*, de *causalidade* na atualização do fluxo comunicacional que vai da experiência individual do problema social à solução institucionalizada no âmbito do direito democrático.

A formação da vontade no Estado Democrático de Direito, se supõe, num nível *normativo*, a "transmutação do poder comunicativo em administrativo", não a inscreve em nenhuma narrativa histórica que possa ir além daquela concretamente protagonizada pelos atores sociais. A prática de autodeterminação "não foge à história", exigindo, para sua concretização, que os sujeitos históricos não se furtem à "*sua própria* prática".[104]

5.6. É por não se perfazer sem a atualização, sempre renovada, do discurso, que a consolidação da democracia demanda a presença, de modo cada vez mais pleno, dos exigentes pressupostos da comunicação.

---

102   HABERMAS, *Direito e democracia*, Vol. 02, 2011, p. 92.

103   *Ibidem*, p. 115.

104   HABERMAS, *Direito e democracia*, Vol. 01, 2012, p. 190; HABERMAS, *Direito e democracia*, Vol. 02, 2011, p. 122.

Educação para a democracia no Brasil   297

Exige a aproximação da situação dialógica ideal e a competência e disposição comunicativa dos cidadãos, numa relação contínua de favorecimento recíproco.

A situação ideal de fala remete a condições de simetria das quais, como destaca Habermas, supomo-nos aproximados satisfatoriamente, em nosso cotidiano, "quando desejamos convencer-nos mutuamente da validade de algo". Todo falante, "na medida em que pensa entrar de todo numa argumentação", tem de pressupô-las suficientemente preenchidas, mesmo que, em certa medida, de modo *contrafático*. Não há outro fundamento *racional* que justifique seu empreendimento.[105]

A vida social se realiza na comunicação. E se o uso ilocucionário da linguagem, orientada ao entendimento, não *prevalece* como modelo dominante de coordenação, sendo constantemente desalojado na experiência brasileira de desrespeito aos direitos humanos, ele *persiste*, sim, no agir comunicativo cotidiano, no horizonte do *mundo da vida*. O modelo discursivo se faz presente, ainda que *indiretamente*, como visto, mesmo nas negociações entre partidos e agentes que se orientam teleologicamente, no espaço público, valendo-se de promessas, seduções, ameaças, num uso perlocucionário da linguagem. Confere-lhes moralidade procedimental.[106]

Excluído o discurso e sua racionalidade, resta aos indivíduos a coordenação social pautada na violência, praticada sem disfarces ou palatável pela mediação de conversações de tal modo viciadas que perdem seu sentido.

---

105   HABERMAS, *Consciência moral e agir comunicativo*, 2003, p. 111; HABERMAS, *Direito e democracia*, Vol. 01, 2012, p. 284; HABERMAS, *Teoria do agir comunicativo*, Tomo 01, 2012, p. 91.

106   HABERMAS, *Consciência moral e agir comunicativo*, 2003, p. 128; HABERMAS, *Direito e democracia*, Vol. 01, 2012, p. 207 e 208; HABERMAS, *Direito e democracia*, Vol. 02, 2011, p. 246.

Contudo, evidentemente, não basta que a situação ideal de fala seja pressuposta, intuída. Ela deve ser institucionalizada no *medium* do direito, de forma que – *fundida* a estrutura comunicativa nos ambientes e procedimentos democráticos – resguarde a participação efetiva e esclarecida do cidadão, em igualdade de condições, nos processos, informais e institucionais, de formação da opinião e da vontade.[107]

Desse modo, a situação dialógica pressuposta pela experiência democrática passa pela afirmação dos direitos humanos, constitucionalmente reconhecidos, em toda sua extensão – as liberdades subjetivas, os direitos políticos, sociais e transindividuais. Reflete-se, então, nos instrumentos de exercício da soberania popular: o sufrágio universal; o voto direto com valor igual para todos; e os instrumentos participativos previstos no Art. 14, da Constituição.

E mais, deve superar as condições de simetria na participação meramente eleitoral ou em plebiscitos, referendos e na assinatura de projetos de lei. A *democracia* que vai além da formalidade do voto[108] envolve, como se destacou, a efetivação de ambientes comunicativos cada vez mais ampliados que incrementem, sob a forma constitucional, a intersubjetividade da inclusão do outro, como parceiro de comunicação e do direito.

Exige, portanto, uma estruturação dialógica que percorra os espaços da sociedade civil e, assim, configurando as redes informais da esfera pública, atravesse as "comportas do processo democrático e do sistema político em geral, instauradas na forma de Estado de direito".[109] Deve refletir, nessa linha, nos ambientes sociais precedentes à atuação do sistema político, irradiando a forma democrática à organização dos movimentos e agrupamentos populares; às associações de bairro; às or-

---

107   HABERMAS, *Direito e democracia*, Vol. 01, 2012, p. 146; HABERMAS, *Direito e democracia*, Vol. 02, 2011, p. 42; DAHL, Robert A. *A democracia e seus críticos*. Trad. Patrícia de Freitas Ribeiro. Revisão da tradução: Aníbel Mari. São Paulo: Editora WMF Martins Fontes, 2012, p. 176.

108   DALLARI, *Educação e preparação para a cidadania*, 2009, p. 345.

109   HABERMAS, *Direito e democracia*, Vol. 02, 2011, p. 56.

Educação para a democracia no Brasil 299

ganizações e partidos políticos; às organizações econômicas, inclusive, com a participação dos empregados na gestão do empreendimento; aos ambientes educacionais informais e formais, passando pelas agremiações estudantis, pelas associações de pais e mestres e pela administração escolar, em todos os níveis.

Finalmente, a situação dialógica deve estruturar o funcionamento do aparelho governamental, assegurando a participação social por meio dos conselhos e comissões de política pública, das audiências e consultas públicas, das ouvidorias, do orçamento participativo, dentre tantas outras possibilidades de experimentação da democracia.[110]

Todos esses ambientes devem amparar, ao máximo, a práxis argumentativa, livre de violência e coações, "regulada pelos melhores argumentos, na base das melhores informações". E, desse modo, permitir a afirmação do discurso e a atualização de seu potencial racional comunicativo, na forma de debates morais, éticos e pragmáticos ou, sendo esta a alternativa, de negociações equitativas.[111]

A consolidação, o fortalecimento e a ampliação desses procedimentos e ambientes configurados discursivamente remetem, ainda, à sua ocupação e exercício, no *continuum* experiencial enriquecedor de si, por atores sociais com competência e disposição comunicativa.

A democracia requer cidadãos que, como resultado de um processo educativo de desenvolvimento da competência cognitiva e, num nível pós-convencional, da consciência moral, mostram-se capazes e dispostos à participação nos processos linguisticos de entendimento, no espaço público democrático.

Demanda, por conseguinte, a formação de sujeitos com hábitos reflexivos de pensar, agir e conviver que, como destaca Dewey, assimilem a *atitude científica*, caracterizada pela disposição investigativa, experi-

---

110   WEFFORT, *Por que democracia?*, 1984, p. 125; BENEVIDES, *A cidadania ativa*, 2003, p. 18; BENEVIDES, *Em defesa da república e da democracia*, 2009, p. 728.

111   HABERMAS, *Direito e democracia*, Vol. 01, 2012, p. 284.

mental, metódica, falibilista, no enfrentamento de problemas com que se depara na experiência. Para o autor, o "futuro da democracia está associado à difusão da atitude científica", o que não equivale, absolutamente, à pretensão de que todos os cidadãos sejam cientistas. Tampouco à defesa de um governo tecnocrático.[112]

Aqui, o pensamento deweyano converge com o de Habermas, no sentido de que também a atuação do *cientista* ou do *especialista*, na democracia, deve se efetivar na condição de participante do discurso. Ele não fala de qualquer posição privilegiada. Não está imune às tomadas de posição, à crítica a pretensões de validade, à exigência de fundamentação. É no âmbito da linguagem comum que circula em toda sociedade e da práxis comunicativa voltada ao entendimento, no horizonte do mundo da vida, que o cientista faz incorporar suas contribuições ao debate e à interpretação pública das experiências e problemas comuns. Pode, assim, incrementar a qualidade técnico-científica das soluções propostas, elevando o nível em que a racionalidade, a inteligência do público opera.[113]

Ademais, a democracia exige que os atores sociais exercitem sua competência *cognitiva* no âmbito do agir comunicativo. Tal competência precisa ser expressa em termos racionais-comunicativos da resgatabilidade discursiva de pretensões de validade que orientam o agir.

A qualidade racional da experiência democrática e a legitimidade do processo legislativo dependem do *habitual* uso público da liberdade comunicativa pelos cidadãos, abrindo-se, responsavelmente, às exigências da argumentação no espaço público, e, nele, atualizando os potenciais discursivos na construção cooperativa da verdade e da moral.

É aí, na comunicação pública, que reside o exercício democrático da soberania popular. Faz-se como experiência intersubjetiva da autonomia que une liberdade e razão, teórica e prática, na práxis comunicativa.

---

112   DEWEY, *Freedom and culture*, 1989, p. 81, 111, 112 e 114.

113   DEWEY, *The public and its problems*, 1991, p. 207 e 210; HABERMAS, *Direito e democracia*, Vol. 01, 2012, p. 276.

Educação para a democracia no Brasil   301

Uma liberdade, portanto, com responsabilidade, impregnada de obrigações inerentes aos processos linguísticos voltados ao entendimento.

Tudo isso, sabendo-se de antemão que o Estado Democrático de Direito e as liberdades subjetivas nele garantidas possibilitam, também, que o sujeito, a qualquer tempo, abandone a orientação ao entendimento, adotando o enfoque estratégico. Ele pode, simplesmente, renunciar ao uso da liberdade comunicativa, pode *sair* do agir comunicativo, orientando-se ao sucesso individual e, ainda assim, atuar *conforme* o direito.[114]

De qualquer forma, é somente a experiência comunicativa da democracia, com toda sua incerteza, que pode neutralizar as distorções que a tem minado. Nosso contexto foi construído sobre o não-diálogo, a imposição e o desrespeito aos direitos humanos. Está marcado pela exclusão social, violência, fragilidade dos laços de cooperação e contaminação sistêmica dos processos linguísticos no mundo da vida. Tem produzido poder ilegítimo na extensão em que *evita* o discurso, que diminui o nível do debate, separando a formação da opinião e da vontade do entendimento linguístico.

5.7. Eis o modo como se apreende a democracia sob a perspectiva filosófica de Dewey e de Habermas: um modelo de auto-organização em que pode ter lugar o projeto inacabado de modernidade. Apoiada no discurso, afirma-se como práxis social em que se efetiva a autonomia comunicativamente compreendida. E, assim, resguarda o *eu* que, socialmente constituído, somente se realiza *em relação com* o *nós*.

O discurso que abre "caminho para a entrada da racionalidade moral procedimental no direito e na política"[115] traz consigo o potencial cognitivo e prático de enriquecimento permanente do saber produzido. Faz da autodeterminação democrática o caminho para a racionalida-

---

114   HABERMAS, *Teoria do agir comunicativo*, Tomo 02, 2012, p. 279; HABERMAS, *Direito e democracia*, Vol. 01, 2012, p. 51, 115 e 156; HABERMAS, *Direito e democracia*, Vol. 02, 2011, p. 217.

115   HABERMAS, *Direito e democracia*, Vol. 02, 2011, p. 247.

302   Guilherme Perez Cabral

de das decisões coletivas sobre conflitos de coordenação social. Afinal, quanto maior o número de participantes competentes incluídos na conversação, em condições de igualdade, maiores as *chances* de respostas inteligentemente construídas e compartilhadas às situações problemáticas vivenciadas pelo grupo social.[116]

Fica definida, no âmbito da filosofia social, a relação próxima, urdida na linguagem, entre democracia, política, direito, razão e moral.

6. Frente ao desafio da consolidação democrática no Brasil, legado do passado autoritário que sobrecarrega o presente de tarefas democratizantes, descortina-se, à luz da filosofia social de Dewey e de Habermas, a atuação não exclusiva, mas fundamental, da *educação*.

Destaca-se: a educação entendida em sentido bastante ampliado, referida ao *tecido* inesgotável de experiências comunicativas que compõem a vida.[117] Remete, conforme a Lei de Diretrizes e Bases, o 3º Plano Nacional de Direitos Humanos e o Plano Nacional de Educação em Direitos Humanos, aos processos formativos que tem lugar em todos os âmbitos da convivência humana: na vida familiar e privada; no trabalho; na participação nos procedimentos políticos, indiretos e diretos, institucionalizados na Constituição; no envolvimento em movimentos populares e em associações da sociedade civil; na vida cultural; no lazer; e na escola, como espaço institucionalmente voltado à transmissão formal e sistematizada do saber cultural.

A reflexão sobre a educação impõe-se, aqui, na medida em que a consolidação da democracia é concebida a partir de sua experiência renovada, no *medium* jurídico, carente de interpretação, instituído pelo

---

116   HONNETH, *Democracy as reflexive cooperation*, 1998, p. 772, 773 e 775.

117   TEIXEIRA, Anísio S. "A pedagogia de Dewey (Esboço da teoria de educação de John Dewey)". In DEWEY, John. *Experiência e natureza*; *Lógica: a teoria da investigação; A arte como experiência; Vida e educação; Teoria da vida moral*. Trad. Murilo Otávio Rodrigues Paes Leme, Anísio S. Teixeira e Leônidas Gontijo de Carvalho. Coleção Os Pensadores. São Paulo: Abril Cultural, 1980, p. 115.

Educação para a democracia no Brasil 303

texto constitucional de 1988. Noutros termos, na medida em que a democracia, como uma forma comunicativa de vida, não prescinde de processos de aprendizagem.[118]

O fim da era das "revoluções sistêmicas", referido por Bauman,[119] aparece, no final das contas, como exigência prática da abertura do pensamento filosófico aos ensinamentos da psicologia social. Não se distinguindo mais, em linhas nítidas, da psicologia individual,[120] ela não negligencia quanto à força das experiências coletivas na formação dos hábitos individuais de pensar, agir e conviver, por meio dos quais tais experiências podem ser transformadas. Nesse sentido, evidencia a dificuldade de se insistir, sem mais, em transformações profundas e imediatas, de uma só vez, para a criação de nova ordem social. Indica, enfim, a mudança social que, no *continuum* experiencial, atinge, sim, de forma radical, as estruturas *sistêmicas*, mas porque pode se institucionalizar comunicativamente nos componentes estruturais do *mundo da vida* racionalizado e "descolonizado": na tradição cultural criticamente revisitada, nas ordenações sociais discursivamente resgatáveis e solidárias e em personalidades racionalmente formadas.[121] Isso, como já destacado, num processo comunicativo conflituoso e contingencial. Novamente com Bauman:

> Se o tempo das revoluções sistêmicas passou, é porque não há edifícios que alojem as mesas de controle do sistema, que poderiam ser atacados e capturados pelos revolucionários; e também porque é terrivelmente difícil, para não dizer impossível, imaginar o que os vencedores, uma vez dentro dos edifícios (se os tivessem achado), poderiam

---

118   DEWEY, *Freedom and culture*, 1989, p. 97 e 101; MOISÉS, *Os brasileiros e a democracia*, 1995, p. 55 e 77.

119   BAUMAN, Zygmunt. *A modernidade líquida*. Trad. P. Dentzien. Rio de Janeiro: Jorge Zahar, 2001, p. 12.

120   MEAD, *Mind, self and society*, 1992, p. 01 e 02.

121   BERNSTEIN, *The resurgence of pragmatism*, 1992, p. 815; FREITAG, Bárbara. *A teoria crítica*: ontem e hoje. São Paulo: Brasiliense, 2004, p. 62.

fazer para virar a mesa e pôr fim à miséria que os levou à rebelião.[122]

Diante desse quadro, pensar a educação para a democracia, no Brasil, com base em Dewey e em Habermas, demanda o reconhecimento da tarefa extremamente *complexa* e *delicada* a que se propõe. Não permite o descuido quanto à força das condições objetivas de existência, dos hábitos enraizados, das antigas instituições, em resumo, do "poder que a realidade extrapedagógica exerce",[123] determinando, em grande medida, as possibilidades da educação. Exige a atenção ao fato de que a aprendizagem ocorre num contexto em que a inexperiência democrática e os déficits de direitos humanos *tendem* a indicar o sentido experiencial oposto, *deseducativo* em relação à democracia.

Por outro lado, não deixa de reconhecer os espaços educacionais, formais e informais, como "nichos" de razão comunicativa, em que a democracia pode ser vivenciada, fortalecida, consolidada.[124] Como destacado na filosofia habermasiana, a *colonização* do *mundo da vida* pelos imperativos sistêmicos enfraqueceu, contaminou, mas não extinguiu a práxis comunicativa cotidiana.[125] Nessa linha, tampouco a crítica e a capacidade de crítica, imanente ao potencial racional dos processos linguísticos, foram varridas da sociedade.

Nesses espaços comunicativos, entreveem-se perspectivas emancipatórias, no âmbito da revisita crítica ao projeto moderno inacabado, a partir de experiências educativas que, desenvolvidas em condições

---

122   BAUMAN, *A modernidade líquida*, 2001, p. 12.

123   ADORNO, Theodor W. Teoria da semicultura. Trad. por Newton Ramos de Oliveira, Bruno Pucci e Cláudia B. M. de Abreu. *Educação & Sociedade* nº 56, ano XVII, dez/1996.

124   FREITAG, *A teoria crítica*, 2004, p. 62.

125   NOBRE, Marcos. "Luta por reconhecimento: Axel Honneth e a teoria crítica". In: HONNETH, Axel. *Luta por reconhecimento: a gramática moral dos conflitos sociais*. Trad. Luiz Repa. São Paulo: Editora 34, 2009, p. 14; HABERMAS, *Teoria do agir comunicativo*, Tomo 02, 2012, p. 595 e 601.

Educação para a democracia no Brasil 305

democráticas, ainda que *precárias*, *podem* desencadear um movimento enriquecedor de si. E isso, por meio da atuação dos próprios atores sociais envolvidos no processo democrático, aproveitando, mais uma vez, a potencialidade de sentidos latentes na Constituição de 1988. Sem *sabotar* as possibilidades de ação e transformação social.[126] Sem recorrer a *metahistórias*, portanto.

6.1. Nessa tarefa, toma-se por educação, com base no pensamento dos dois filósofos, o processo de constituição da individualidade, na socialização. Orienta-se ao desenvolvimento pleno do educando, em suas diversas dimensões como pessoa, no desenrolar experiencial e no desabrochar intelectual e moral de sua reflexão, ação e interação no mundo.

Realizada na comunicação, habilita e dispõe racionalmente ao agir comunicativo e à práxis discursiva, de modo que o educando possa aproveitar, sempre mais, seus potenciais racionais teóricos e práticos, na condução de suas experiências.

Trata-se, dessa maneira, de um percurso formativo da personalidade individual que, atualizado de modo eminentemente social, é atravessado, comunicativamente, pelos demais processos de renovação dos componentes simbólicos do mundo da vida racionalizado: a renovação crítica do saber cultural e a integração social pautada em laços de solidariedade e cooperação.[127]

Remete, assim, ao crescimento *geral*,[128] na contínua ampliação e enriquecimento das experiências, complementarmente referidas ao mundo subjetivo da pessoa em crescimento e ao universo exterior, nele refletido. Na interação com o ambiente social, mediada pela linguagem,

---

126 ADORNO, Theodor, W. *Escritos sociológicos I*. Obra completa 08. Trad. Agustín González Ruiz. Madrid, España: Akal, 2004, p. 132.

127 HABERMAS, *Teoria do agir comunicativo*, Tomo 02, 2012, p. 78, 252, 253 e 260.

128 DEWEY, *Reconstruction in philosophy*, 2004, p. 106 e 107; DEWEY, *Experiência e educação*, 2010, p. 36, 37 e 48.

o sujeito reorganiza permanentemente seu inventário e recursos cognitivos. Pode, assim, expandir e aprofundar o significado de *suas* experiências. E pode desenvolver a habilidade de um melhor, mais adequado controle e direção do curso[129] das experiências objetivas e sociais subsequentes, em termos cognitivos e morais, sob o paradigma da racionalidade comunicativa.

Pode, em suma, desenvolver competências e hábitos de pensar, agir e conviver, dispondo-se ao discurso – e não à coação, à violência, ao engodo – como *instância* de solução de problemas enfrentados no curso experiencial e de construção cooperativa do saber. Em termos morais, o educando atravessa a heteronomia convencional e alcança o estágio da autonomia pós-convencional, referido à práxis discursiva. Capacita-se, enfim, à intersubjetividade que marca a experiência democrática.

O reconhecimento da ambiência dialógica da democracia como o lugar da atualização do projeto emancipatório de modernidade, exige, como visto, a instituição de espaços, mecanismos e procedimentos participativos, diretos e indiretos, no âmbito do Estado Democrático de Direito. Eles configuram aproximativamente a situação ideal de fala. E demanda, também, seu exercício por atores sociais com competência e disposição comunicativa, ocupando esses espaços, efetivando tais procedimentos, ampliando todos eles. A educação cumpre, aqui, papel central. Na leitura dos objetivos constitucionais da educação, amparada na filosofia de Dewey e de Habermas, o *pleno desenvolvimento da pessoa* se liga ao *preparo para o exercício da cidadania*. Confundem-se com educação *na* e *para* a democracia.

6.2. A *experiência educativa*, com tal significação, concebida sob a perspectiva da filosofia social dos dois autores, abrange as seguintes diretrizes.

---

129   DEWEY, John. *Democracy and education. An introduction to the philosophy of education*. New York: The Macmillan Company, 1916, p. 63, 89 e 90.

Educação para a democracia no Brasil 307

I)*Educação dialógica*. A abordagem filosófica comunicativa da formação da personalidade e da construção do saber e da moralidade demanda que a experiência educativa – tal como a democrática – assuma, como paradigma, o *discurso*.

É a partir da experiência renovada do diálogo, em condições cada vez mais efetivas e plenas de sentido, que o sujeito em crescimento pode, internalizando-a, habilitar-se e habituar-se à sua práxis competente. Certamente, o diálogo entre atores comunicativamente competentes não se dará entre professor e alunos do ensino infantil. Todavia, é só como resultado do processo de aprendizagem, progressivamente dialógico, que se pode conceber a interação que dele se aproxime.

É significativa, nesse ponto, a reflexão de D. Saviani em que, definindo o processo educativo na "passagem da desigualdade para a igualdade", concebe-o como democrático, em seu conjunto, sob a condição de se distinguir "a democracia como possibilidade no ponto de partida e a democracia como realidade no ponto de chegada". O aforismo por ele utilizado, "democracia é uma conquista; não um dado", estende-se à *competência comunicativa*, um de seus exigentes pressupostos.[130]

A constituição da personalidade passa, inevitavelmente, pela comunicação. Por meio dela, o mundo vem a nós vestido em linguagem, em suas *versões discursivas*. A partir dela, participando do *outro* e das expectativas, valores, orientações que moldam seu olhar, conhecemos nós mesmos. Constituímo-nos, *reflexivamente*, como autoconsciência, cujo pensar – na conversa consigo mesmo – e agir refletem a conversa com os outros e as atitudes deles (que internalizamos), em relação a nós.[131]

Por isso, as instituições e os espaços sociais e educativos, em que a linguagem está *comprometida*, contaminada pela racionalidade instru-

---

130   SAVIANI, Dermeval. *Escola e democracia*. Edição comemorativa. Campinas: Autores associados, 2008, p. 62.

131   MEAD, *Mind, self and society*, 1992, p. 47, 50, 134, 141 e 171; DEWEY, *Reconstruction in philosophy*, 2004, p. 54.

308   Guilherme Perez Cabral

mental *deformada* e viciada por padrões de unilateralidade e autoritarismo, favorecem a constituição de uma individualidade "hospedeira" da unilateralidade, da arbitrariedade, da atitude solipsista, *objetivante* em relação ao outro. Afinal, "Estes são o seu testemunho de humanidade".[132]

Tal é a crítica que se impõe às práticas *bancárias* de educação que, assim intituladas por Paulo Freire, remetem ao modelo pedagógico *tradicional* – ao qual Dewey se contrapõe –, fundado na transmissão unilateral de informações ao educando e na imposição, com soluções preditas, de um mundo experiencial que nem sequer fora problematizado.

A competência e a disposição comunicativa dificilmente podem emergir dessa experiência imunizada contra o discurso. Não podem ser ensinadas na teoria, em termos abstratos que não encontram correspondência na prática. É um contrassenso pensar a institucionalização do diálogo – e, na vida pública democrática, a participação cidadã –, a partir de um sentido não experimentado. No mais das vezes, negado na práxis cotidiana. Afinal, como ressalta Kohlberg, citando F. Newmann:

> (...) tem de haver coerência entre os princípios da democracia ensinados e o processo efetivo de educação ou os estudantes se converterão em destruidores tanto dos princípios democráticos ensinados como do processo de educação. A educação deve autenticar esses princípios centrais da democracia e aplicá-los ao processo educativo.[133]

Pensado, em contrapartida, como momento privilegiado do agir comunicativo[134], o processo educacional se abre à bilateralidade e ho-

---

132   FREIRE. Paulo. *Pedagogia do oprimido*. 50ª ed. Rio de Janeiro: Paz e Terra, 2011, 43 e 44.

133   KOHLBERG, Lawrence. *La Democracia en la escuela secundaria*: educando para una sociedad mas justa. Trad. Maria Mercedes Oraison. Chaco: Universidad Nacional del Nordeste, 1992, p. 29.

134   BOUFLEUER, José Pedro. *Pedagogia da ação comunicativa. Uma leitura de Habermas*. 3ª ed. Ijuí: Unijuí, 2001, p. 17.

Educação para a democracia no Brasil 309

rizontalidade da linguagem utilizada em seu modo original e voltada, pois, ao *telos* de entendimento. Constitui e habitua a personalidade dentro de referencial, o discursivo, que traz inesgotável potencial racional de aprendizagem, teórica e moral, justamente por incluir o outro e seu universo experiencial.[135]

A comunicação linguística implica uma perspectiva existencial *participante*.[136] Abre-se ao outro como parceiro de comunicação que, em sua diferença, compartilha o significado do que foi dito, mas pode recusar a oferta de fala com seu "não". Pode criticar a pretensão de validade, demandando fundamentação.

Desse modo, sob a abordagem comunicativa, a aprendizagem é compreendida no âmbito de um processo linguístico e hermenêutico compartilhado. Nele, são conferidos e renovados os sentidos das experiências que perpassam os fatos e entidades que compõem o mundo objetivo único, as normas do mundo social compartilhado por *nós*, e o mundo subjetivo a que cada um tem acesso privilegiado.[137]

Na oposição, complementaridade e similaridade de enfoques e recortes da realidade, as individualidades são linguisticamente formadas e reconstruídas, sob a moldura racional comunicativa. Ao mesmo tempo, o saber e os significados ensinados, oriundos do reservatório do mundo da vida, das ciências, das técnicas, da moral, da arte, podem ser corrigidos e enriquecidos, na extensão em que compartilhados, revisitados, criticados e fundamentados.[138]

Daí a convergência, na experiência educativa, entre os processos de renovação dos componentes estruturais do mundo da vida racionalizado. A formação de personalidades racionais, na socialização, caminha junto,

---

135   HABERMAS, *Teoria do agir comunicativo*, Tomo 01, 2012, p. 49, 57, 498 e 500.

136   DEWEY, *Experiência e natureza*, 1980, p. 36 e 40.

137   HABERMAS, *Teoria do agir comunicativo*, Tomo 01, 2012, p. 37 e 138.

138   DEWEY, *Experiência e natureza*, 1980, p. 29, 40 e 51.

310   Guilherme Perez Cabral

pela via do agir comunicativo, com a transmissão e revisita crítica das tradições culturais e dos padrões normativos e axiológicos do grupo social. Eis o sentido profundo do potencial cognitivo e prático/consumatório trazido, com o discurso, para a experiência educativa. Induz o entendimento como processo linguístico de unificação que não prescinde da individualidade de cada um. Constrói e compartilha o conteúdo da verdade e da moral que, somente encontra razão na comunicação: "nenhuma das partes jamais pode *impô-lo*".[139]

II) *Desenvolvimento da capacidade cognitiva*. A *promessa cognitiva* vinculada à comunicação entre atores competentes, não se realiza sem o desenvolvimento intelectual da personalidade, constituída dialogicamente.

Na filosofia educacional deweyana, o crescimento cognitivo corresponde ao desenvolvimento de hábitos reflexivos de pensamento, tomado o pensar, num sentido pragmatista, de modo necessariamente vinculado e comprometido com a práxis. Retoma-se: para o autor, o pensar em seu melhor sentido, o reflexivo, apresenta-se como um processo complexo de solução de problemas enfrentados no curso da experiência. Passa, então, pela sugestão de uma solução, valendo-se do "estoque" de conhecimentos, habilidades e experiências que já compõem o inventário cognitivo da pessoa. E termina com experimentação prática da resposta idealmente inferida.[140]

A inteligência, desse modo, refere-se *menos* à quantidade de informações depositadas na mente do educando; *mais* a sua habilidade de, por meio do pensar, dar sentidos à experiência presente, reconhecendo possibilidades e resolvendo dificuldades, a partir daquele "estoque", de qualquer forma necessário, trazido do passado.[141]

---

139   HABERMAS, *Teoria do agir comunicativo*, Tomo 01, 2012, p. 498.

140   DEWEY, *How we think*, 1997, p. 11, 12 e 72; DEWEY, *Experiência e educação*, 2010, p. 70.

141   MEAD, *Mind, self and society*, 1992, 100 e 116; DEWEY, *Experiência e educação*, 2010, p. 69 e 70.

Educação para a democracia no Brasil 311

Abrange, assim, a *atitude científica* tão destacada por Dewey, que nada tem a ver com o cientificismo, com a "cultura de especialistas", com o culto dogmático dos conteúdos científicos. Indica a atuação da razão, do pensamento solucionador de problemas, de modo ativo, investigativo, metódico, experimental e criativo.[142] Tudo isso na condição de participante na práxis comunicativa da busca cooperativa da verdade.

Para tanto, não sendo o pensar um caso de "combustão espontânea"[143], torna-se fundamental a concepção metodológica da *aprendizagem baseada em problemas efetivamente experienciados* pela pessoa em crescimento.

O crescimento cognitivo é apreendido, *construtivamente*, como o processo em que as estruturas e os instrumentos do pensamento – e do agir, portanto –, que integram a personalidade, vão se desenvolvendo, organizando-se, lapidando-se, na medida em que são sobrecarregados por problemas na experiência. O aprendizado é um "processo de solução de problemas no qual o sujeito que aprende está ativamente envolvido" e que, assim, é "guiado pelos discernimentos dos próprios sujeitos diretamente envolvidos". Dá-se concomitantemente à confrontação ativa com a realidade externa e à descoberta e à construção linguística dos mundos objetivo e social. Trata-se de concepção que passa por Dewey, Piaget, Kohlberg, sendo, finalmente, assimilada por Habermas.[144]

A criança lida com objetos físicos, com outras pessoas e consigo mesma, mediada pelo universo linguístico em que ingressa comunicativa e gradualmente. Na interação, enfrenta os mais simples e básicos problemas, na descoberta de um mundo externo que se distingue de

---

142   MEAD, *Mind, self and society*, 1992, 308; DEWEY, *Freedom and culture*, 1989, p. 111; DEWEY, *Reconstruction in philosophy*, 2004, p. 55.

143   DEWEY, *How we think*, 1997, p. 12.

144   HABERMAS, *Consciência moral e agir comunicativo*, 2003, p. 50.

seu universo interior. Diante deles, exercita seu pensar, ainda *rudimentar*, pouco elaborado:[145]

> Ela não começa com um conjunto de objetos prontos dos quais extrai um significado comum; ela tenta aplicar em cada nova experiência tudo aquilo das experiências anteriores que possa ajudá-la a entender. E, na medida em que esse processo de constante apreensão e experimentação é bem sucedido ou refutado pelos resultados, seus conceitos tomam corpo e clareza.[146]

No exemplo de Dewey, a criança "descobre" o *cachorro*, vendo-o, ouvindo-o, acariciando-o. Mais, percebe que pode transpor dessa experiência para a subsequente, "expectativas de certos modos característicos de comportamento". Com isso, frente a novos estímulos, perplexidades nas experiências que seguem, pode assumir, diante do indício de um "cachorro", uma "atitude de antecipação". Assim, pode "chamar gatos de pequenos cachorros, ou cavalos de grandes cachorros". E isso, até que, experimentando seus conceitos incipientes, certos traços sejam confirmados, enfatizados, outros abandonados pela experiência mal sucedida.[147] Renovam-se as experiências, com significados que se constroem e se reconstroem no horizonte do universo linguístico e cultural que a criança integra.

Os conhecimentos e recursos adquiridos e aperfeiçoados em cada experiência alteram a percepção, o olhar do sujeito em crescimento sobre as experiências ulteriores, cada vez mais complexas. Doravante, ele se depara com novos objetos, perspectivas e problemas, antes não percebidos e que impõem, novamente, o reajustamento de suas perspectivas e estruturas cognitivas. Requerem novas capacidades, novos conhecimen-

---

145 DEWEY, *How we think*, 1997, p. 157 e 158; HABERMAS, *Teoria do agir comunicativo*, Tomo 01, 2012, p. 136.

146 DEWEY, *How we think*, 1997, 128 e 129.

147 DEWEY, *How we think*, 1997, 128;

Educação para a democracia no Brasil 313

tos, cujo desenvolvimento, a partir de seu exercício, faz reiniciar, continuamente, o processo de crescimento cognitivo e de reconstrução do universo experiencial.[148]

Assim, a experiência educativa orientada, a partir de problemas, ao desenvolvimento cognitivo do educando, no *medium* da linguagem, favorece a liberdade de inteligência, da mente "disciplinada": a "genuína liberdade", na acepção deweyana. Pois promove o cultivo dos "bons hábitos", *reflexivos*, de pensar e, com ele: a apreensão mais densa dos significados das situações práticas em que o sujeito se vê envolvido; a inferência de respostas mais adequadas às questões que se lhe apresentam; a reflexão-ação mais inteligente no mundo, intelectualmente autônoma, na medida em que independente de tutela externa. O sujeito torna-se capaz de mais educação, mais crescimento, mais reconstrução positiva das experiências, pois emancipado do agir irrefletido, seja o rotineiro, habitual, imerso nas convicções inquestionadas do mundo da vida, seja o impulsivo, à mercê dos apetites e dos impulsos libidinais incontidos.[149]

Tudo isso em comunicação, a partir de perplexidades que o sujeito encara em experiências compartilhadas com o grupo social e possibilitadas pela ambiência discursiva que incluiu o outro, trazendo, para o processo educacional, o educando, suas experiências, suas dificuldades e suas qualidades.

É dessa forma que a educação dialógica se realiza como *aprendizagem baseada em problemas*. Enriquece-se como processo linguístico de busca cooperativa de solução aos problemas teóricos e prático-morais efetivamente vivenciados pelos educandos. Aproveita o potencial racional da linguagem para a promoção do crescimento cuja atualização é diretamente proporcional à inclusão, à participação, à cooperação, ao com-

---

148   DEWEY, *Reconstruction in philosophy*, 2004, p. 51; DEWEY, *Experiência e educação*, 2010, p. 76.

149   DEWEY, *Democracy and education*, 1916, p. 192; DEWEY, *How we think*, 1997, p. 63, 66 e 67; DEWEY, *Experiência e educação*, 2010, p. 48.

partilhamento. Tal como, diga-se a propósito, a experiência democrática que antecipa e promove.

III) *Desenvolvimento da consciência moral*. Sob a abordagem moral cognitivista, o desenvolvimento da capacidade cognitiva e da competência/disposição comunicativa, a partir do diálogo direcionado – com o pensar reflexivo – para solução de problemas, flui ao processo de desenvolvimento moral. Em Habermas, culmina com o discurso *prático*, representativo do estágio da autonomia pós-convencional. Em síntese, o crescimento moral é um crescimento cognitivo que capacita o sujeito ao aproveitamento do potencial racional do processo linguístico de entendimento, no qual fora formado.

Os recursos de intelecção permitem ao sujeito a orientação por pretensões de *verdade* em relação ao *mundo objetivo*. Delas pode prestar contas em discursos *teóricos*. Possibilitam, também, sua orientação por pretensões de *correção*, em relação ao *mundo social*, capacitando-o à participação em discursos *práticos*: o diálogo que permite examinar se determinada norma encontra fundamentação *ética*, "no *interior* do horizonte não-problemático de uma forma de vida concreta" ou se, *moralmente*, pode ser justificada de modo imparcial, no interesse simétrico de uma comunidade linguística não-circunscrita.[150]

A razão comunicativa assume o fardo da vida moral pós-metafísica, possibilitando, como sugere Dewey, em sua reconstrução filosófica, o tratamento inteligente, experimental, metódico e falibilista dos conflitos de ação. Chama para si a tarefa de aferir o *valor* da conduta humana, distinguindo juízos corretos dos incorretos, na intersubjetividade da práxis discursiva, em que se opõem dialeticamente crítica e fundamentação, com base em razões.

---

150   HABERMAS, *Consciência moral e agir comunicativo*, 2003, p. 212 e 213; HABERMAS, *Teoria do agir comunicativo*, Tomo 01, 2012, p. 49 e 50; HABERMAS, *Direito e democracia*, Vol. 01, 2012, p. 202 e 203.

Educação para a democracia no Brasil 315

Para chegar aí, a estrutura que subjaz a faculdade de julgamento moral forma-se a partir de problemas – agora *práticos* – que, sobrecarregando o inventário cognitivo da pessoa em crescimento, exigem sua reorganização criativa:

> O desenvolvimento moral significa que a pessoa em crescimento transforma e diferencia de tal maneira as estruturas cognitivas já disponíveis em cada caso que ela consegue resolver melhor do que anteriormente a mesma espécie de problemas, a saber, a solução consensual de conflitos de ação moralmente relevantes.[151]

O modelo composto por três estágios morais de conduta, sugerido por Dewey e incorporado por Habermas, com a revisita ao pensamento de Kohlberg, permite visualizar, nesse percurso, primeiro, a *amoralidade* da criança. Ela não dispõe de faculdades e categorias racionais prontas e inatas, anteriores e independentes da experiência, "para criar a ciência e instituir a moral".[152] Depois, com o ingresso no universo da linguagem do grupo social, vem a participação *heterônoma* em suas convenções, tradições, valores e perspectivas existenciais. Finalmente, como resultado do processo de crescimento, o sujeito torna-se capaz de assumir uma *atitude hipotética* em relação aos padrões normativos de sua experiência social, de modo a, no discurso, criticá-los em sua pretensão de correção, justificando, ainda, as pretensões de validade que assumir como suas. Em qualquer caso, valendo-se dos recursos adquiridos na referida experiência, da qual, afinal, emergiu como individualidade.

No estágio *pré-convencional*, começa a ser construído linguisticamente o universo exterior e o interior da criança, mediados pelas pessoas de referência (a mãe, o pai, a família, etc.), com quem a criança interage

---

151 HABERMAS, *Consciência moral e agir comunicativo*, 2003, p. 154 e 155.
152 FREITAG, *A questão da moralidade*, 1989, p. 13.

e por meio das quais o mundo vem a ela, sob um determinado enfoque. São essas as pessoas que determinam as experiências que a criança tem. Conferem-lhes significados. Apresentam expectativas e padrões de comportamento, pela aprovação ou reprovação, pela premiação ou sanção. No exemplo de Dewey, sob a influência imediata dos impulsos e reagindo diretamente aos estímulos de calor, frio, dor, barulho, luz, etc.,

> A criança com fome pega a comida. Para ela, este ato é inocente e natural. Mas vem a reprovação; é advertida de que foi malcriada, desrespeitosa, "gulosa"; de que deveria esperar até ser servida, até chegar a sua vez. Vem a ela a consciência de que seus atos têm outras conexões além daquela única que havia atribuído: a imediata satisfação da fome.[153]

Como destaca Habermas, nesse estágio de interação, a criança avança ao ponto de já distinguir, no mundo exterior em construção, o *outro* que, como ela, tem seu mundo subjetivo próprio. Consegue, ademais, assumir a atitude, a perspectiva do outro – a segunda pessoa (*tu*) – em relação a ela (*eu*) e sabe que o outro também o faz: "A criança coloca-se na pele de outrem e percebe que o outro fará o mesmo". E, assim, pode coordenar a ação na singularidade e concretude da relação recíproca entre falante-ouvinte. Sem a percepção, ainda, do mundo social do qual *eu* e *tu* fazem parte.[154]

O ingresso no estágio *convencional* (heterônomo) é marcado, então, pela reorganização dos equipamentos cognitivos, pela pessoa em crescimento, de modo tal que pode assumir a perspectiva de terceira pessoa. Pode, então, na posição do *observador externo*, *ressignificar* a reciprocidade das orientações da ação *eu-tu*, instaurada no estágio *pré-convencional*, dentro de um contexto social ampliado.

---

153 DEWEY, *Ethics*, 2008, p. 169.
154 HABERMAS, *Consciência moral e agir comunicativo*, 2003, p. 176 e 179.

Educação para a democracia no Brasil 317

A criança internaliza os padrões, as instituições e as formas de vida transmitidas pelo grupo social. Ancora-os em seu próprio *eu* como se fossem suas, pressupondo seu assentimento. Nesse processo, aquelas expectativas de comportamento concretas e particulares das pessoas de referência delas se desvinculam. Passam a compor um mundo social de normas, valores e expectativas a que todos, *ego* e *alter*, estão submetidos.[155]

Nesse estágio, porém, a pessoa aceita com pequena reflexão crítica o universo social e normativo no qual fora inserido linguisticamente. Este forma o pano de fundo isento de problemas com o qual a pessoa se identifica e dentro do qual se move existencialmente. É dele que extrai os modelos hermenêuticos consentidos para a coordenação da ação.[156]

Desse modo, a moral *convencional* vem marcada pela *heteronomia* do ajustamento inquestionado e ingênuo ao mundo social. Nele, a *facticidade* (positivação) e a *validade* (legitimidade), inabaláveis, não se distinguem. As dificuldades experienciadas, que conduzem à reorganização reflexiva dos instrumentos cognitivos e morais, não permitem a problematização "ir tão fundo a ponto de por a perder as vantagens de uma eticidade existente".[157]

Finalmente, com o *continuum* experiencial de crescimento, a pessoa atinge o estágio *pós-convencional* da consciência moral. O processo de desenvolvimento e reconstrução do inventário mental, descortinando ao sujeito sentidos mais densos das experiências, equipa-o ao distanciamento suficiente e, com ele, à assunção da atitude hipotética diante dos quais as convenções são desprovidas de sua validade fática nativa. O mundo social convencional é moralizado: na colisão possível entre *ego* e *alter*, entre o eu

---

155   HABERMAS, *Consciência moral e agir comunicativo*, 2003, p. 180, 188 e 189.

156   HABERMAS, *Consciência moral e agir comunicativo*, 2003, p. 166 e 211; HABERMAS, *Teoria do agir comunicativo*, Tomo 01, 2012, p. 138.

157   HABERMAS, *Consciência moral e agir comunicativo*, 2003, p. 213.

318 Guilherme Perez Cabral

e o nós, ele se decompõe em normas e valores cuja pretensão de validade deve ser resgatada, racionalmente, no âmbito do discurso.[158] A moralidade, assim, descola-se das instituições internalizadas pela criança. Passa a radicar procedimentalmente no discurso, do qual o sujeito, agora, pode participar de forma competente. Nele, se opõe a *facticidade* de uma norma vigente e sua *legitimidade*, referida ao assentimento dos atingidos enquanto participantes da práxis argumentativa.[159]

Nem mesmo os princípios morais, os mais genéricos e abstratos, podem ser afirmados de antemão, fora do âmbito de processos linguísticos de entendimento.[160] O brocardo jurídico de que "Entre as leis (...) é a justiça quem decide".[161] somente tem sentido, doravante, quando o conteúdo do justo é preenchido dialogicamente, sob o princípio do discurso.

Em Dewey e em Habermas, a autonomia moral, projetada pelo Iluminismo, aparece como a participação competente na intersubjetividade da linguagem em que a moralidade é racionalmente construída. E isso, a partir do processo de aprendizagem – nesse sentido, ele mesmo um *processo moral* –, inerente à experiência linguística.

IV) *Pedagogia diretiva e o papel docente*. O percurso cognitivo e moral da heteronomia à autonomia, repleta de exigências comunicativas e experimentada intersubjetivamente, dá a direção democrática da experiência

---

158   DEWEY, *Ethics*, 2008, p. 14; HABERMAS, *Consciência moral e agir comunicativo*, 2003, p. 156 e 195; HABERMAS, *Teoria do agir comunicativo*, Tomo 01, 2012, p. 35.

159   FREITAG, *A questão da moralidade*, 1989, p. 36; HABERMAS, *Consciência moral e agir comunicativo*, 2003, p. 116; HABERMAS, *Direito e democracia*, Vol. 01, 2012, p. 50 e 199.

160   HABERMAS, *Consciência moral e agir comunicativo*, 2003, p. 199.

161   BARBOSA, Rui. *Oração aos moços*. Edição popular anotada por Adriano da Gama Kury. 5ª Ed. Rio de Janeiro: Fundação Casa de Rui Barbosa, 1997, p. 37.

Educação para a democracia no Brasil   319

educativa. Indica o sentido *diretivo* da educação, ao qual não tendemos naturalmente: a experiência democrática.[162]

Afastar-se, com Dewey, da filosofia de extremos exige o cuidado de não *trocar*, inadvertidamente, a imposição unilateral de padrões da verdade e da moral, que marcara o *passado* autoritário brasileiro, pela "indulgência" irrestrita, pela ausência de direção do processo educativo. A negação do autoritarismo não induz a aposta, na outra ponta, numa formação *espontânea*, *mágica*, de hábitos de pensar, agir e conviver comunicativos – e, com isso, democráticos – pela criança deixada livremente a si.[163]

Como destacado, a liberdade de inteligência e a autonomia moral são resultados de processos de aprendizagem. Contrapõem-se à "ilusão de liberdade" da mente comandada por forças das quais não tem nenhum controle (o impulso, o acaso, etc.) e que faz o princípio da continuidade operar negativamente, "isolando a pessoa em um nível baixo de desenvolvimento, de forma a limitar posteriormente sua capacidade de crescimento".[164]

Nesse sentido, é fundamental, na experiência educativa, a *atuação docente diretiva*. Cumpre-lhe apresentar o caminho, regular as condições ambientais e, também, transmitir conteúdos, valores e padrões de convivência que, em interação com as experiências e as capacidades de que o educando já dispõe, levem-no ao crescimento.[165]

Aliás, nas etapas iniciais da educação, o diálogo aparece, muito mais, como modelo e possibilidade de interação. Orienta uma experiência na qual sobressai, ainda, a transmissão de informações, de expectativas e de regras do uso da linguagem, visando ao ingresso da criança no universo linguístico e no mundo da vida compartilhado.[166]

---

162   DEWEY, *Freedom and culture*, 1988, p. 88 e 97.

163   DEWEY, *How we think*, 1997, p. 43; DEWEY, *Experiência e educação*, 2010, p. 38.

164   DEWEY, *Experiência e educação*, 2010, p. 38 e 67.

165   DEWEY, *Experiência e educação*, 2010, p. 38, 41 e 46.

166   BOUFLEUER, *Pedagogia da ação comunicativa*, 2001, p. 78.

Afinal de contas, é do *me* convencional – formado pelo conjunto de atitudes e expectativas do grupo social, internalizado pelo sujeito – que a personalidade pode, na expressão de si, emergir como *eu*. A inteligência se dá na esteira da conversação com os outros. A inferência reflexiva de respostas aos problemas experienciados não pode se realizar sem um mínimo de experiências e conhecimentos anteriores.[167]

O paradigma discursivo, de qualquer forma, faz-se presente aqui, na medida em que toda a atuação do educador se ampara em sua condição de *porta-voz* de um consenso ainda não problematizado pelo educando. Ele integra o processo linguístico de atribuição de *sentidos*, como membro do grupo, participante, o *mais amadurecido*, e, por isso, como um *líder* das atividades, com maiores responsabilidades. Não é um observador externo. Não é um *ditador*. Ele parte da confiabilidade, da resgatabilidade discursiva das pretensões de validade que embasam a experiência educativa. Mas não está *imune* à crítica e ao discurso que antecipa. A posição de docente, em suma, não lhe autoriza afirmar, de uma vez por todas, o sentido "certo" e único do processo de ensino-aprendizagem.[168]

A tarefa educativa revela, nesse ponto, toda sua complexidade e sutileza. Pois cumpre ao docente direcionar o crescimento da criança, equipando-a cognitivamente, dentro de um universo experiencial, a partir do qual pode pensar, falar e agir. E isso de modo tal que, ao orientar o horizonte existencial do educando, descortine (e não feche) possibilidades de novas e diferentes experiências. Estimule (e não negue) significações de que o educando já é capaz, no exercício de seu pensar. Promova (e não impeça) a problematização do saber transmitida. Abra-se à auto-

---

167 MEAD, *Mind, self and society*, 1992, p. 47, 141, 171, 175, 209 e 222; DEWEY, *Experiência e natureza*, 1980, p. 52; DEWEY, *How we think*, 1997, p. 12.

168 BOUFLEUER, *Pedagogia da ação comunicativa*, 2001, p. 78; HABERMAS, *Consciência moral e agir comunicativo*, 2003, p. 43; DEWEY, *Experiência e educação*, 2010, p. 60.

Educação para a democracia no Brasil 321

nomia do diálogo, e não habitue à preguiça e servidão mental, à aceitação passiva e heterônoma de dogmas e doutrinas.[169] A atuação do docente, nesse sentido, deve ocorrer de modo inversamente proporcional ao crescimento cognitivo e moral do educando. Reduz-se de acordo com a competência da pessoa em crescimento para o enfrentamento dos problemas e lacunas em sua experiência, sem a tutela e o amparo docente, valendo-se de significados assimilados e construídos de forma cada vez mais crítica.

V) *Diálogo interdisciplinar*. Da fixação do discurso como paradigma da experiência educativa decorre, em termos de conteúdos educacionais, a afirmação do *diálogo interdisciplinar* como princípio da organização didático-pedagógica.

E se afirma, aqui, como premissa filosófica. Com efeito, para o enfrentamento do cientificismo, do tecnicismo, da fragmentação da razão, cindida em seus momentos constitutivos, e do saber, encapsulado em culturas de especialistas, é a filosofia que assume, tanto para Dewey como para Habermas, a tarefa de *agente de ligação, mediador hermenêutico* "poliglota".[170]

Ambos destacam, em seus diagnósticos da modernidade, a *regressão* que acompanhou o progresso técnico-científico, apoiado no aspecto cognitivo-instrumental da racionalidade e atualizado em especialidades que retalham cartesianamente a realidade, sem *conversar* entre si. Renunciando ao potencial de aprendizagem ínsito à confrontação e integração de suas singularidades e particularismos, o saber somou, à sua incompletude, a cisão. As técnicas e as ciências avançaram *autopoieti-*

---

169 DEWEY, *How we think*, 1997, p. 12177, 198 e 199; DEWEY, *Experiência e educação*, 2010, p. 38 e 39.

170 DEWEY, John. *The quest for certainty*: a study of relation of knowledge and action. New York: Minton, Balch & Company, 1929, p. 311; HABERMAS, *Consciência moral e agir comunicativo*, 2003, p. 32 e 33; BITTAR, Eduardo C. B. Justiça e liberdade na filosofia do direito de Jürgen Habermas. *Revista dos Tribunais*, ano 101, vol. 918, abril/2012, p. 258.

camente sobre seu próprio objeto, perdendo a referência a outros pontos de vista e aos aspectos sociais e morais que envolve. Assim, longe de concretizar a aposta ingênua do Iluminismo num "feliz" Século XX[171], serviram, instrumentalmente, aos fins mais tétricos que a humanidade já havia experimentado. Num *continuum* experiencial de "barbarização", "as lições anteriores de desumanidade do homem para com o homem foram aprendidas e se tornaram base de novos avanços de barbárie". O século passado, pelo volume de guerras, genocídios, experiências totalitárias, dentre outras catástrofes produzidas pelo homem, foi a "era mais assassina" de que se tem registro.[172]

Diante disso, para os dois filósofos, a compreensão profunda da experiência social – e, por conseguinte, sua coordenação – depende de processos de entendimento que, como procedimentos cooperativos de interpretação, passam pela cooperação interdisciplinar.[173] Demanda uma "tradição cultural *em toda sua amplitude*" e não apenas as "bênçãos" dessa ou daquela ciência ou técnica.[174]

O *diálogo emancipador* aparece como mecanismo de superação da degeneração pela singularização[175] cientificista e especialista. Vencendo as "grades" disciplinares, amplia o universo do discurso, de modo a "recolocar em movimento a cooperação paralisada, como um móbile teimosamente emperrado, do fator cognitivo-instrumental com o moral-prático e o estético-expressivo". Recupera, na linguagem, a unidade e universalidade da razão comunicativa, aproveitando a aprendizagem do *encontro* entre as culturas de especialistas – as *ciências*, as *técnicas*, a *mo-*

---

171   HUGO, Victor. *Os Miseráveis*. Tomo 02. Trad. Francisco O. Barros. São Paulo: Cosac & Naify, 2002, p. 545.

172   HOBSBAWN, *Era dos extremos*, 2000, p. 21 e 22; HOBSBAWN, Eric. *Sobre história*. Ensaios. Trad. Cid K. Moreira. São Paulo: Cia das Letras, 2013, p. 350 e 351.

173   SIEBENEICHLER, Flávio Bueno. *Jürgen Habermas: razão comunicativa e emancipação*. 3ª ed. Rio de Janeiro: Tempo Brasileiro, 1989, p. 52.

174   HABERMAS, *Consciência moral e agir comunicativo*, 2003, p. 33.

175   HABERMAS, *Verdade e justificação*, 2009, p. 96.

Educação para a democracia no Brasil   323

ral, o *direito*, as *artes* – e entre estas e as estruturas do mundo da vida. Favorece, enfim, a permanente crítica e autocrítica do saber socialmente produzido e transmitido.[176]

A experiência educativa no diálogo interdisciplinar remete, desse modo, ao hábito de pensar, agir e conviver que, diante de problemas na experiência cotidiana, não pode prescindir da interpenetração linguística entre os discursos científicos, as orientações axiológicas, expectativas normativas e as interpretações e expressões subjetivas.[177]

Abre-se, enfim, na leitura deweyana, para o crescimento cujo aprofundamento num dado objeto, direção ou especialidade não prejudica o crescimento *geral*. Pelo contrário, promove-o, ao *somar, agregar*, descortinando mais possibilidades existenciais, distinguindo caminhos para novos crescimentos, em outras direções. Movimenta de forma positiva o *continuum* experiencial da humanidade.[178]

VI) *A participação da sociedade na educação*. A fundamentação da experiência educativa nos processos de entendimento, que formam o "centro do mundo da vida", torna imprescindível sua não assimilação pelos *sistemas*. São desastrosas as distorções que decorrem da *colonização sistêmica* da educação, quando compreendida sua dimensão de uma experiência em que, pela via comunicativa, são renovados os componentes do mundo da vida racionalizado (*personalidade, sociedade* e *cultura*).[179]

Em vista de seus fins constitucionalmente instituídos e comunicativamente orientados, a educação não pode ser tragada pelo sistema político e, assim, contaminada pelas demandas, pressões e interesses do *poder*. Também não pode, *decodificada* pelo meio *dinheiro*, ser reduzida a propriedade privada da empresa capitalista, meio para a obtenção de

---

176   HABERMAS, *Consciência moral e agir comunicativo*, 2003, p. 33.
177   *Ibidem*, p. 32 e 33.
178   DEWEY, *Experiência e educação*, 2010, p. 36 e 37.
179   HABERMAS, *Teoria do agir comunicativo*, Tomo 02, 2012, p. 252, 253, 587, 590 e 668.

324   Guilherme Perez Cabral

lucro, deturpada pelos padrões de monetarização, da mercantilização, da competitividade e da rentabilidade.[180]

É nesse sentido que sobressai a atuação fundamental da *sociedade civil*, concebida como aquela base social comunicativa que se distingue e direciona o sistema político, sem se confundir com a sociedade econômica.[181] Acompanhando o fluxo comunicacional do processo democrático, a educação tem seu lugar na *esfera privada*, da *família* e do círculo de relações afetivas primárias da pessoa em crescimento, dentro do qual inicia sua socialização.[182] Tem lugar, também, na *esfera pública*, no amplo leque de ambientes e experiências de aprendizagem, destacado logo no Art. 1º da Lei de Diretrizes e Bases. Funcionando, ainda, como momento em que a pessoa, ao extrapolar a vida privada, passa a interagir com o outro, ampliando o sentido do *nós*, a educação aparece, nesse ponto, como espaço fundamental de preparação e entrada na esfera pública. Finalmente, a partir das demandas, das discussões e das interpretações, comunicativamente empreendidas pela sociedade civil, a educação tem seu lugar no sistema político. Além de conferir-lhe tratamento institucional, pelo *medium* do direito, concebendo-a no âmbito de políticas públicas, a estrutura administrativa estatal atua diretamente como prestador educacional (o ensino público).

Nesse cenário amplo, a sociedade civil pode participar da educação promovendo-a, diretamente, por meio de organizações e associações não estatais e não econômicas, em espaços formais (a escola) ou informais. E lhe cumpre, ainda, em seu protagonismo na esfera pública, orientar o funcionamento do sistema político, participando ativamente

---

180   BOUFLEUER, *Pedagogia da ação comunicativa*, 2001, p. 90; HABERMAS, *A inclusão do outro*, 2007, p. 278; HABERMAS, *Teoria do agir comunicativo*, Tomo 02, 2012 p. 330 e 587.

181   HABERMAS, *A inclusão do outro*, 2007, p. 278 e 289; HABERMAS, *Direito e democracia*, Vol. 02, 2011, p. 22 e 24.

182   HONNETH, *Luta por Reconhecimento*, 2009, p. 159; DALLARI, *Educação e preparação para a cidadania*, 2009, p. 325.

Educação para a democracia no Brasil 325

da formulação, da organização, da execução e da fiscalização da legislação que rege a educação nacional, das políticas públicas educacionais, assim como do ensino ministrado pelo Poder Público.

Dessa forma, pode promover a "estruturação pedagógica" da educação,[183] orientada aos seus objetivos constitucionais e amparada em princípios educacionais, como a *liberdade de ensinar, aprender e pesquisar*; a *pluralidade de ideias e concepções pedagógicas*; a *garantia do padrão de qualidade*; a *gestão democrática do ensino público*; a *obrigatoriedade e gratuidade da educação básica*; dentre outros previstos nos Artigos 206, 208 e 209 da Constituição.

Possibilita, assim, a restrição dos influxos sistêmicos que instrumentalizam a educação ao intuito lucrativo da empresa educacional, às demandas imediatistas do mercado de trabalho, aos objetivos do poder político desgarrado do poder comunicativo. E pode, nessa linha, superar a (de)formação da personalidade que, diante dessa moldura sistêmica – que passa longe dos processos linguísticos do entendimento –, acaba pautada pela racionalidade instrumental, pelo uso parasitário da linguagem, por padrões interação unilaterais, impositivos, não-dialógicos.

A configuração jurídico-constitucional ampara uma participação da sociedade civil na educação que, estruturada pedagogicamente a partir do diálogo, pode, opondo-se à sua própria colonização, contribuir substancialmente com a reversão da colonização da democracia pelos imperativos da economia capitalista e, na história brasileira de inexperiência democrática, pela prevalência autoritária do sistema político sobre a sociedade.

6.3. A experiência educativa, assim concebida à luz da filosofia social de Dewey e de Habermas, promove a democracia na medida em que promove a formação da individualidade no ambiente de aprendizagem que constitui o discurso.

---

183   HABERMAS, *Teoria do agir comunicativo*, Tomo 02, 2012, p. 667.

A pessoa pode reunir, nessa experiência educativa, os recursos, as competências, os hábitos de pensar, agir e conviver que, esparramados para os diversos âmbitos da vida, permitem-lhe afirmar sua identidade, na participação cooperativa nos processos sociais. Pois pode contribuir de forma única, peculiar. E, aqui, destaca-se a atuação, como cidadão, na formação discursiva da opinião e da vontade democrática e, portanto, na definição dos espaços e conteúdos da política, do direito e dos demais sistemas de ação social.

Porque a democracia é uma forma de vida que congrega razão, moral, política e direito, sob o discurso, a experiência educativa que promove, dialogicamente, o desenvolvimento cognitivo e moral da pessoa, conferindo-lhe competência/disposição comunicativa, não se distingue daquela que prepara para o exercício da cidadania.

O preparo da cidadania compreendido, evidentemente, com um conteúdo bastante ampliado. Pois remete aos processos linguísticos de entendimento que tem lugar na vida em sociedade, compartilhada e solidária, e por meio dos quais se definem os significados das experiências sociais e os sentidos para onde caminham.

Falar, por isso, em educação para a democracia, amparando-se em Dewey e Habermas, é ver como indissociáveis os objetivos constitucionais de "pleno desenvolvimento da pessoa" e de "preparo para o exercício da cidadania".

Considerações finais

No trajeto que propôs e, agora, conclui, este livro se debruçou sobre a questão da educação para a democracia no Brasil. E a enfrentou fundamentando o debate na filosofia social de John Dewey e de Jürgen Habermas. Apoiou-se, dessa forma, em duas tradições distintas, o *pragmatismo* norte-americano, em que se insere a filosofia reconstruída deweyana, e a *Escola de Frankfurt*, em que Habermas figura como a principal expressão da "segunda geração". Sem negligenciar as particularidades e as diferenças em seus caminhos teóricos, foram destacadas as convergências significativas de seus pensamentos, ambos, no final das contas, pertencentes à família intelectual do Iluminismo.

Sob a perspectiva assim enredada, educação e democracia podem ser concebidas como experiências comunicativas indissociáveis, uma enriquecendo a outra, no percurso de realização do projeto moderno de emancipação, revisitado criticamente. Projeto *dinamicamente* inacabado, tal como o constitucional brasileiro.

Vimos no *Capítulo I* que a Constituição Federal de 1988 marca o ponto de partida histórico e hermenêutico de um Estado Democrático de Direito que se ergue em oposição ao passado de inexperiência da democracia e da cultura de direitos humanos. Eis um passado que, efeito do *continuum* experiencial, revive no presente, acomodando-se à nova ordem e limitando o alcance das transformações que nela se descortinam. Frente a ele, o projeto constitucional há de se realizar, renovar-se e se enriquecer, dentro de circunstâncias e de possibilidades precárias, a partir de sua própria experiência pelos atores sociais.

Pensar a questão da educação para a democracia não implica, absolutamente, a afirmação de um fim estático para o qual se marcha. Indica, antes, um processo de aprendizagem que reconstrói, na medida em que o atualiza, seu sentido emancipatório. A teoria deweyana da experiência deixa claro que a aprendizagem da democracia somente pode ser efetivada na continuidade da própria experiência democrática. Toda sua reflexão pedagógica remete a uma educação *na* comunidade democrática.

Para o enfrentamento, então, dessa questão, feita desafio ingente, diante das tarefas democratizantes herdadas do passado autoritário brasileiro, foram aprofundados e debatidos, ao longo da tese, os pontos de vista dos dois referenciais teóricos acerca da democracia e da educação.

No *Capítulo II*, a tese centrou o pensamento de Dewey, delineado no âmbito da proposta de reconstrução filosófica pragmatista. Propugna que a filosofia se volte ao enfrentamento racional, inteligente, dos conflitos sociais e morais que angustiam a humanidade, incorporando, para tanto, a *atitude* investigativa, metódica, experimental, falibilista, que possibilitou o desenvolvimento da ciência moderna.

Sob esse olhar, o autor concebe a democracia, para além de seu momento político, como um ideal social e moral de autodeterminação. Une o método científico e o democrático, num processo de *busca cooperativa da verdade* e da *moral*, da *justiça social*. A experiência democrática se funde à vida comunitária e à demarcação experimental, pelo grupo social, do espaço do *público*: *medium* discursivo que distingue as consequências invasivas das interações, identificando os problemas de coordenação social, e atua em sua solução compartilhada. Para tanto, dispõe, instrumentalmente, da estrutura governamental.

Quanto à educação, em sua abordagem progressiva, Dewey a enraíza na experiência. Apreende o crescimento cognitivo e moral da pessoa como um processo comunicativo e compartilhado de reconstrução das experiências, a partir da solução de problemas com que se depara no curso da ação. Exercita, dessa forma, o pensar reflexivo. Assim, adquirindo novos conhecimentos, habilidades e experiências e reconstruindo

Educação para a democracia no Brasil 329

permanentemente seus recursos cognitivos, a pessoa em crescimento, amplia e aprofunda o significado das experiências ulteriores e se habilita à sua direção, de modo mais adequado e autônomo, em termos cognitivos e morais.

O *Capítulo III* analisou a filosofia social de Habermas. Tratou do *agir comunicativo* e do *discurso*, a práxis da argumentação voltada ao entendimento, que dá prosseguimento ao agir comunicativo, com a tematização, a crítica e a fundamentação de pretensões de validade que se tornaram controversas. Soluciona o dissenso pela mediação da linguagem em que nos constituímos como individualidade, sem o emprego, imediato ou estratégico, da violência. Com a revisita à concepção de desenvolvimento moral de Lawrence Kohlberg – e, por meio dele, ligando-se à teoria deweyana de crescimento – Habermas pode colocar o discurso como representação do estágio pós-convencional, autônomo, da consciência moral.

Construído à luz da ideia de discurso, o modelo habermasiano de democracia aproxima-se em muitos pontos da proposta de Dewey, no sentido de uma experiência social ampliada de autolegislação. Configura um processo discursivo de formação da opinião e da vontade, num fluxo comunicacional que se inicia com a atuação da sociedade civil, na esfera pública, a arena comunicativa de identificação, debate e tratamento de problemas comuns, de luta por reconhecimento de pretensões. Sob sua pressão, os temas levantados e debatidos, ecoam no sistema político e encontram solução institucionalizada, pelo *medium* do direito.

Em relação à educação, se Habermas não possui uma versão teórica acabada, sua filosofia permite a fixação de bases fundamentais de uma pedagogia da ação comunicativa, compreendida à luz do discurso e orientada ao desenvolvimento cognitivo e moral da pessoa. Também ela, portanto, bastante próxima das propostas progressivas de Dewey.

No *Capítulo IV*, finalmente, foram destacadas as confluências entre os pensamentos dos Dewey e Habermas, no campo da democracia e da educação para a democracia. E, aqui, sobressai, como ponto de encontro fundamental, a *linguagem*. Ambos apostam no inesgotável potencial racional de aprendizagem, cognitivo e prático/consumatório, inerente ao discurso. E isso, diante da abertura que ele proporciona ao outro, às suas perspectivas e experiências de vida. Promove, na pessoa em crescimento, a perspectiva existencial *participante*, numa comunidade linguística na qual as experiências e seus sentidos adensam-se e se enriquecem fazendo-se compartilhados.

Na horizontalidade e bilateralidade da práxis discursiva, nenhuma verdade, nenhuma justiça, nenhuma autoridade está imunizada à dialética da crítica e da fundamentação. Tornam-se, todas elas, pretensões de validade, no processo de busca cooperativa da verdade e da correção normativa. Põe-se a descoberto, assim, o autoritarismo e a irracionalidade de quem se coloca numa posição privilegiada, pretensamente imune à resgatabilidade discursiva do que toma dogmaticamente como verdadeiro e justo.

Daí o discurso se firmar como o lugar da autonomia, compreendida intersubjetivamente. Daí seu significado radicalmente *transformador*. Confere à educação e à democracia "um componente revolucionário de transformação do *status quo*".[1] Na expressão de Bobbio, *subversivo*: pois *subverte* da concepção tradicional de poder que "desce do alto para baixo".[2]

A democracia concebida discursivamente implica, nesse sentido, a horizontalidade que pode se contrapor e, enfim, romper com a verticalidade, a unilateralidade, o autoritarismo, o paternalismo não dialógico que marcaram a história brasileira de inexperiência democrática. Aponta para uma convivência que pode atualizar a metafórica "sociedade sem pai" de que fala Kelsen, apoiado no pensamento freudiano: uma experiência social e política que se desvencilhe dos ranços autoritários e

---

1   SILVA, José Afonso da. *Curso de direito constitucional positivo*. 33ª ed. rev. e atual. São Paulo: Malheiros, 2010, p. 119.

2   BOBBIO, Norberto. *Qual socialismo? Discussão de uma alternativa*. 2ª ed. Trad. Iza de Salles Freaza. Rio de Janeiro: Paz e terra, 1987, p. 64.

Educação para a democracia no Brasil   331

paternalistas, mantidos abaixo da forma democrática, mas com ela incompatível.

A educação para a democracia, por sua vez, aparece como processo de desenvolvimento cognitivo e moral em que a individualidade, constituindo-se socialmente, pode se afirmar autonomamente como *eu* na participação peculiar e imprescindível nas experiências sociais e em seus processos discursivos e hermenêuticos de formação da opinião e da vontade e de tomada de decisões coletivas.

É, enfim, educação para a emancipação, na democracia apreendida como lugar em que se vislumbra a extensão da aprendizagem, do crescimento a *todos* os membros da sociedade. Tudo isso, na tradição da modernidade criticamente revisitada.

Trata-se, de qualquer forma, de experiências – a educação e a democracia – que, recusando metahistórias, metadireitos, a metafísica, trazida e criticada no âmbito do discurso, não têm metagarantias de êxito. São realizadas, comunicativamente, pelos próprios sujeitos históricos que se educam. Em sua incompletude dinâmica, são potencialmente transformadoras. Mas são, também, inevitavelmente arriscadas, delicadas, falíveis. Por isso, um desafio a ser enfrentado.

Bibliografia

ABREU, Jayme. "Atualidade de John Dewey". In: BRABUCHER, John S. *Importância da teoria em educação*. Trad. Beatriz Osório. Rio de Janeiro: Instituto Nacional de Estudos Pedagógicos – INEP/MEC, 1961.

ADORNO, Theodor W. & HORKHEIMER, Max. *Dialética do Esclarecimento*. Fragmentos Filosóficos. Trad. Guido Antonio de Almeida. Rio de Janeiro: Zahar, 1985.

ADORNO, Theodor W. Teoria da semicultura. Trad. Newton Ramos de Oliveira, Bruno Pucci e Cláudia B. M. de Abreu. *Educação & Sociedade* nº 56, ano XVII, dez/1996.

_____ *Prismas: crítica cultural e sociedade*. Trad. Augutin Wernet e Jorge Mattos Brito de Almeida. São Paulo: Ática, 1998.

_____ *Escritos sociológicos I*. Obra completa 08. Trad. Agustín González Ruiz. Madrid, España: Akal, 2004.

_____ *Educação e Emancipação*. São Paulo: Paz e Terra, 2004.

_____ A teoria freudiana e o padrão da propaganda fascista. *Margem esquerda*: ensaios marxistas nº 07, 2006.

AMARAL, M. Nazaré de C. Pacheco. *Dewey: filosofia e experiência democrática*. São Paulo: Perspectiva, 2007.

ARQUIDIOCESE DE SÃO PAULO. *Brasil: nunca mais*. 20ª ed. Petrópolis: Vozes, 1987.

ASSIS, Machado de. *Memórias Póstumas de Brás Cubas*. 18ª Ed. São Paulo: Ática, 1992.

AVRITZER, Leonardo. *A moralidade da democracia: ensaios em teoria habermasiana e teoria democrática*. São Paulo: Perspectiva; Belo Horizonte: Editora UFMG, 1996.

BARBOSA, Rui. *Oração aos moços*. Edição popular anotada por Adriano da Gama Kury. 5ª Ed. Rio de Janeiro: Fundação Casa de Rui Barbosa, 1997.

BAUMAN, Zygmunt. *A modernidade líquida*. Trad. Plínio Dentzien. Rio de Janeiro: Jorge Zahar, 2001.

BECK, Ulrich. *La sociedad del riesgo. Hacia una nueva modernidad*. Trad. Jorge Navarro e outros. Barcelona: Paidós Surcos, 2006.

BELL, Bernard Iddings. *Crisis in education: a challenge to American complacency*. New York: Whittlesey House, 1949.

BENEVIDES, Maria Victoria de Mesquita. *A cidadania ativa. Referendo, plebiscito e iniciativa popular*. 3ª ed. São Paulo: Ática, 2003.

_____ Em defesa da república e da democracia. In: BENEVIDES, Maria Victoria de Mesquita; BERCOVICI, Gilberto; MELO, Claudinei de. *Direitos humanos, democracia e república: homenagem a Fábio Konder Comparato*. São Paulo: Quartier Latin, 2009.

BENJAMIN, Harold R. W. *A educação e o ideal democrático*. Trad. Beatriz Osório. Rio de Janeiro: Instituto Nacional de Estudos Pedagógicos – INEP/MEC, 1960.

BERCOVICI, Gilberto. Tentativa de instituição da democracia de massas no Brasil: instabilidade constitucional e direitos sociais na Era Vargas (1930-1964). In: FONSECA, Ricardo Marcelo e SEELAENDER, Airton Cerqueira Leite. *História do Brasil em perspectiva. Do Antigo Regime à Modernidade*. Curitiba: Juruá, 2009.

Educação para a democracia no Brasil   335

BERNSTEIN, Richard J. The resurgence of pragmatism. *Social research*, vol. 59, n° 4, 1992.

BITTAR, Eduardo C. B. A discussão do conceito de direito: uma reavaliação a partir do pensamento habermasiano. *Boletim da Faculdade de Direito*. Universidade de Coimbra, Coimbra, Vol. LXXXI, 2005.

_____ *Estudos sobre ensino jurídico: pesquisa, metodologia, diálogo e cidadania.* 2ª Ed. São Paulo. Atlas, 2006.

_____ *O direito na pós-modernidade (e reflexões frankfurtianas).* 2ª ed. Rio de Janeiro: Forense Universitária, 2009.

_____ *Linguagem jurídica.* 5ª Ed. São Paulo: Saraiva, 2010.

_____ *Justiça e emancipação: reflexões jusfilosóficas a partir do pensamento de Jürgen Habermas.* Tese (Concurso de Professor Titular) – Faculdade de Direito – Universidade de São Paulo, São Paulo, 2011.

_____ Justiça e liberdade na filosofia do direito de Jürgen Habermas. *Revista dos Tribunais*, São Paulo, ano 101, vol. 918, abril/2012.

BOBBIO, Norberto. *Qual socialismo? Discussão de uma alternativa.* 2ª ed. Trad. Iza de Salles Freaza. Rio de Janeiro: Paz e terra, 1987.

_____ *O futuro da democracia. Uma defesa das regras do jogo.* Trad. Marco Aurélio Nogueira. 5ª Ed. Rio de Janeiro: Paz e Terra, 1992.

BONAVIDES, Paulo. *Do Estado Liberal ao Estado Social.* 10ª ed. São Paulo: Malheiros, 2011.

_____ *Curso de Direito Constitucional.* 26ª Ed. atual. São Paulo: Malheiros, 2011.

BOUFLEUER, José Pedro. *Pedagogia da ação comunicativa. Uma leitura de Habermas.* 3ª ed. Ijuí: Unijuí, 2001.

BRUBACHER, John S. *Importância da teoria em educação*. Trad. Beatriz Osório. Rio de Janeiro: Instituto Nacional de Estudos Pedagógicos – INEP/MEC, 1961.

BRASIL. CÂMARA DOS DEPUTADOS. *Combatendo a corrupção eleitoral*. Tramitação do primeiro projeto de lei de iniciativa popular aprovado pelo Congresso Nacional. Brasília: Centro de Documentação e Informação, 1999.

BRASIL. PRESIDÊNCIA DA REPÚBLICA. SECRETARIA DE DIREITOS HUMANOS (SDH/PR). *Segundo Relatório Nacional do Estado Brasileiro apresentado no Mecanismo de Revisão Periódica Universal do Conselho de Direitos Humanos das Nações Unidas – 2012*. Brasília, 2012.

CARVALHO, José Murilo. *Cidadania no Brasil: o longo caminho*. 13ª Ed. Rio de Janeiro: Civilização brasileira, 2010.

COMETTI, Jean-Pierre. Jürgen Habermas e o pragmatismo. ROCHLITZ, Rainer (coord.). *Habermas e o uso público da razão*. Trad. Léa Novaes. Rio de Janeiro: Tempo brasileiro, 2005.

COMITÊ NACIONAL DE EDUCAÇÃO EM DIREITOS HUMANOS. *Plano Nacional de Educação em Direitos Humanos*. Brasília: Secretaria Especial dos Direitos Humanos/Ministério da Educação/Ministério da Justiça/UNESCO, 2007.

COMPARATO, Fábio Konder. *Para viver a democracia*. São Paulo: Brasiliense, 1989.

_____ *A afirmação histórica dos direitos humanos*. 8ª ed. São Paulo: Saraiva, 2013.

CUNHA, Marcus Vinicius da. Comunicação e arte, ou arte da comunicação, em John Dewey. *Revista brasileira de estudos pedagógicos*. Brasília, v. 86, nº 213/214, maio/dez., 2005.

Educação para a democracia no Brasil   337

DAHL, Robert A. *A democracia e seus críticos*. Trad. Patrícia de Freitas Ribeiro. Revisão da tradução: Aníbel Mari. São Paulo: Editora WMF Martins Fontes, 2012.

DALLARI, Dalmo de Abreu. Educação e preparação para a cidadania. In: BENEVIDES, Maria Victoria de Mesquita; BERCOVICI, Gilberto; MELO, Claudinei de. *Direitos humanos, democracia e república: homenagem a Fábio Konder Comparato*. São Paulo: Quartier Latin, 2009.

_____ *Elementos de teoria geral do estado*. 29ª ed. atual. São Paulo: Saraiva, 2010.

DEMO, Pedro. *Cidadania menor. Algumas indicações quantitativas de nossa pobreza política*. Petrópolis: Vozes, 1992.

DEWEY, John. *The study of ethics. A syllabus*. Ann Arbor: The Inland Press, 1879

_____ *Psychology and Social Practice*. Contributions to education nº II. Chicago: University of Chicago Press, 1901.

_____ *Democracy and education. An introduction to the philosophy of education*. New York: The Macmillan Company, 1916.

_____ *The quest for certainty: a study of relation of knowledge and action*. New York: Minton, Balch & Company, 1929.

_____ *Experiência e natureza; Lógica: a teoria da investigação; A arte como experiência; Vida e educação; Teoria da vida moral*. Trad. Murilo Otávio Rodrigues Paes Leme, Anísio S. Teixeira e Leônidas Gontijo de Carvalho. Coleção Os Pensadores. São Paulo: Abril Cultural, 1980.

_____ *Freedom and culture*. Nova York: Prometheus Books, 1989.

_____ *The public and its problems*. Swallow Press/Ohio University Press/Athens, 1991.

_____ *How we think*. Mineola, New York: Dover Publications, 1997.

_____ *Reconstruction in philosophy*. Mineola/New York: Dover Publications, 2004.

_____ *Democracia e educação*: capítulos essenciais Apresentação e comentários de Marcus Vinicius da Cunha. Trad. Roberto Cavallari Filho. São Paulo: Ática, 2007.

_____ O desenvolvimento do pragmatismo americano. Trad. Renato Rodrigues Kinouchi. *Scientiae Studia*. São Paulo, v. 5, n° 2, junho/2007.

_____ *Ethics*. The Later Works 1925-1953. Volume 07 (1932). Edited by Jo Ann Boydston. Southern Illinois University, 2008.

_____ *Experiência e educação*. Trad. Renata Gaspar. Petrópolis/RJ: Vozes, 2010.

DICKSTEIN, Morris (ed.). *The Revival of Pragmatism: new essays on social thought, law and culture*. Durham/London: Duke University Press, 1998.

DUARTE, Nestor. *A ordem privada e a organização política nacional*, São Paulo/Rio de Janeiro/Recife/Porto Alegre: Companhia Editora Nacional, 1939.

FAORO, Raymundo. *Os donos do poder. Formação do patronato político brasileiro*. Volume 02. 11ª Ed. São Paulo: Globo, 1995.

FERRAZ JUNIOR. Tércio Sampaio. Responsabilidade sem culpa, culpa sem responsabilidade na sociedade tecnológica. In: FABIANI, Emerson Ribeiro (org.). *Impasses e aporias do direito contemporâneo*. Estudos em homenagem a José Eduardo Faria. São Paulo: Saraiva, 2011.

_____ *Introdução ao estudo do direito. Técnica, decisão, dominação.* 6ª ed. rev. e amp. São Paulo: Atlas, 2011.

FREIRE, Paulo. *Educação e mudança.* Trad. Moacir Gadotti e Lilian Lopes Martin. Rio de Janeiro: Paz e terra, 1979.

_____ *Pedagogia do Oprimido.* 50ª ed. rev. e atual. Rio de Janeiro: Paz e Terra, 2011.

_____ *Educação como prática de liberdade.* 14ª Ed. Rio de Janeiro: Paz e Terra, 2011.

FREITAG, Bárbara. "A questão da moralidade: da razão prática de Kant à ética discursiva de Habermas". *Tempo social,* São Paulo, Volume 01, nº 02, São Paulo, 2º semestre/1989.

_____ *A teoria crítica: ontem e hoje.* São Paulo: Brasiliense, 2004.

FREUD, Sigmund. *Obras completas. Psicologia das massas e análise do eu e outros textos* (1920-1923). Volume 15. Trad. Paulo César de Souza. São Paulo: Cia das Letras, 2011.

FRIEDMAN, Milton. *Capitalismo e Liberdade.* Trad. Luciana Carli. São Paulo: Abril Cultural, 1984.

GADOTTI, Moacir. *Pensamento pedagógico brasileiro.* São Paulo: Ática, 1991.

_____ *Educação e poder. Introdução à pedagogia do conflito.* 12ª ed. São Paulo: Cortez, 2001.

_____ *História das ideias pedagógicas.* 8ª ed. São Paulo: Ática, 2002.

GHIRALDELLI JUNIOR, Paulo. "Pragmatismo e neopragmatismo". In: RORTY, Richard. *Para realizar a América. O pensamento de esquerda no Século XX na América.* Trad. Paulo Ghiraldelli Jr., Alberto Tosi Rodrigues e Leoni Henning. Rio de Janeiro: DP&A Editora, 1999.

_____ *Filosofia e história da educação brasileira.* Barueri: Manole, 2003.

GRAU, Eros. Constituição e Reforma Universitária. *Jornal Folha de São Paulo*. São Paulo, 23/01/2005.

HÄBERLE, Peter. *El estado constitucional*. Trad. Héctor Fix-Fierro. México: UNAM, 2003.

HABERMAS, Jürgen. A nova opacidade: a crise do Estado-providência e o esgotamento das energias utópicas. *Revista de Comunicação e Linguagem*, nº 02, 1985.

_____ Um perfil sociológico-político: entrevista com Jürgen Habermas. Trad. Wolfgang Leo Maar. Dossiê Habermas. *Novos estudos*. CEBRAP 18, Setembro/1987

_____ *Teoría y praxis: estudios de filosofia social*. Trad. Salvador Más Torres e Carlos Moya Espí. 2ª ed. Madrid: Tecnos, 1990.

_____ *Escritos sobre moralidad y eticidad*. Trad. Manuel Jiménes Redondo. Barcelona: Ediciones Paidós/ICE Universidad Autónoma de Barcelona, 1991.

_____ Modernidade – um projeto inacabado. In: ARANTES, Otília B. Fiori e ARANTES, Paulo Eduardo. *Um ponto cego no projeto moderno de Jurgen Habermas*: arquitetura e dimensão estética depois das vanguardas. São Paulo: Brasiliense, 1992.

_____ *O discurso filosófico da modernidade*. Trad. Luiz Sérgio Repa e Rodnei Nascimento. São Paulo: Martins Fontes, 2002.

_____ *Consciência Moral e Agir Comunicativo*. Trad. Guido A. de Almeida. Rio de Janeiro: Tempo Brasileiro, 2003.

_____ *A inclusão do outro. Estudos de teoria política*. Trad. George Sperber, Paulo Astor Soethe e Milton Camargo Mota. 3ª ed. São Paulo: Loyola, 2007.

_____ *A ética da discussão e a questão da verdade*. Organização e introdução de Patrick Savidan. Trad. Marcelo Brandão Cipolla. 2ª ed. São Paulo: Martins Fontes, 2007.

_____ *Verdade e justificação. Ensaios filosóficos*. Trad. Milton Camargo Mota. 2ª ed. São Paulo: Loyola, 2009.

_____ *Direito e democracia: entre factibilidade e validade*. Volume 01. 2ª Ed. Trad. Flávio Beno Siebeneichler. Rio de Janeiro: Tempo Brasileiro, 2012.

_____ *Direito e democracia: entre factibilidade e validade*. Volume 02. Trad. Flávio Beno Siebeneichler. Rio de Janeiro: Tempo Brasileiro, 2011.

_____ *Teoria do agir comunicativo. Racionalidade da ação e racionalização social*. Tomo 01. Trad. Paulo Astor Soethe. Revisão Técnica Flávio Beno Siebeneichler. São Paulo: Editora WMF Martins Fontes, 2012.

_____ *Teoria do agir comunicativo. Sobre a crítica da razão funcionalista*. Tomo 02. Trad. Flávio Beno Siebeneichler. São Paulo: Editora WMF Martins Fontes, 2012.

HERÁCLITO DE ÉFESO. Fragmentos. Sobre a natureza. Trad. José Cavalcanti de Souza. In: SOUZA, José Cavalcante de (seleção de textos e supervisão). *Os Pré-socráticos*. Coleção Os Pensadores. São Paulo: Abril Cultural, 1973.

HESPANHA, António Manuel. *O caleidoscópio do direito. O direito e a justiça nos dias e no mundo de hoje*. 2ª ed. Coimbra: Almedina, 2009.

HICKMAN, Larry A (ed.). *Reading Dewey. Interpretations for a postmodern generation*. Bloomington/Indianapolis: Indiana University Press, 1998.

HOBSBAWM, Eric. *Era dos extremos. O breve século XX: 1914-1991*. 2ª ed. Trad. Marcos Santarrita. Rev. Téc. Maria Célia Paoli. São Paulo: Cia das Letras, 2000.

_____ *Sobre história. Ensaios.* Trad. Cid K. Moreira. São Paulo: Cia das Letras, 2013.

HONNETH, Axel. Democracy as reflexive cooperation: John Dewey and the theory of democracy today. *Political Theory*, vol. 26, nº 06, Dez/1998.

_____ *Luta por Reconhecimento. A gramática moral dos conflitos sociais.* 2ª ed. São Paulo: Editora 34, 2009.

HORKHEIMER, Max. "Teoria tradicional e Teoria Crítica". In: HORKHEIMER, Max, BENJAMIN, Walter; ADORNO, Theodor; HABERMAS, Jürgen. *Textos Escolhidos.* Coleção "Os Pensadores". Trad. José Lino Grunnewald e outros. 2ª ed. São Paulo: Abril cultural, 1983.

HORTA, José Luiz Borges. *Direito Constitucional da Educação.* Belo Horizonte: Decálogo, 2007.

HUGO, Victor. *Os Miseráveis.* Tomo 02. Trad. Francisco O. Barros. São Paulo: Cosac & Naify, 2002.

INSTITUTO BRASILEIRO DE GEOGRAFIA E ESTATÍSTICA (IBGE). *Pesquisa Nacional de Saneamento Básico – PNSB 2008.* Rio de Janeiro, 2010.

INSTITUTO DE PESQUISA DATAFOLHA. *Protestos sobre o aumento de tarifa dos transportes II.* PO 813688. São Paulo, 18/06/2013.

INSTITUTO DE PESQUISA ECONÔMICA APLICADA (IPEA). *Sistema de Indicadores de Percepção Social (SIPS). Saúde.* Brasília, 2011.

INSTITUTO PAULO MONTENEGRO/AÇÃO EDUCATIVA. *INAF BRASIL 2011: Indicador de Alfabetismo Funcional. Principais resultados.* São Paulo, 2012.

JAMES, William. *Pragmatismo. Textos selecionados*. Trad. Pablo Rubén Ma-riconda. Coleção *Os pensadores* XL. São Paulo: Abril Cultural, 1974.

JOAS, Hans. *Pragmatism and social theory*. Chicago: University of Chi-cago Press, 1993.

KANT, Immanuel. *A paz perpétua e outros opúsculos*. Trad. Artur Morão. Lisboa: Edições 70, 2004.

_____ *Fundamentação da metafísica dos costumes*. Lisboa: Edições 70, 2008.

KELSEN, Hans. *A democracia*. Trad. Ivone Castilho Benedetti e outros. São Paulo: Martins Fontes, 2000.

KOHLBERG, Lawrence. *La Democracia en la escuela secundaria: edu-cando para una sociedad mas justa*. Trad. Maria Mercedes Oraison. Chaco: Universidad Nacional del Nordeste, 1992.

LAFER, Celso. *A reconstrução dos direitos humanos: um diálogo com o pensamento de Hannah Arendt*. São Paulo: Cia das Letras, 1988.

LEAL, Victor Nunes. *Coronelismo, enxada e voto. O município e o regime representativo no Brasil*. São Paulo: Alfa-omega, 1978.

LUHMANN, Niklas. *Sociologia do direito II*. Trad. Gustavo Bayer. Rio de Janeiro: Tempo brasileiro, 1985.

LIMA LOPES, José Reinaldo. *O direito na história. Lições introdutórias*. 2ª ed. revista. São Paulo: Max Limonad, 2002.

LIMA NETO, Vicente Correia e outros. *Nota Técnica no 05. Estimativas do déficit habitacional brasileiro (PNAD 2007-2012)*. Brasília: IPEA, novembro/2013.

LYOTARD, Jean-François. *The postmodern condition: a report on know-ledge*. Trad. Geoff Bennington e Brian Massumi. Minneapolis: Uni-versity of Minnesota Press, 1984.

MARSHALL, T. H. *Cidadania, classe social e status.* Trad. Meton Porto Gadelha. Rio de Janeiro: Zahar, 1967.

MARTINS, Luís. *O patriarca e o bacharel.* 2ª ed. São Paulo: Alameda, 2008.

MEAD, George Herbert. *Mind, self and society: from the standpoint of a social behaviorist.* Edited and with a introduction by Charles W. Morris. Chicago/London: The University of Chicago Press, 1992.

MELLO, Celso Antônio Bandeira de. *Curso de Direito Administrativo.* 27ª ed. rev. e atual. São Paulo: Malheiros, 2010.

MENDONÇA, Ana Waleska P. C. e outros. Pragmatismo e desenvolvimentismo no pensamento educacional brasileiro dos anos de 1950/1960. *Revista Brasileira de Educação,* v. 11 n° 31 jan./abr. 2006.

MOISÉS, José Álvaro. *Os brasileiros e a democracia. Bases sociopolíticas da legitimidade democrática.* São Paulo: Ática, 1995.

MOREIRA, Luiz. *Fundamentação do direito em Habermas.* 3ª ed. rev. atual. e amp. Belo Horizonte: Mandamentos, 2004.

MOTA, Carlos Guilherme. *Viagem incompleta. A experiência brasileira. Formação: histórias.* 3ª ed. São Paulo: Editora SENAC, 2009.

MURARO, Darcísio Natal. *A importância do conceito no pensamento deweyano: relações entre pragmatismo e educação.* (Tese de Doutorado) – Faculdade de Educação – Universidade de São Paulo, São Paulo, 2008.

_____ Relações entre a filosofia e a educação de John Dewey e a de Paulo Freire. *Educação & Realidade,* vol. 38, n° 03, jul./set. 2013.

NOBRE, Marcos. Apontamentos sobre a Pesquisa em Direito no Brasil. *Novos Estudos.* CEBRAP, São Paulo, v. 66, 2003.

Educação para a democracia no Brasil 345

_____ "Luta por reconhecimento: Axel Honneth e a teoria crítica". In: HONNETH, Axel. *Luta por reconhecimento: a gramática moral dos conflitos sociais.* Trad. Luiz Repa. São Paulo: Editora 34, 2009.

NÚCLEO DE ESTUDOS DA VIOLÊNCIA (NEV/USP). *4º Relatório nacional sobre os direitos humanos no Brasil.* São Paulo: Universidade de São Paulo/Núcleo de Estudos da Violência, 2010.

NÚCLEO DE ESTUDOS DA VIOLÊNCIA (NEV/USP). *5o Relatório nacional sobre os direitos humanos no Brasil* (2001-2010). São Paulo: Universidade de São Paulo/Núcleo de Estudos da Violência, 2012.

OLIVEIRA, Manfredo Araújo de. Escola e sociedade: questão de fundo de uma educação libertadora. *Revista de Educação AEC.* Brasília, ano 18, n° 71, jan/mar. 1989.

ORGANIZAÇÃO PARA A COOPERAÇÃO E DESENVOLVIMENTO ECONÔMICO (OCDE). *PISA 2009 Results: Executive summary,* 2010.

_____ *Country note. Brazil. Programme for International Student Assessment. Results from PISA 2012,* 2012.

PROGRAMA DAS NAÇÕES UNIDAS PARA O DESENVOLVIMENTO (PNUD). *Human Development Report 2014. Sustaining Human Progress: Reducing Vulnerabilities and Building Resilience.* Nova York, 2014.

PEIRCE, Charles S. *Escritos coligidos.* Seleção de Armando Mora D'Oliveira. Trad. Armando Mora D'Oliveira e Sérgio Pomerangblum. Coleção "Os pensadores". 2ª ed. São Paulo: Abril Cultural, 1980.

PINZANI, Alessandro. *Habermas.* Porto Alegre: Artmed, 2009.

PIOVESAN, Flávia. *Temas de direitos humanos.* 2ª ed. rev. ampl. e atual. São Paulo: Max Limonad, 2003.

_____ *Direitos humanos e o direito constitucional internacional*. 13ª ed. rev. e atual. São Paulo: Saraiva, 2012.

RANIERI, Nina Beatriz Stocco. *Educação superior, direito e estado: na lei de diretrizes e bases (lei no 9.394/96)*. São Paulo: Edusp/FAPESP, 2000.

_____. *O estado democrático de direito e o sentido da exigência de preparo para o exercício da cidadania, pela via da educação*. Tese (Livre-docência) – Faculdade de Direito – Universidade de São Paulo. São Paulo, 2009.

RIBEIRO, Darcy. *O povo brasileiro*. São Paulo: Cia das Letras, 2006.

RICOEUR, Paul. *O Justo. A justiça como regra moral e como instituição*.. Tomo 01. Trad. Ivone C. Benedetti. São Paulo: Martins Fontes, 2008.

RICUPERO, Bernardo. *Sete lições sobre as interpretações do Brasil*. 2ª ed. São Paulo: Alameda, 2008.

ROCHA, Eliezer Pedroso da. *O princípio da continuidade e relação entre interesse e esforço em Dewey*. (Tese de Doutorado) – Faculdade de Educação – Universidade de São Paulo, São Paulo, 2011.

RORTY, Richard. *A filosofia e o espelho da natureza*. Trad. Jorge Pires. Lisboa: Publicações Dom Quixote, 1988.

_____ *Consecuencias del pragmatismo*. Trad. José Miguel Esteban Cloquell. Madrid: Tecnos, 1996.

SAFATLE, Vladimir. Sem partido. *Jornal Folha de São Paulo*, 25/06/2013.

SARAMAGO, José. *As palavras de Saramago: catálogo de reflexões pessoais, literárias e políticas*. Sel. e Org. Fernando Gómez Aguilera. Trad. Rosa F. d'Aguiar e outros. São Paulo: Cia das Letras, 2010.

SARLET, Ingo Wolfgang. *Dignidade da pessoa humana e direitos fundamentais na Constituição Federal de 1988*. Porto Alegre: Livraria do advogado, 2011.

Educação para a democracia no Brasil   347

SARLET, Ingo Wolfgang e outros. *Curso de direito constitucional*. 2ª ed. rev., atual. e amp. São Paulo: RT, 2013.

SAVIANI, Dermeval. *A nova lei da educação: trajetória, limite e perspectivas*. 9ª ed. Campinas: Autores Associados, 2004.

_____ *Escola e democracia*. Edição comemorativa. Campinas: Autores associados, 2008.

SCHEFFLER, Israel. *A linguagem da educação*. Trad. Balthazar Barbosa Filho. São Paulo: Edusp/Saraiva, 1974.

SIEBENEICHLER, Flávio Beno. *Jürgen Habermas: razão comunicativa e emancipação*. 3ª ed. Rio de Janeiro: Tempo Brasileiro, 1989.

SILVA, José Afonso da. *Curso de direito constitucional positivo*. 33ª ed. rev. e atual. São Paulo: Malheiros, 2010.

SOUSA JUNIOR, José Geraldo. *Sociologia jurídica: condições sociais e possibilidades teóricas*. Porto Alegre: Sergio Antonio Fabris Editor, 2002.

SOUSA SANTOS, Boaventura de. *Crítica da razão indolente: contra o desperdício da experiência*. 7ª Ed. São Paulo: Cortez, 2009.

TEIXEIRA, Anísio. Filosofia e educação. *Revista Brasileira de Estudos Pedagógicos*. Rio de Janeiro, v.32, n.75, jul./set. 1959.

_____ "Nota Introdutória". In: BENJAMIN, Harold R. W. *A educação e o ideal democrático*. Trad. Beatriz Osório. Rio de Janeiro: Instituto Nacional de Estudos Pedagógicos – INEP/MEC, 1960.

_____ "A pedagogia de Dewey (Esboço da teoria de educação de John Dewey)". In: DEWEY, John, *Experiência e natureza*; *Lógica: a teoria da investigação*; *A arte como experiência*; *Vida e educação*; *Teoria da vida moral*. Trad. Murilo Otávio Rodrigues Paes Leme, Anísio S. Teixeira e Leônidas Gontijo de Carvalho. Coleção "Os Pensadores". São Paulo: Abril Cultural, 1980.

TRINDADE, Christiane Coutheux. *Educação, sociedade e democracia no pensamento de John Dewey*. (Dissertação de Mestrado) – Faculdade de Educação – Universidade de São Paulo, São Paulo, 2009.

VIOLA, Sólon Eduardo Annes. Direitos humanos no Brasil: abrindo portas sob neblina. In SILVEIRA, Rosa Maria Godoy e outros (org.). *Educação em direitos humanos: Fundamentos teórico-metodológicos*. João Pessoa: Editora Universitária, 2007.

WAISELFISZ, Julio Jacobo. *Mapa da violência 2014. Os jovens do Brasil*. Versão Preliminar. Rio de Janeiro: FLACSO/Brasil, 2014.

WALKS, Leonard. J. John Dewey and the challenge of progressive education. *International journal of progressive education*. Vol. 09, n° 01, 2013.

WEFFORT, Francisco C. *Por que democracia?* 2ª ed. São Paulo: Brasiliense, 1984.

_____ *O populismo na política brasileira*. 5ª ed. São Paulo: Paz e terra, 2003.

Alameda nas redes sociais:
Site: www.alamedaeditorial.com.br
Facebook.com/alamedaeditorial/
Twitter.com/editoraalameda
Instagram.com/editora_alameda/

Esta obra foi impressa em São Paulo no
inverno de 2017. No texto foi utilizada a
fonte Minion Pro em corpo 10,25 e en-
trelinha de 15 pontos.